# 大道至简，成德达才

## ——首都师范大学附属中学 成达教育改革的创新实践

沈　杰 ◎著 ////////////////////////////////

北京师范大学出版集团
BEIJING NORMAL UNIVERSITY PUBLISHING GROUP
北京师范大学出版社

**图书在版编目（CIP）数据**

大道至简，成德达才：首都师范大学附属中学成达教育改革的创新实践 / 沈杰著
. — 北京：北京师范大学出版社，2023.4
（海淀教育名校名家丛书）
ISBN 978-7-303-28581-5

Ⅰ.①大…　Ⅱ.①沈…　Ⅲ.①中学－教育改革－研究－海淀区　Ⅳ.①G639.21

中国版本图书馆 CIP 数据核字（2022）第 258660 号

**图书意见反馈：gaozhifk@bnupg.com 010-58805079**

营销中心电话：010-58802755　58800035

北师大出版社教师教育分社微信公众号　京师教师教育

出版发行：北京师范大学出版社　www.bnupg.com
　　　　　北京市西城区新街口外大街 12-3 号
　　　　　邮政编码：100088
印　　刷：鸿博睿特（天津）印刷科技有限公司
经　　销：全国新华书店
开　　本：787mm×1092mm　1/16
印　　张：17
字　　数：275 千字
版　　次：2023 年 4 月第 1 版
印　　次：2023 年 4 月第 1 次印刷
定　　价：85.00 元

策划编辑：郭　翔　　　　　　　　责任编辑：安　健
美术编辑：焦　丽　　　　　　　　装帧设计：北京轻舟教育咨询有限公司
责任校对：陈　荟　　　　　　　　责任印制：马　洁

# 海淀教育名校名家丛书

主　　编：赵　欣

编　　委：（按姓氏笔画排序）

于　文　于会祥　马万成　马志太　王　钢

毛向军　尹　超　冯　华　刘　畅　刘　燕

刘可钦　刘光艳　刘彭芝　许培军　李继英

杨　刚　肖延红　肖建国　沈　军　沈　杰

宋继东　陈　进　陈　姗　陈恒华　陈淑兰

范胜武　郑佳珍　郑瑞芳　单晓梅　赵璐玫

郭　涵　曹雪梅　窦桂梅　戴文胜

本册作者：沈　杰

成长中的教育家

顾明远题

# 总序

《国家中长期教育改革和发展规划纲要(2010—2020年)》明确提出:"鼓励教师和校长在实践中大胆探索,创新教育思想、教育模式和教育方法,形成教学特色和办学风格,造就一批教育家,倡导教育家办学。大力表彰和宣传模范教师的先进事迹。"

为贯彻落实党的教育方针,"办让人民满意的教育",更好地总结、积淀、提升北京市海淀区名校名家办学的先进理念,北京市海淀区委教工委、北京师范大学出版社以北京市海淀区名校、名校长教育教学改革成果及教育管理理念为基础,精心建设北京市海淀区"名校名家"精品文库,就是现在呈现于读者眼前的这套"海淀教育名校名家丛书"。

这些学校,有的是著名大学的附属学校,有的是诞生于延安有着光荣革命传统的学校。但学校不是只有一个什么名分就能成为名校的,这些名校有着悠久的历史传统,在历任校长、师生的共同耕耘下,办出特色、办出成绩,创造了新鲜的经验,在全国乃至国际上享有良好声誉,这才成为现在的名校。在创造名校的过程中,校长无疑起着不可替代的作用。作为优秀校长,他们用先进理念和管理才能,带领全校教师,为一个共同愿景而努力。本套丛书正是聚焦这样一批名校长,近距离观察他们是如何在教育海洋中破浪前行的。

这些校长个性迥异、各有经历，办学思路也不尽相同，但相同的是在各自的学校创造了一段教育的传奇。他们是所在名校的灵魂，他们的言传身教，时时刻刻引领着教师和学生的发展。这些校长共有的特质是专业知识扎实，具有深厚的人文底蕴。他们具有炽热的教育情怀和教育激情；他们富有童心并热爱儿童；他们淡泊明志、宁静致远，以教书育人来体现他们的人生价值。

　　这套丛书主要讲述这些名校长在日常管理和教学方面的一件件小事，通过短篇故事的形式，娓娓道来，让读者去品味和欣赏。

　　在这套丛书里，我还看到了海淀教育趋于成形的大器。海淀教育秉承红色传统、金色品牌、绿色发展，坚持党的教育方针，以优秀传统为基础，以现代教育观念为先导，引领时代风气之先，坚持鲜明的价值追求，增强改革创新的意识，提升可持续发展的能力，从而涌现出一批各具特色的教育品牌。

　　解读海淀教育，形成海淀教育大印象，让海淀基础教育名校名家载入中国教育发展的史册。

　　是为序。

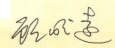

# / 前 言 /

## 大道至简·守心如一

春秋时代,《管子》有言:"一年之计,莫如树谷;十年之计,莫如树木;终身之计,莫如树人。一树一获者,谷也;一树十获者,木也;一树百获者,人也。"两千多年后的今天,在实现中华民族伟大复兴的征途之中,通过教育培养人才的重要性依然不言而喻。党的十八大以来,以习近平同志为核心的党中央把教育事业、科技事业、人才培养放在优先和突出位置,作出一系列安排部署,推动新时代教育事业、科技事业、人才工作取得历史性成就、发生历史性变革。习近平总书记强调,"基础教育在国民教育体系中处于基础性、先导性地位"。

巍巍慈寿寺塔见证历史风云,淙淙昆玉河水阅尽沧桑巨变。倏忽之间,经过一个多世纪栉风沐雨,首都师范大学附属中学(以下简称首都师大附中)始终与党和国家同呼吸共命运,坚持立德树人,培养社会栋梁,孕育出底蕴深厚、特色鲜明、与时俱进的成达教育。在首都师大附中这方厚重大气、孕育梦想的沃土上,成达教育犹如一道经年不息之光,吸引着一批批心怀教育理想的名师播撒智慧,也指引了一届届鸿鹄少年在此步武前贤、求真向善。

回望历史,1914年,北洋政府陆军部次长徐树铮顺应兴办新式学堂的潮流,创办了"正志中学"并亲任校长,之后时任教育部次长傅岳棻等相继执掌校印。北京大学教授周作人、《新青年》编委沈尹默、文学家林纾、美学家朱光潜等众多名家皆参与学校创办,北平特别市(现为北京市)首任市长何其巩担任校董和名誉校长,并亲笔题写"成德达才"作为育人理念。大师担纲,名流任教,贤达汇聚,名噪京城,艰苦卓绝的办学历程由此拉开帷幕。从正志中学,到成达中学,再到北京市第三十八中学、北京市第四十二中学、北京师范学院附属中学,直至1992年更名为首都师范大学附属中学,学校办学地点依次历经宣武门外菜市口、阜成门外、中南海、王府仓，后迁至八里庄办学至今。一批批教育先行者奋发蹈厉、励精图治，积淀出首都师大附中的丰厚学养和厚重底蕴。学校于 1978 年被确定为北京市首批重点中学，2002 年被确定为北京市首批示范性普通高中，2007 年被人事部（现为人力资源和社会保障部）、教育部授予"全国教育系统先进集体"光荣称号。

作为百年学府的一校之长，我感恩先贤诸公的矢志创业和丰厚遗产，同时为首都师大附中薪火承传、桃李芬芳的光荣历史而倍感荣耀。2011 年，我从石彦伦校长手中接过接力棒，开始担任校长。十余年来，我时刻不曾忘怀自身的使命和责任，不敢辜负党和国家的重托。首都师大附中人追求卓越的品格、勇于担当的精神、无私奉献的境界，无时无刻不在激励着我。近年来，学校积极响应国家对教育事业的新要求和新期待，落实立德树人根本任务，各项工作实现了创新和发展。

**一是优化办学体系，增强理念引领**。立足学校实际，着眼未来发展，我们对办学思路和框架不断进行梳理、优化，倡导办负责任、有内涵、有温度的成达教育，让传承百余年的"成德达才"育人理念焕发出新的活力。成达教育的本质就是将"人"的培养放在核心位置，遵循教育规律和人才成长规律，培养健康阳光、自信坚毅、正志笃行、成德达才、家国担当、胸怀天下的新型人才。成达教育不浮躁、不盲从、不功利，追求高品位、高质量、高素质，助力每个学生实现全面而有个性的发展、自主发展和可持续发展。成达教育的内涵是起点的有教无类、过程的因材施教、结果的人尽其才。在此引领之下，学校推行扁平化管理模式，构建起涵盖六个维度的成达教育体系，充分凝聚师生、家长、社会的力量，共同推动学校高质量发展。

**二是推进综合改革，提升办学质量**。随着国家教育改革的不断深入，首都师大附中勇立潮头、与时俱进，在教育教学改革方面进行了深入的研究。以先进的改革思路为指导，学校于 2014 年正式启动"四三二一"教育教学综合改革，即构建递进式"四修"课程体系，推行三维管理模式，坚持因材施教与尊重个性两项育人原则，实现让每一个学生"成德达才"的核心目标。在教育方面，我们坚持五育并举、融合育人，构建成达五育育人体系；在教学方面，积极打造成达思维发展课堂，落实学科核心素养。综合改革让教育教学质量得到了显著提升，促进了学生的专业发展，为学生的可持续发展注入了源源不断的生机和活力。

**三是搭建广阔平台，培养创新人才**。首都师大附中坚持"价值塑造、能力培养、知识运用"三位一体的创新人才培养模式。学校持续优化育人环境，不断推进书香校园建设，让阅读滋养生命，汇聚创新的能量。通过将创客教育理念引入校园，首都师大附中建成了青牛创客空间，成为学校创新人才培养基地。以此为基础，我们组建起专业科技教师团队，成功研发出一系列课程，开展创客教育和STEAM教育，同时举办诸多科技赛事活动，培养学生动手实践能力和创新思维能力。此外，系列化的初中博识课程、高中综合实践活动课程，让学生们通过内外兼修、知行合一的方式开阔眼界、增长见识、提升实践能力。校内的非遗教育博物馆作为北京市首个非遗教育孵化基地，鼓励学生将古典与现代融通，学会在继承中创新。

**四是注重科学赋能，促进优质均衡**。为了努力让每一个学生都能享有公平而有质量的教育，促进教育的优质均衡发展，学校积极承担社会责任，充分发挥示范辐射作用，从2008年起便陆续在教育发展相对薄弱的区域开办分校，承办弱校，采用集团化办学模式，努力办人民满意的教育。目前，首都师大附中教育集团已经形成辐射北京市"七区十二校"的格局，赢得了良好的社会口碑。集团各分校整体办学实力显著提升，多所分校已由薄弱变优质，实现了多元特色发展，办学口碑和影响力不断提升，同时带动了区域教育的快速发展，让更多的首都学子受益。

"一事精致，便能动人，亦其专心致志而然。"三十多年前，我选择成为一名人民教师，开始专注于基础教育领域；十余年来，我与百年学府首都师大附中相依相伴前行。在首都师大附中，我学会了既低头做事，又抬头看路，追寻回归教育的本真。首都师大附中是我梦想的寄托，更是我深爱的家园，这里的一砖一瓦、一草一木皆早已融汇于我的生命之中。多年的参与和陪伴，让我收获了温暖和信心，见证了首都师大附中学生的蜕变和成长，也感受到了全体教职工为学生的成长和成才所付出的心血与努力。首都师大附中师生的情感纽带，必将经年永续且历久弥新。"百年那得更百年，今日还须爱今日。"星辉万里，明月长伴，为首都师大附中强校梦、为教育强国梦的事业还将在一代代师生奋进的脚步中继续。

虽然本书封面只署了我的名字，但它是集体智慧和实践的结晶。本书主要结合 2011 年以来首都师大附中在教育、教学、管理等方面的具体实践，依次对成达教育的精神内涵、改革思路、办学特色等方面进行细致阐释，在"正志笃行，成德达才"育人理念的引领下，力图较系统完整地呈现成达教育砥砺前行的奋斗历程和办学成果。同时，也真诚地期待与各位读者共同交流关于基础教育发展改革的宝贵建议。

我还想借此机会，向首都师大附中所有前任校长及师生表示感谢，感谢大家用真心诚意、青春生命为学校发展做出的贡献。正是在你们打下的坚实基础上，首都师大附中正在铸就新的辉煌。在你们身上，我看到了首都师大附中人代代传承的赤子之心。感谢首都师大附中现任领导班子的倾心付出和高效协作，以及所有同人对我担任校长期间给予的信任、支持和帮助。向支持我们工作的社会各界各级领导和爱心人士表示衷心的感谢和崇高的敬意，是你们给了首都师大附中人战胜困难的勇气、信心和力量。没有你们，便没有首都师大附中的腾飞。

"桃李不言，下自成蹊。""成德达才"精练简约的四个字，折射着首都师大附中成达教育生生不息的灵魂、使命和追求。回归本真，守心如一，首都师大附中人继往开来、矢志奋进，还将继续在波澜壮阔的新时代笃行不息，共绘成达教育的美丽画卷。

沈杰

2022 年秋于北京

# 目 录 | 大道至简，成德达才
## ——首都师范大学附属中学成达教育改革的创新实践

## 第三章　以创新激发活力

### ——创新育人方式，培育创新人才　　　/175/

## 第四章　以管理凝聚合力

### ——创新管理模式，打造卓越队伍　　　/197/

# 第一章

# 以文化引领教育

## ——构建成达教育理念文化体系

**校长手记**：立足于百余年优质文化的积淀，首都师大附中坚守"正志笃行，成德达才"的育人理念，在新时代倡导办负责任、有内涵、有温度的成达教育。成达教育不浮躁、不盲从、不功利，追求高品位、高质量、高素质，助力每个学生实现全面而有个性的发展、自主发展和可持续发展。学校坚持以卓越创新文化为引领，不断提高办学品位，打造学校精神高地，实现文化强校。

# / 一 / 成达教育的百年积淀

　　昆玉河畔，古塔为邻；步武前贤，继往开来。首都师大附中是一所诞生于民族危亡、社会变革之际的中学，在百余年间见证了时代的发展变迁。学校在波澜壮阔的教育历史长河中砥砺沧桑、栉风沐雨，一代代首都师大附中人前赴后继、励精图治，保持与国家和民族同频共振，不断夯实爱国底色，筑牢爱国主义信仰，秉承创新实干的办学精神，共同铸就了成达教育品牌。

## 一、从正志中学到三十八中

　　1911年，辛亥革命爆发，清朝的封建统治被推翻，我国两千余年的封建专制制度宣告结束。在这个社会剧烈转型的历史节点，1914年12月，北洋政府陆军部次长徐树铮创办了京师私立正志中学校，汇入了教育救国的时代洪流。1919年，中华民国大总统徐世昌为学校题赠匾额——"成德达材"（嗣后沿袭写为"成德达才"）。

　　首都师大附中创始人徐树铮是北洋军阀皖系将领，陆军上将。他自幼聪颖过人，饱读经史，精于国学，推崇桐城派古文，兼擅诗书昆曲，学养深厚，文韬武略集于一身，对文教事业情有独钟。办学之初，他亲自遴选教员，制订教学计划，邀请社会贤达和学界名流担任董事会成员，其中有王树枏、傅增湘、林纾等京师文坛名人、教育家或国学大师。学校注重国文，设置以军训为主的体育课和陶冶心志的音乐课，实施军校般的严格管理，力图培养实用型军政人才，以期救民族于水火。

　　1920年8月，中华民国教育部接办正志中学，改名京师私立成达中学校，学校迁入阜成门外北礼士路19号新校园。9月，徐树铮辞去校长职务，由刚刚卸任教育部次长、代

理教育总长的傅岳棻出任成达中学校长职务。学校由此开启了32年之久的成达中学办学历程。1938年7月，阜成门外北礼士路19号校舍被日伪新民印书馆侵占，学校迁至中南海公园

内东四所。1946年7月，校址迁至阜成门内王府仓胡同46号和大水车胡同12号，是为租用原私立镜湖中学校舍。成达中学依靠完善的治理结构，注重发挥董事会和校一级管理机构的智能作用，循规蹈矩，依章办校。办学宗旨为："遵照教育部定章，教授初级中学应有学士及技能，并注重陶熔学生心性，敦励品格，以养成刚健中正之国民为宗旨。"

中华人民共和国成立前，由于社会动荡、经费拮据、招生困难等原因，学校几度陷于困境，在校生人数锐减。1949年，北平和平解放，北平市更名为北京市，校名遂改称北京市私立成达中学校。1952年，成达中学和上义中学合并，并成为公立学校，更名为北京市第三十八中学，校址有原成达中学王府仓校址和原上义中学马尾沟校址两处。1954年，学校改为北京市第四十二中学，迁至阜成门外八里庄新校址。

"成德达才，社会中坚；基桢缔造，肇始青年。努力爱春华，及时着先鞭；撷文明之茂实，扬智慧之灵泉。步武前贤，薪火长传；舍我青年，大任更谁肩。"学校的校歌传唱不息，校址虽几经变迁，拳拳办学初心不改。从正志中学到成达

中学、三十八中，在这新旧交替的动荡历史时期，成达中学文脉不断，将成才报国的追求和理想代代传承了下来，一批又一批的成达学子成长为中华民族的建设者和保卫者，涌现出革命烈士杨鸿才、中科院院士刘光鼎等一大批杰出校友。同时，受制于特定的历史时期，在百废待兴的新中国成立初期，学校各方面的发展都受到限制，等待着一个新的机遇重新起航。

## 二、向名校迈进

### （一）向一流中学迈进

伴随着新中国欣欣向荣的社会主义建设，教育事业也开始展现出蓬勃发展的新局面。新的教育方针、新的教育理念、新的教学环境，激励教育工作者以前所未有的热情投入教书育人的工作之中。

1954 年暑假，学校迁入新校址后，各方面都发生了根本性的变化，迎来了建设发展的新时期。同年 6 月，中共北京市委通过了《关于提高北京市中小学教育质量的决定》（简称《五四决定》）。《五四决定》的制定和贯彻，在北京市中小学教育发展史上具有不可估量的重大意义。北京市第四十二中学认真贯彻全面发展的方针，将学校的工作重心转入全面提高教育质量上来，重视师资队伍建设，努力提高师资的专业水平。与此同时，学校不断加强对学生的政治思想教育，重视教学规范，加强体育工作，开展美育和劳动教育。

1958 年，北京市第四十二中学改名为北京师范学院附属中学。20 世纪 50 年代末至 60 年代初，"大跃进"和三年严重困难对学校工作不断造成冲击，面对这些困难，全校师生和衷共济，克服困难，保持了正常的教学秩序。

1962 年，北京师范学院（现为首都师范大学）党委书记杨伯箴提出把北京师范学院附属中学办成北京市一流水平中学的目标。为此，学校不断壮大教师队伍，加强教师思想建设，全力以赴做好教学和德育工作，全面提升办学水平。正当全校教职工团结奋斗，即将实现北京市一流水平中学目标之际，却遭遇了突如其来的"文化大革命"，北京师范学院附属中学同全国一样被卷入其中。

### （二）北京市首批重点中学

1978 年 12 月，中共中央召开十一届三中全会，确定把全党工作重点转移到社会主义现代化建设上来，实现了新中国成立以来党的历史上具有深远意义的伟大转折。

春风送暖，冰河解冻，蒙受十年灾难的北京师范学院附属中学与全国各行各业一样，解放思想，振奋精神，积极开展拨乱反正工作。学校面临重振，百废俱兴。学校新一届领导班子积极贯彻党的教育方针，按教育规律办事，立足科研兴校，办出特色。通过制定长远发展规划，按照实现"四个一流"（一流的办学理念、一流的师资队伍、一流的教学设备和育人环境、一流的校风和教育质量）的办学思想和奋斗目标，在十一届三中全会以后的十多年里，北京师范学院附属中学全体教职工齐心合力，艰苦奋斗，学校得以高速度发展，综合实力得以大幅度提高。1978年，北京师范学院附属中学被确定为北京市首批重点中学。

## （三）北京市首批示范性普通高中

1992年，北京师范学院更名为首都师范大学，北京师范学院附属中学随之更名为首都师范大学附属中学，简称首都师大附中。学校当届领导班子继续以邓小平"教育要面向现代化，面向世界，面向未来"的题词为指导，认真落实1994年李岚清副总理给首都师大附中题词精神，大力开展素质教育。

在这个阶段，学校科学管理，教师从严治教，全面提升了教育教学和科研水平，办学规模与办学质量同步提升，学校综合实力稳居北京市海淀区前列。此外，首都师大附中于1993年发起成立"全国知名中学科研联合体"，最多时凝聚了全国各地360多所知名重点中学。作为一个整体"优势互补资源共享"的科研组织，它承担过教育部课题研究任务，成员共同研究中学面临的学校管理与发展的种种教育教学热点问题，为我国的中学教育科研做出了贡献，获得了教育部基础教育司、中央教育科学研究所（现为中国教育科学研究院）、北京师范大学等单位的高度认可，赢得了各地重点中学校长与教师的高度赞誉。

1993 年 10 月，时任校长霍恩儒作为全国重点中学校长代表团成员赴美国访问考察。此行是首都师大附中第一次走出国门，开始用国际化的视野审视教育，也是首都师大附中国际化进程的第一步。1996 年，首都师大附中与韩国恩光女子高等学校建立友好交流关系，标志着首都师大附中国际化进程的全面开始。此后，首都师大附中国际化步伐不断加快，2008 年开设中美高中实验课程项目，在美国费城捷门棠学校建立孔子课堂，国际对外交流的半径也日益扩大。

认真贯彻德智体全面
发展的教育方针，为办
好我国的素质教育起
示范作用。
题赠首都师大附中
李岚清
一九九四年九月十日

随着"科教兴国"战略的提出，"素质教育"的呼声日益高涨。1999 年 6 月，第三次全国教育工作会议召开，《中共中央、国务院关于深化教育改革全面推进素质教育的决定》，我国教育进入了一个全新的改革发展时期。首都师大附中积极响应党和国家的号召，紧跟时代的脉搏，全面推进素质教育。2002 年 9 月，《北京市教育委员会关于认定首批北京市示范性普通高中的通知》发布，正式认定首都师范大学附属中学为"首批北京市示范性普通高中"，并颁牌。经过示范校申办，首都师大附中不仅在教育教学质量、教师整体素质、校风及校园文化建设等方面得到巨大提升，而且逐渐梳理并明确了自己的办学理念、育人目标，在继承传统基础上形成了自己的办学特色。

## （四）全国教育系统先进集体

时逢基础教育改革、开放、发展的大好形势，在时任校长石彦伦的带领下，首都师大附中以"走教育创新之路，示素质教育之范"为指导思想，以"全面提升教育教学质量"为根本任务，以"国内一流、国际知名"为办学目标，坚持"小步快走"的改革策略，进行全面的改革创新，使自身的社会评价和综合实力大幅提升，成为北京市基础教育现代化的领头羊。2007 年，学校获人事部、教育部颁发的"全国教育系统先进集体"称号。这一阶段，学校的办学理念为"爱国、科学、人文"，办学目标为"国内一流，国际知名"，办学主导思想为"尊重个性，全面发展"，素质教育培养目标为培养学生的一种意识（责任意识）、两种精神（集体主义精神、刻苦学习精神）、三种能力（自学能力、创造性思维能力、动手能力），办学特色为"三注重，一体现"（注

重德育、注重校园文化建设、注重现代教育技术的应用，在教育教学各环节充分体现学生的主体性）。在自身发展取得长足进步的同时，首都师大附中不忘积极承担社会责任，发挥示范校辐射作用。学校屡次承担起对来自全国各地及北京市各区的教师的培训工作和干部挂职锻炼任务。2008年，学校正式开启了集团化办学之路，为推进优质教育资源均衡化发展，促进首都基础教育公平砥砺前行。

## 三、继往开来启新程

改革开放四十余年，亦是国家教育探索进步的四十余年，随着经济水平的不断提高，国家对教育的重视程度日渐提高，投入不断加大，与此同时，新时期的教育也面临着更多的挑战。在我国教育事业取得瞩目成果的同时，人民群众已不再满足于受教育机会的获得，对于优质教育资源的渴望成为重点。2011年，《国家中长期教育改革和发展规划纲要（2010—2020年）》出台，表明国家对发展教育的思路做出了明确调整，其中"推动普通高中多样化发展""鼓励普通高中办出特色"及国家教育综合改革的新要求给予了我们深刻的启示。

2014年，百年校庆之际，时任中共中央政治局委员、国务院副总理刘延东贺信寄语："以新百年为新起点，深化教育改革，突出优势特色，为实现中华民族伟大复兴的中国梦作出应有的贡献。"这让我们充满前行的动力和信心。

根植百年发展沃土，直面未来的机遇和挑战，通过总结以往的实践经验，推动尽快实现现代化教育的发展目标，首都师大附中的办学理念与时俱进，成达教育的理念和思路愈发清晰。在新时代，学校领导班子将更多的关注投向对校园生命的人

文关怀，创造性地提出"守正、开放、创新"三大发展理念，确立学校的育人理念为"正志笃行，成德达才"，并明确了要办负责任、有内涵、有温度的成达教育，学校的发展目标也相应地确定为"国内领先，国际一流"。

成达教育蕴含两层含义：一是"成德达才"。"成德达才"是首都师大附中传承百余年的育人理念。"成德"即成就品德，培育内在德行，指向育人内容；"达才"即使之通达、成才，指向育人目标。二是"成人达己"。意为成就他人，完善自己。教师在成就学生的同时，也能成就自我；学校在成就师生的同时，实现自身的高质量发展。成达教育的本质是将"人"的培养放在核心位置，遵循教育规律和人才成长规律，培养"正志笃行，成德达才，家国担当，胸怀天下"的创新人才。成达教育努力做到起点有教无类，过程因材施教，结果人尽其才，不浮躁、不盲从、不功利，追求高品位、高质量、高素质，让每个学生实现全面而有个性的发展、自主发展和可持续发展。

结合具体的办学实践，校领导班子不断地对办学思想进行系统梳理，并形成了特色鲜明的成达教育体系。成达教育体系由策略维度、治理维度、教师维度、课堂维度、课程维度和学生维度六个维度构成（图1-1）。

图 1-1 成达教育体系

策略维度是立校之本，旨在凝聚人心、激发创新活力，具体指成达四为办学策略，即育人成才为本、学术研究为魂、课堂教学为主、责任大局为重。

治理维度是治校之道，旨在追求卓越、提升学校治理体系和治理能力现代化，具体指成达六化管理体系，即学校管理民主科学化、德育有效系列化、学科建设学术专业化、国际教育先进典范化、科技艺体普遍特色化、教辅服务主动优质化。

教师维度是强校之基，旨在通过由青蓝工程、领军工程和卓越工程组成的成达教师发展培养体系强基固本，提升专业能力，以促进教师师德师风建设、教师专业发展和完善教师管理机制，从而打造一支理念先进、师德高尚、业务精湛、勇于创新的教师队伍。

课堂维度是教学之要，旨在打造成达思维发展课堂，帮助学生形成良好的思维品质。成达思维发展课堂是以促进高级思维能力发展为核心目标的新型课堂形态，担负着活化知识与发展思维的双重使命，进而培养和提升学生良好的思维品质，包括思维的深刻性和系统性、灵活性和敏捷性、创新性和批判性。

课程维度是兴校之源，旨在通过成达四修课程体系提升素养，奠基学生未来。学校围绕人文与社会、数学与科学、艺术与技术、实践与创新、体育与健康五大领域，构建了系统成熟、渐进式的四修课程体系，即通过基础通修课程夯实学科基础、兴趣选修课程激发潜能志趣、专业精修课程促进个性发展、自主研修课程形成自主能力，实现全员育人、全程育人和全方位育人。

学生维度是育人之根，旨在通过建构成达五育育人体系，多措并举助力学生成德达才。学校德育工作注重五育并举、融合育人，培养学生的仁爱之心、睿智之脑、健康之体、发现之眼、创造之手。

"教育是国之大计、党之大计"，这是习近平总书记在 2018 年全国教育大会上对教育在新时代的重要地位做出的高度概括。在加快推进教育现代化、建设教育强国、办好人民满意的教育的时代背景之下，学校必须深入贯彻落实"立德树人"的根本任务。在此历史条件下，作为北京市首批重点中学和示范性普通高中，首都师大附中积极面对环境的变化，顺应时代的发展潮流，思考如何把握新的历史机遇，迎接新的挑战，再上新的台阶，同时在探索怎样更好地发挥优质资源的辐射作用与先进文化的引领作用，以全新的理念、完善的体系、先进的模式、一流的成果，成就现代教育的典范。学校着力在推进"四三二一"教育教学综合改革、构建递进式四修课程体系、培养创新人才、推进教育集团化办学等方面进行了坚持不懈的探索和大量的实践，并取得了一系列令人振奋的成果。

我们深刻感悟到，面对外界的纷扰，学校只有遵循教育规律和人才成长规律，脚踏实地，才能真正实现教育的内涵式发展、高质量发展，成达教育方能行稳致远。

**【优秀毕业生案例】**

在成达教育思想的引领下，首都师大附中助力一批批学子实现了全面而有个性的发展、自主发展和可持续发展。

（1）赵钦源是首都师大附中2015届高中毕业生。他本硕就读于北京理工大学信息与通信工程专业，毕业后从事空天信息网络、信道均衡等方向的研究。他是致力于推动科研成果服务社会需求的学生创业者——在第六届中国国际"互联网＋"大学生创新创业大赛上，他和团队从147万支队伍中脱颖而出，获得全国总冠军，得到孙春兰副总理接见和颁奖。在第十二届"挑战杯"中国大学生创业计划竞赛上，他和团队获得全国金奖，并代表北京理工大学做创业项目汇报。在首都师大附中2021—2022学年开学典礼上，他受邀作为优秀校友代表发言。赵钦源结合自己在首都师大附中的成长经历，和大家分享了母校对自己影响最深远的两堂大课，一是首都师大附中让他坚定理想、树立目标的人生发展课，二是首都师大附中带他践行开拓进取、追求卓越的创新实践课。赵钦源衷心感谢母校开明包容、提倡创新的学习氛围，寄语学弟学妹们在首都师大附中这片沃土上行稳致远，成德达才。

（2）邓琳是首都师大附中2021届高中毕业生，第29届全国中学生生物学奥林匹克竞赛金牌得主。从小到大，邓琳都是学生公认的"学霸"，也是家长眼中"别人家的孩子"。邓琳从小就对动植物有浓厚的兴趣。初中阶段，学校各式各样的生物实践活动和博识课程，不断增强了她对生物学科的喜爱。高中阶段，学校组织的京内外综合实践活动，让她走进中国科学院生物研究所体验了真实的科研，进一步帮助她立志在生物学领域发展，并树立了成为一名医生的理想。高三时，她顺利保送至北京协和医学院（清华大学医学部）。未来，邓琳将在喜爱的专业领域不断精进、追梦远行。

# /二/ 成达教育的改革实践

改革开放以来，我国教育发展的经验证明，不断推进教育改革是促进教育发展的根本动力与根本路径。如今，我国基础教育已经迎来高质量发展的新阶段。要实现基础教育的高质量发展，必须深化教育改革，推动教育创新，不断破除制约教育发展的体制机制障碍，同时不断深化教学内容、教学形式和教学方法等方面的改革，培养高质量创新人才。首都师大附中倡导的成达教育始终恪守"正志笃行，成德达才"的育人理念，以学生为根本，不断改善办学条件，落实立德树人根本任务，促进教育治理体系建设和治理能力提升。

## 一、面向未来，重新定位

中华人民共和国成立以来，我国教育事业经历过曲折历程和艰难探索，在不断改革创新中取得了举世瞩目的巨大成就，经历了从小到大、从有到优的变化，在发展中走向现代化，在现代化进程中迈进新时代。但我们也要清楚地认识到，在取得巨大成就的同时，我国基础教育工作仍然面临一些突出问题和挑战，如促进教育公平势在必行、提高教育质量的任务艰巨、培养学生创新精神和实践能力的措施乏效、减轻课业负担的效果甚微、保障学校安全的责任重大等。对这些问题的解决，传统的思维方式和改革措施已难以奏效，必须依靠教育教学综合改革。

从我国经济社会发展的态势来看，我国已开启全面建设社会主义现代化国家新征程。当前，我国经济发展进入了新常态，经济增长进入中速期，结构调整进入阵痛期，无论是经济增长方式，还是产业结构都将发生重大变化。在我国经济增长的重要力量中"大众创业、万众创新"不可忽视，传统生产方式将逐步被淘汰，从中国制造到中国创造将成为未来的主流。与此相对应，我国教育改革与发展面临着新的机遇和挑战。今后，创新将成为我国促增长、调结构、惠民生的重要引擎。这些都对我国各级各类教育，特别是对人的发展具有决定意义的基础教育提出了更高的要求。

从广大人民群众的需求看，随着生活水平的提高，人民群众对高质量教育的渴求日益强烈。伴随着城镇化速度的不断加快和户籍制度改革的不断深化，城乡教育面临新的问题和困难，资源短缺、教学质量薄弱问题在农村地区依然显著。因此，通过综合改革，增加优质教育资源供给、实现均衡发展、促进教育公平显得尤为迫切。

从教育自身的改革和发展看，我国各级政府对教育的重视程度不断提高，教育经费投入大幅度增加，中小学办学条件得到明显改善，为教育事业的发展创造了良好条件。今后一段时期，一方面，全面推进素质教育、提高教育质量、让每个学生都成为有用之才应成为教育改革与发展的主要任务；另一方面，发展多样化教育，满足人民群众多样化的需求将逐渐成为教育改革与发展的重要任务。

北京市于2017年9月正式加入新高考综合改革的行列，并从2018年起实施新中考方案。2022年，北京市新的中高考改革仍在紧锣密鼓地分步骤有序进行。我们一直在思索，如何不再以"分数"作为评价人才优劣的唯一标准。伴随着一系列变革的发生，无论是"选课走班"，还是"一年多考"，无论是"生涯规划教育"，还是"综合素质评价"，这些都给学生提供了高度的选择性，以及更加多元化的发展空间，新中高考无疑在推动改革深入发展和走向新的高度。

如何因地制宜、因校制宜地迎接新的中高考改革的挑战？其实首都师大附中在改革实施之前，就已前瞻性地进行了近十年的探索和实践，并取得了显著成绩，这说明我们的改革并不是新中高考倒逼的产物，更说明我们的成达教育是以人为本、面向学生未来的教育。首都师大附中传承百余年的、与时俱进的"成德达才"的育人理念，与国家所倡导的立德树人的人才培养指导思想高度契合，具有鲜明的时代特色。

## 二、深化改革，稳步前行

### （一）成达教育的改革历程

优质文化的积淀，不仅造就了百年学府的优雅气质，也锤炼了首都师大附中人锐意改革、勇于创新的精神。首都师大附中的改革始终以人为本，以学生为中心，同时面向未来，为学生的未来着想。关注学生个体和学生未来的教育，相应地也会注重培育学生的素养与能力。

教育于个人、社会、国家具有极其重要的作用，教育改革只能成功不能失败，因此必须考虑教育改革风险的控制，要办为每个学生负责任的教育。为此，首都师大附中的改革很谨慎。首都师大附中的教育教学综合改革分三阶段向前推进，一切改革都从学校、教师和学生的实际出发。在多年的探索和实践过程中，每一次改革都是在稳中求进，接受了实践的检验和现实的考验，越来越趋于成熟，得到了师生、家长和社会的认可。

学校的教育教学综合改革项目与指标见表1-1。

表1-1 首都师大附中教育教学综合改革项目与指标

| 项目 | 时间 | 指标 |
|---|---|---|
| 早期 | 2001 年 | 学校首次开展特色实践课程——博识课 |
| 第一阶段 | 2011 年 | 学校开始搭建四修课程体系框架 |
| | | 书香校园开放书架投入使用，开展"读书节"活动 |
| | | 文理兼修的"创新教育实验班"，培养高素养、高学养、高精尖的杰出人才 |
| | 2012 年 | 获批北京市"自主排课和自主会考"学校 |
| | | 获批北京市"遨游计划"项目实验校 |
| | 2013 年 | 开放式博物馆、标本馆、实验室 |
| 第二阶段 | 2014 年 | 在课程建设趋于成熟的条件下，开始实施"四三二一"教育教学综合改革 |
| 第三阶段 | 2016 年 | 全员育人"双导师制"正式运行 |
| | | 学校青牛创客空间正式落成 |
| | | 高中综合实践活动课程开启 |
| | | 初中实行分类分层走班 |
| | | 获评北京市海淀区首批高中地理学科教研基地 |

续表

| 项目 | 时间 | 指标 |
|------|------|------|
| 第三阶段 | 2018 年 | 荣获北京市学生"金帆艺术团""金帆书画院""金鹏科技团"称号 |
| | | 非遗教育博物馆建成并投入使用 |
| | | 获评北京市海淀区中学语文学科教研基地和数学学科教研基地 |
| | 2019 年 | 英语、化学、政治、历史、体育与健康、信息技术 6 个学科获评北京市海淀区中学学科教研基地 |
| | | 获评首批"全国优秀师德实践与创新基地" |
| | | 获评北京市中小学教师教育基地 |
| | 2020 年 | 成立成达教育发展研究院六大中心 |
| | | 获评北京市"智慧校园"融合应用示范基地校 |
| | 2021 年 | 推行矩阵式管理模式和扁平化管理模式 |

## （二）"四三二一"教育教学综合改革

"四三二一"教育教学综合改革是首都师大附中近年来改进教学模式、培养综合素质的重要举措。改革内容涉及课程设置、管理体制、育人模式、运行机制多个方面，是首都师大附中育人理念和办学特色的集中体现。其中的"四"是指四修课程体系，"三"是指三维管理体制，"二"是指两项基本原则，"一"是指"让每一位学生在首都师大附中成德达才"的核心目标（图 1-2）。

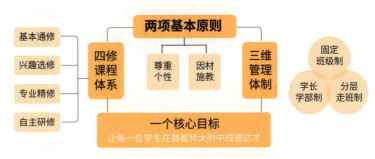

图 1-2 "四三二一"教育教学综合改革框架

四修课程体系包括基础通修、兴趣选修、专业精修和自主研修四部分渐进式课程，通过将"全面发展"与"学有特长"相统一，达到"通修"夯实学科基础、"选修"激发潜能志趣、"精修"促进个性发展、"研修"形成自主能力的目的。

三维管理体制（图 1-3），即学长学部制、固定班级制和分层走班制相结合，双导师制作为并行补充。具体来说，实行学长学部制，即根据学生的个性差异和发

展需求设立四个
学部——创新学
部、理工学部、
人文学部、国际
学部，采取学生
和学校双向选择
的方式，将有共
同兴趣爱好或学

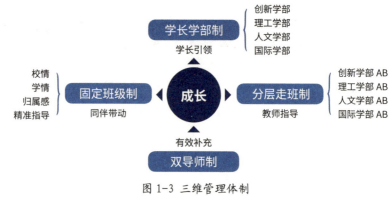

图1-3 三维管理体制

科专长的不同年级学生组成一个团队，培养学生的自主研修能力和团队合作能力，发挥学长的传帮带作用。固定班级制使学生得到及时的关注，让其拥有集体归属感，培养责任感和团队合作精神。学部中保留了固定班级，方便教师对未成年学生进行精准的指导和悉心的关爱，开展系列化的德育课程，同时发挥同伴对学生成长的积极影响作用。分层走班制为不同学习能力的学生设置不同层级的课程，满足不同潜质学生的发展需要。学校在开设的基础通修部分课程中，通过双向选择在学部制内进行分层走班教学。每个学部主要学科为不同学习水平的学生设置不同层级的课程，但难度差异不大的学科仍按固定班级授课。为给学生提供多样的选择，学校的兴趣选修、专业精修和自主研修完全实行打破学部由学生自主选择和决定的走班教学方式。分层走班教学基于尊重学生的个性差异和更好地因材施教，为每个学生提供适宜的课程，以满足其不同的发展需要，促进学生的专业发展和成长，同时提高教学的针对性和实效性。双导师制作为上述三种制度的有效补充，在其育人模式中，班主任侧重开展班级教育管理工作，导师作为学生的个体指导者，进行有针对性的细致指导。

两项基本原则是尊重个性和因材施教。首都师大附中的教育以人为本、面向未来，努力追求办适合每一个学生可持续发展的教育，教育应做到在起点时有教无类，在过程中因材施教，尊重并鼓励学生的个性发展和特长培养，让每个学生都能适得其所地发展。

一个核心目标是指"让每一位学生在首都师大附中成德达才"。"成德"即我们的教育要使学生成为品德良善、厚德载物之人，"达才"即我们的教育要使学生成为能为国家、民族、时代发展贡献智慧与能力的优秀人才。改革要尊重教育规律和学生身心发展规律，目的是让学生真正成为学习的主人，促进每个学生主动地、生动活泼地发展。通过量身定制的学习计划、灵动的个人课表和专属导师的悉心指导，每名学生都能找到属于自己的学习空间和成长点，都能在首都师大附中快乐地自主发展。

我们认识到，"教育供给侧"的改革关键在于让优质教育资源更加有效地配置。首都师大附中的一系列改革注重资源的整合与结构的调整，学校在未增加一间教室，未增加一名教师，也未让国家为此承担额外的经费的情况下，完全可以应对新的中高考改革。

通过稳步推进"四三二一"教育教学综合改革，学校在多方面取得了丰硕的成果。其中：中考和高考成绩始终位于市、区前列，高分段学生优势明显，学生单科成绩突出；五大学科竞赛成绩连续多年位列北京市前四名；金帆艺术团、金帆书画院、金鹏科技团等艺体科技类专业社团数量居北京市中小学前列；北京市海淀区学科教研基地数量实现新的突破；中美课程项目升学情况喜人，每年95%以上的学生升入美国排名前50的大学……

2020年，为进一步推动首都师大附中教育高质量、内涵式发展，深入开展成达教育相关研究工作，鼓励教师发挥专业特长，提升教师科研创新能力，学校决定成立成达教育发展研究院。成达教育发展研究院是首都师大附中的下设学术研究机构，独立运行，与现有各管理部门相互沟通配合，横纵双向治理，共同组成首都师大附中矩阵式管理模式。成达教育发展研究院下设六个研究中心，分别为学校发展改革中心、教育教学研究中心、教师发展中心、学生发展指导中心、课程建设中心和数据研究中心，将充分发挥智库功能，为学校的发展服务。

成达教育的实践立足国情、校情，充分体现了首都师大附中人的创新精神和集体智慧。当然，首都师大附中没有忽视新任务和新要求对学校与学生的冲击，还在根据学校的实际条件做出相应调整和创新，在符合党和国家各项政策要求的前提下，不断扩充学校的教育教学场地、保障教师的各项权益等，为改革的顺利实施和成功进行全方位保驾护航。

# /三/ 成达教育的文化建设

## 一、理念探索：塑造学校文化之魂

学校文化不仅是一所学校的个性名片，而且是学校的灵魂和生命力所在。建设自信开放的学校文化可以有效促进学校资源的开发整合，为学生成才、教师发展搭建平台，从而提高教育教学质量和效果，形成学校发展的核心竞争力。首都师大附中通过理念文化引领，以课程、阅读、科技、历史、社团、环境等特色文化为抓手，合力打造成达教育品牌，构建了具有现代教育理念的学校文化。

学校重视理念引领，统筹推进校风、教风、学风"三风"建设，促进规范办学，提升办学质量。立足于百余年丰厚的文化积淀，以"成德达才"育人理念为引领，秉承"自觉、勤奋、求实、创新"的校训，首都师大附中始终将"人"的培养置于核心位置，形成了博雅淳厚、低调务实的校风。在这方"学生爱学、教师乐教"的学府圣地，为实现学生的全面而有个性的发展、自主发展和可持续发展搭建平台是开展一切工作的出发点和落脚点。在新时期，学校坚持"守正、开放、创新"的发展理念，为成达教育不断赋予新的时代内涵。

师德师风建设是教师队伍建设的首要任务，事关教师队伍整体形象和办好人民满意教育大局。首都师大附中以师德修养为抓手，引领师德建设：一是严守职业"底线"，要求教师们认真学习《新时代中小学教师职业行为十项准则》等法规，明确新时代教师的职业规范；二是禁触行为"红线"，要求教师们认真学习中小学师德"十条红线"等禁令，知敬畏，时刻自重、自省、自警、自励；三是追求操守"高线"，

要求教师们深刻认识自己承担的职责使命，做"以德立身、以德立学、以德施教、以德育德"的四德楷模。学校通过开展师德培训、教师签订承诺书、优秀表彰等活动，树立典型，激励全体教师自觉履行职责，增强使命感和责任感，形成良好的教风。

《大学》有言，"物有本末，事有终始"；《论语》讲"君子务本"。中学务本，就要牢牢抓住学风这一办学之本，为学生的全面发展提供良好氛围和广阔空间。新形势下，学校确定了学风建设的总体思路和具体举措，以传统育学风、以机制正学风、以教风促学风、以典型带学风。首都师大附中以规范学生日常行为习惯为抓手，深化学风建设。学校通过国旗下讲话、主题班会、校园特色活动等途径，有效促进良好学风的形成。班级是促进学风建设的主阵地，在班风规范上，学校通过制定班纪班规，提高班级管理水平，努力培育文明班风，使每一个学生都能在班级活动中展现出良好的精神风貌，各班级都能形成团结向上的集体氛围。此外，为了让学生深入了解"三风建设"的重要性，提高学生对良好学习氛围建设的关注度，促进各班学风和班风建设活动的深入开展，鼓励学生勤奋学习、积极向上，保持优良的学风习惯，学校不定期组织各班级开展"三风建设"主题班会活动。学校师生精神风貌好，学习氛围浓，各项工作井然有序，教育教学质量不断提升。

## 二、环境育人：彰显学校文化自信

### （一）一砖一瓦总关情

丰富的学校文化离不开校园环境的建设和支撑。环境是课程的重要载体，环境虽然无声，但有灵魂。其灵魂在于浸润学生的心灵，让学生获得认知发展的同时，获得丰富的感性体验。

俯瞰首都师大附中校园，正志路、成达路、博观路和桃李路四条主路纵横交织，学校主要的建筑楼宇依路而建，勾勒出校园最基本的轮廓。其中正志路和成达路取自学校育人理念"正志笃行，成德达才"。博观路取自宋代诗人苏轼的《稼说送张琥》："博观而约取，厚积而薄发，吾告子止于此矣。"其旨在于让学生明白只有广见博识，才能择其精要者而取之，只有积累丰厚，才能得心应手为我所用，实现知行合一。桃李路两旁种满了桃树、李树，每年果实成熟之时，也是毕业年级学子离开母校之际，累累硕果昭示着美好的前景。

在楼宇取名方面，学校也精心选取了首都师大附中文化的独特元素。首都师大附中承担教学、办公职能的建筑是名为成德楼、达才楼、秋实楼和勇毅楼的四栋大楼，笃行楼为实验楼，博雅楼、仁华楼为学生及教工餐厅，春华楼为学生公寓。作为学校的两大会议厅，成达厅和正志厅主要用于学校大型会议、活动或演出，承载着师生难忘的校园记忆。这些名字符号既体现了对师生的勉励，又包含着育人目标的方向指引。

由于办学面积受限，学校对所有建筑空间进行了充分设计和利用。以学校成德楼为例：走进成德楼一楼大厅，高大的孔子铜雕像正立中央，静默地注视着来来往往的莘莘学子，背后的浮雕传递着中国传统文化的气息。成德楼地下一层的空间被充分应用，是非遗教育博物馆所在地。馆内设有多个非遗教育专业教室，通道两侧陈列着多项艺术作品，生动地展现着学校艺术教育的特色和成果。成德楼二层、三层设有开放式自然博物馆，展柜里放置了多种动物标本，便于学生开展生物观察。成德楼三层建有室内标准篮球馆，为学生开展体育活动提供了良好的环境。成德楼四层、五层设有阶梯式教室，五层还有学校图书室，是书香校园一道不可或缺的靓丽风景线。

学校不断改善硬件设施环境，青牛创客空间、陶工坊以及国学、历史、天文、地理等一系列功能齐全的专业教室在各栋大楼里先后建成，为学生享受沉浸式的课堂教学、开展丰富有趣的学科实验提供了便捷有利的条件。漫步校园内，还可以发现多个角落设有校训石、文化石等，石头上镌刻着遒劲的大字——"正志笃行""成德达才""敬业乐群"……营造出清新高雅的人文氛围。作为学校文化的独特输出符号，这些文化设施都增强了师生对学校文化的归属感和认同感。

## （二）让书香浸润每一个生命

"博观而约取，厚积而薄发。"依托首都师大附中百余年深厚的历史文化积淀，成达教育在育人实践中始终致力于师生的全面发展和长远发展，不断推进校园文化建设。特别是近年来，为营造健康文明、和谐向上的校园文化，学校"以文化凝心聚力，靠书香健脑修身"，树立书香校园建设理念，把书香校园建设作为校园文化建设的重要载体，优化硬件，提升软件，大力营造书香氤氲的校园阅读氛围，着力打造全方位的阅读环境，努力推进书香校园环境育人的工程建设，为学校教育教学的持续长久发展夯实了基础。

书香校园建设的总体目标是打造一个处处是书的校园环境。首都师大附中通过对图书馆进行"街区制"改造，营造一种书香四溢的阅读氛围，形成人人读书的阅读局面。我们的最终目标是把学校变成一座大图书馆，用阅读引领学生成长，用阅读润泽生命、开启智慧、奠基人生。我们认为，培养人应当从如何为学生打下一生的基础着眼。改造图书馆时，我们并不确定15万册图书里的哪一本会给学生带来影响，但我们知道，只要坚持读，一定会有影响。我们做讲座，让名家大师从书里走出来，他们的知识、风范，哪怕只让一两个学生的心灵受到触动，也是有益的。只要对学生有益，就值得教育者去做。

在教学工作中，首都师大附中一直致力于课堂教学改革，着力提高课堂效率。高效课堂教学最重要的一环就是学生，学生掌握知识的深度和广度与他们平时的读书积累息息相关。书香校园作为一种环境教育力量，其终极目标就在于营造全方位阅读的氛围，陶冶学生情操，培养阅读兴趣，全面提高学生素质。为了使学生走进校园就能举目见人文、放眼皆经典，在浓浓的书香气氛中感受文化的浸润，图书馆改造成为工作的出发点。首都师大附中以点带面，营造全方位阅读环境，为高效课堂奠基。

## 1. 图书馆

首都师大附中图书馆建筑面积1000平方米，设有教师资料室、师生共用书库、学生阅览室三个机构。自2011年起，首都师大附中对图书馆进行了重点改造。改

造后的图书馆，环境优美、功能多样、学习氛围浓厚。馆藏图书资源丰富、种类齐全，涵盖全部图书门类。图书馆对书籍内容的品质、品味进行精心选择，但没有因为读者是中学生而设置太多主题限制。

为了顺应电子阅读的发展趋势，除纸质资源外，图书馆还购买了中国知网（CNKI）期刊数据库，注册了学科网会员等，建有专门的数字图书馆平台，馆内配有检索机 6 台，读报机 3 台。图书馆还借助微信平台，给教师和学生提供方便的掌上阅读，已经有 1.7 万册电子书可供查阅。

教师资料室设有教师阅读区，供教师检索和阅读。学生阅览室分为期刊区、外文区、视听区、阅览区、国学区五个功能区，可供 400 余人同时阅览。改造后的图书馆利用率大大提高，图书借阅量不断提升。

### 2. 悦读·书吧

悦读·书吧是首都师大附中在综合楼一楼大厅开辟的阅读空间，采用简约中式风格，旨在营造出一种休闲惬意的阅读氛围。这里摆放了国学类、科普类、英文原版、中英对照等书籍，方便临近的年级和国际部学生阅读。悦读·书吧在为学生积淀文化底蕴的同时，也为他们打开了一扇开阔视野的窗户。

### 3. 开放书架

在完成图书馆改造后，首都师大附中又启动了拓展校园阅读空间的建设工程。首都师大附中通过统筹规划，在教学楼、综合楼、宿舍楼大厅每个楼层特别设置了多处开放的阅读书架。为与周围环境相适应，营造和谐高雅的阅读氛围，学校根据各处的特点，把书架精心设计成不同的风格。教学楼用一排排原色木质书架，旨在营造满目皆书的书籍长廊的感觉；艺术角用艺术型书架渲染优雅灵动的艺术氛围；悦读·书吧着力打造一个休闲舒适的阅读空间，一个宁静典雅的心灵栖息地，并为每一处都精选了读书名言、书法、山水画等文化元素加以装饰，学生在翻阅图书的同时，能受到思想与艺术的熏陶。另外，图书馆还给每一本书编号，并在每本书封底上贴

上从学生那里征集的阅读标语及放回原处的小提示，方便学生自主借还。

首都师大附中希望在引导阅读的同时，引领学生自我管理，这充分体现了学校以学生为主体、全员育人、环境育人的教育理念。学校做的不仅有宏观的统筹规划，还有细节的精妙深微；我们追求的，不仅是处处有书香，而且是点点能育人。

"润物无声，教育无痕"是教育的最高境界。在书香校园建设中，首都师大附中注重细节，精益求精，在潜移默化中对学生产生深刻的影响。

激发引领，培养阅读习惯。首都师大附中在开展全面创建书香校园过程中，始终坚持全员参与、全员育人，把教师作为校园的第一阅读者、引领者和示范者。在学校的组织引导下，许多教师不仅加入了校内读书会，还加入了国学经典读书会、西方哲学读书会等。读书会上，教师之间互相分享图书及读书心得，并结合教育教学和生活中的实际问题进行探讨，不断挖掘内涵，提升阅读质量。学校还积极鼓励教师外出学习，不断充电，提高自身素养。

另外，为了让学生形成阅读思考习惯，培养自主探究意识，首都师大附中语文组自2008年起开设阅读实验课，逐渐形成了完善的课程体系，成为学校的特色课程。2012年，首都师大附中语文组还承担了市级新教育阅读试验课题的研究，同时开展了师生共读共写、亲子共读共写的"同行"活动。这既是一种阅读的形式，也是师生相互理解、教学相长和创新教育的探索。

同时，校图书馆在校内网开辟教师园地专栏，利用微信公众平台，以"馆藏速递""阅读推荐"等形式，定期向教师和学生推荐美文佳作。

活动创新，促成探究意识。学校在开设专业阅读指导课程之外，还加强了活动创新，通过开展丰富多彩的读书活动，引领和激发全体师生的阅读兴趣，使阅读成为习惯，让习惯促进自我探究意识的形成，促进自我成长，让整个校园沉浸在"时时读书，人人读书"的阅读氛围之中。

在每年3月或秋季开学的第一个月，学校会举办为期一个月的读书节活动。学校通过淘书会、好书展览、橱窗展示等活动向师生展示好书、推荐好书、介绍读书方法；通过书签、抱枕等文创设计大赛以及阅读知识竞答、读书主题板报评比、参观国家图书馆等活动，让学生发现阅读乐趣，提升阅读内驱力；通过读书主题班会、读书经验交流会、读书沙龙、阅读马拉松等活动，交流分享，促进学生深入阅读，提升阅读的品位和质量。

除读书节外，学校还会定期举办读书报告会、走进国学系列阅读活动、读书主题演讲活动、"读书之星"评比活动等，其中图书馆精心打造的"深度阅读"读书会深受学生欢迎。"深度阅读"读书会是首都师大附中图书馆的精品活动之一，也是每年校园读书节活动的重要组成部分。2017年，图书馆教师发起创立"深度读书小组"，每周精心准备一期"深度阅读"读书会，以内容丰富、形式多变的活动设计为载体，每次有机穿插2～3本主题图书，带领学生自由而富有趣味地探索深度阅读，并给参加读书会的学生以充分的表达机会和平等尊重，让他们在读书中探寻自我、在阅读中持续成长。

书香校园给予了学生自由的读书沃土、广泛的阅读选择、浓厚的阅读氛围，促进了学生智育、德育、体育、美育等全面发展。在浓厚的文化氛围熏陶下，学校师生品读书籍蔚然成风，教师气质日渐优雅，学生思维更加开阔，教育注重塑造内涵，教研工作蓬勃发展。

# 【案例】

## 心之所向 书即归处
### ——首都师范大学附属中学第十一届读书节开幕

时维九月，序属三秋。秋意正浓，学意正兴。2021年9月16日中午，首都师范大学附属中学第十一届读书节"心之所向 书即归处"在喷泉广场举行。校党委书记、校长沈杰，副校长梁宇学，校党委副书记高国欣等领导，以及来自北京市有关部门的专家们共同出席活动。

开幕式现场，水墨风主题背景板配合水波荡漾的深蓝色地布，画面静谧唯美——秋水荡漾，天地一色，山色空蒙，云烟缭绕，营造出了浓郁的诗意氛围。利用纸板制作而成的"载梦之舟"浮于深蓝色的水面之上，不远处是展开的巨幅书页，上面印着本次读书节原创歌曲的乐谱。书页之上，载着设计者们用纸板搭建的暖色小屋，与层叠的图书相互映衬。巧妙而精心的设计为观众呈现出独特景致——船正在靠岸，停泊在书的方向，书页托着温暖明亮的房屋。一书一船一屋，画面简约但细节满满，主题感十分强烈。

活动伊始，师生们共同演唱读书节主题曲《书即归处》。这首歌是师生们利用暑假时间，经历四次线上策划会合力完成的。活动现场，在报国钟东侧的电子屏幕上，播放图书馆管理员们根据歌词所创作的曲绘MV。表演者身着白色襦裙，歌声袅袅，赢得台下掌声阵阵。

随后，校图书馆管理员协会主席发表阅读倡议书，并围绕读书节主题阐述了读书对当今青年人的重要性，号召全体学生在求知路上不惧困难、积极探索、勇敢奋进、不忘初心。随后，北京市教育技术设备中心向首都师大附中赠送百年百部红色经典电影数字资源。

伴随着沈杰校长宣布读书节开幕，精彩纷呈的"一树万书""思文语书""与香同书""流光沁书"和"寄梦远书"五项互动活动，在师生们的热切期待中正式开启。

本次活动旨在鼓励学生们在日常学习之余，进行广泛阅读，养成良好的阅

读习惯，不断增长知识，深化思想，带着由心底生发出的属于自己的勇敢和力量，从容坚定地奔赴未来。

## （三）非遗教育博物馆守住文化的遗产

非物质文化遗产是一部活态的人类文明史，其承载的是前人独特的审美理想、高超的创造能力。"舍我青年，大任更谁肩"，青少年有责任肩负起非遗文化传承与发展的使命。

作为"成德达才"育人理念的拓展实践，首都师范大学附属中学非遗教育博物馆不仅具备普通博物馆的广义属性，而且将以"非遗"为核心内容的馆藏、展陈和研究与百余年校园文化相融合，使学生的学习内容和方式多元化，助力青年学子从

文化自知到文化自觉，立足长远，坚定中华民族文化自信。

2018 年 11 月，首都师范大学附属中学非遗教育博物馆落成并正式启用。该馆位于学校成德楼地下一层，总建筑面积为 860 平方米，其中专业教室占地面积为 350 平方米，走廊展示区占地面积为 510 平方米。

作为北京市首个非遗教育孵化基地，馆内整体空间分为"多彩非遗""魅力非遗""点亮非遗"三个板块。"多彩非遗"板块通过图文、虚拟现实和视频展示北京、中国、世界非物质文化遗产的珍贵素材，"魅力非遗"板块展示首都师大附中非遗教育的师生活动、学生作品和课程内容，"点亮非遗"板块展示校内 12 个专业非遗活动场馆。大量非遗传承人的优秀作品在馆内展示，展现出北京市、中国和世界非物质文化遗产作品与技艺故事。馆内共设有三个专业非遗活动教室，分别是烙画教室、印染教室和书法教室。学生可在专业教室进行非遗课程学习、非遗作品制作和非遗社团活动等。

非遗教育博物馆让学生植根于中华优秀传统文化沃土之中，不仅能够了解这些独特的艺术形式，而且能够随着自己的兴趣去不断地学习和尝试，零距离感受中华优秀传统文化的博大精深，从而葆有丰富的想象力和鲜活的创造力，在传承中推陈出新，为中华民族伟大复兴贡献力量。

2019 年 12 月 30 日，京津冀"博物馆进校园示范项目"启动暨首届"京津冀馆校教育论坛"在首都师大附中召开。在"非物质文化遗产的教育实践"主题研讨环节，首都师大附中教师带领与会领导和嘉宾一同参观了非遗教育博物馆，欣赏了庆祝中华人民共和国成立 70 周年"繁花·硕果"学生非遗教学成果展览。学校教师还向大家介绍了非遗教育教师联盟和首都师大附中非遗教育实践探索课题。大家

纷纷表示深切地感受到了首都师大附中学生对中华优秀传统文化的热爱，同时对首都师大附中教师的独特风采和非遗教育成果表示高度肯定。

【案例】

**青春传承新力量 首都师大附中非遗在行动**

**——首都师大附中区级非遗社团公开课剪影**

2018年11月30日，首都师大附中非遗教育博物馆正式对外开放，馆内空间分为三个板块："多彩非遗""魅力非遗""点亮非遗"。

上午11:15，馆内专业教室里开始展示首都师大附中非遗社团活动。同时开设的五节区级公开课充分体现了首都师大附中从事非遗教育的教师们扎实的专业素养和各年级社团学子的青春传承力量。笔者将带您步入首都师大附中非遗教育博物馆，感受新馆移步换景的独特艺术魅力，与学校非遗社团的学生共品非遗文化。

## 一、"沙燕家族——曹雪芹创作的扎燕风筝"

曹氏风筝是国家级非物质文化遗产项目。首都师大附中美术教师带来的区级公开课"沙燕家族——曹雪芹创作的扎燕风筝",从曹氏风筝中最有代表性的沙燕家族切入,通过讲解沙燕家族成员的骨架造型、色彩和图案绘制的拟人化特点,引导学生认识沙

燕家族成员以及其中所包含的风筝文化的吉祥寓意。在绘制风筝的实践阶段,学生学习风筝色彩的搭配,体验绘制风筝的乐趣。社团课让学生在制作、放飞风筝等活动的过程中体验丰富的校园学习生活。

## 二、"泥塑艺术——彩泥塑兔儿爷"

2009年,泥彩塑兔儿爷制作被列入北京非物质文化遗产名录。指导教师引领社团学生从兔儿爷产生的历史背景,兔儿爷的材质特点、模具压制方法、形态特征、彩绘基本方法以及兔儿爷传承大师双起翔的传承故事等方面进行探究。学生在学习兔儿爷彩绘基本方法的同时,在心中埋下了爱国、勤奋、谦虚、进取的非遗精神的种子,并立志将这种精神传承和发扬光大。

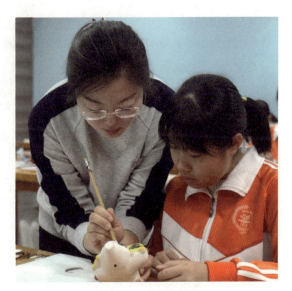

## 三、"八仙过海——火绘暗八仙"

2013年开设的烙画课对于首都师大附中的学生来说是一个独特的存在,这门小众的非遗课多年来一直是学校的"秒抢课"(网上选课的名额几秒就被抢光了)。上课时,安静的教室里似乎连针掉在地上都能听到,古朴典雅的火绘作品从学生

的电烙笔下诞生。

这节课既是区级公开课，也是学校艺术组骨干教师示范课。首都师大附中烙画社指导教师从青牛创客空间创新社带来学生新作品——智能灯，原来这节课是为智能灯具绘制顶盖。来自初一、初二、高一年级的社团学生聆听教师介绍中国传统纹样的历史沿革、八仙过海传说的历史背景，对这次科技社团与美术社团的强强联手作品非常认真，他们说这才是："八仙过海，各显神通。"中国传统纹样暗八仙纹在学生们的创意之下，既保持了传统纹样的吉祥内涵，又被赋予了新的样式。

### 四、"彩灯戏墨——灯笼上的书法"

"彩灯戏墨——灯笼上的书法"是书法社团的一节实践课，也是首都师大附中青年教师研发的"生活中的书法"校本系列应用课程之一。课程从书法灯笼的文化讲起，让学生将平时临习的碑帖中集出的吉语，如"福""百福同臻"等，以临摹与创作相结合的方式书写于灯笼的绢面上。在这一过程中，教师指导学生使用多种书写方式，通过合理安排书法用字的风格与大小，体会灯笼与书法相融合的艺术美感与社会功能。学生作品装饰在新书法教室中，为教室空间营造了喜气洋洋的热烈氛围。

### 五、"从蓝出发寻找蓝色美学——蓝夹缬"

首都师大附中印染社依托于首都师大附中非遗教育博物馆设立的传统印染专业教室，收集、陈列了全国多省市传统印染作品，能让学生近距离触摸、观察不同印染工艺制作的织物的质感、材料特点与工艺特色。在体验不同种类印染工艺的过程中，学生了解了传统民间工艺的分布与分类，学习并掌握了传统印染工艺基本的制

作方法。通过体验、展示、分享，
学生增强了民族自豪感，增进了
对非物质文化遗产的了解，学习
了工艺技法的基本操作，为民间
传统文化的传承打下了基础。

这节课所教授的内容是传统
印染工艺——蓝夹缬。蓝夹缬技
艺是中国浙江的地方传统印染四
缬技艺之一。蓝夹缬是以靛青为
染料，用两片纹样对称的木板夹住丝或棉料染制出各种图案的印染方法。它通过木
板的挤压，防止局部染色而形成预期花纹，体现了人们对美的理解，蕴藏着人类的
智慧与创造力，具有独特的视觉语言效果。蓝夹缬课程，让学生了解并掌握了我国
传统扎染工艺的基本表现形式及其艺术特征。学生运用传统印染技法，结合现代染
色材料，经过叠、夹、捆、染等步骤，独立制作出了色彩层次丰富、图案变化繁复
的扎染作品，在练习中逐步提高了对民间工艺欣赏的艺术修养和艺术表现才能。

五节公开课的点评专家对首都师大附中非遗教育博物馆作为中学非遗教育的新
平台以及学校依托金帆书画院形成的非遗社团教学的突出成效、特色化发展点赞，
对学校从事非遗教育的一线教学工作者，尤其是青年教师扎实的课堂教学表示赞赏。
北京市海淀区文化馆和北京市海淀区文化委员会的领导参观了"点亮非遗"各专业
教室，北京市海淀区各校美术骨干教师观摩了公开课。

### （四）阳光体育助力身心健康

著名教育家蔡元培先生曾说："完全人格，首在体育。"体育不仅能野蛮其体魄，
而且能文明其精神。为推动"全国亿万学生阳光体育运动"的开展，国家及相关部
委陆续出台了《中共中央、国务院关于加强青少年体育增强青少年体质的意见》《国
务院办公厅转发教育部等部门关于进一步加强学校体育工作若干意见的通知》《国
务院办公厅关于强化学校体育促进学生身心健康全面发展的意见》等系列文件，为
促进学生体质健康持续发力。《"健康中国2030"规划纲要》提出："将健康教育纳
入国民教育体系，把健康教育作为所有教育阶段素质教育的重要内容。以中小学为

重点，建立学校健康教育推进机制。构建相关学科教学与教育活动相结合、课堂教育与课外实践相结合、经常性宣传教育与集中式宣传教育相结合的健康教育模式。培养健康教育师资，将健康教育纳入体育教师职前教育和职后培训内容。"它的发布赋予了"阳光体育运动"新的内涵和使命。

首都师大附中在办学过程中始终重视学生的全面发展，坚持德智体美劳五育并举，注重在体育锻炼的过程中，帮助学生树立终身锻炼的意识，掌握必要的体育基本知识，学会一定的体育技能技巧，逐步养成自觉锻炼身体的良好习惯，最终达到不断增强体质的目的。

首都师大附中体育学科已构建起围绕学科核心素养、具有自身特色的"四修"课程体系。在多年的体育教学实践中，首都师大附中将项目开足开齐，学生在田径运动会和其他项目比赛中的表现十分突出。

在课外活动方面，首都师大附中积极倡导"零点体育"，即在春、夏、秋三个季节中，通过每天清晨的体育运动让学生的大脑为当天的高效学习奠定基础。根据不同年级的特点，首都师大附中组织学生开展长跑、跳绳、踢毽子、拔河等丰富多彩的"零点体育"项目，给每一名学生挥洒汗水、释放能量的机会，从而塑造其健康之体，打造首都师大附中气质。

此外，首都师大附中各个季节都有不同项目的比赛，是学生最期待的时刻之一。春季定向越野赛、夏季趣味运动会、秋季田径运动会、冬季迎新年接力赛以及"振兴杯"足球赛和篮球赛……各种各样的比赛让整个校园充满了青春活力。

此外，学校鼓励学生积极参加校外俱乐部进行自主研修提升，并在各方面给予大力支持，如高尔夫、马术、击剑、雪上项目、艺术体操、定向越野、飞镖等。另外，学生还自主构建了"五校联盟"模式进行切磋提升。

同时，首都师大附中充分发挥篮球运动传统校的优势，积极开展篮球运动，并组建起实力不凡的首都师大附中男子篮球队和女子篮球队，队员们历年来在市区级比赛中屡创佳绩。2016—2018 年，首都师大附中在体育传统学校工作评估中均获得北京市一等奖。首都师大附中男篮代表队在 2021 年北京市体育传统学校篮球比赛中荣获高中组冠军，初中组季军；在 2021 年北京市中小学篮球冠军赛中，首都师大附中初中男篮代表队夺得了北京市中小学生篮球冠军赛的冠军。

不断有职业篮球教练、球员走进首都师大附中校园，促进了学校篮球运动的发展。2018 年 9 月 12 日，来自美国的骑士队青训教练组来到首都师大附中，为初高中篮球队进行了一次别开生面的训练。2019 年 4 月 3 日，美国职业篮球队员、青训教练、大学生球员等到首都师大附中与学校篮球队的队员们交流，一起体验篮球的魅力。队员们对如何利用自身优势为团队协作助力、如何在赛场上进行观察和进攻等方面有了更为深刻的了解。

"阳光体育运动"的理念深入人心，随着首都师大附中教育集团的发展，总校的优质体育教学资源、特色体育活动等已辐射到分校，并且成绩斐然。越来越多阳光下奔跑的成达少年，将全力以赴地奔赴各自梦想的彼岸，也将健康运动的理念延伸至美好的未来。

# 第二章

# 以五育润泽心灵

## ——在教育实践中协同育人

**校长手记**：首都师大附中坚持五育并举，融合育人，构建了成达五育育人体系，培养学生仁爱之心、睿智之脑、健康之体、发现之眼和创造之手。学校一直倡导实施"成达好习惯 3+4+N"月计划。其中"3"是指倡导学生爱运动、爱阅读、爱思考；"4"是养成好奇、好问、好思、好学的习惯，从而焕发学生的生命力，增强学生的学习力，提升学生的思想力；"N"是根据学生自身喜好每月培养一个好习惯，力争 3 年形成 36 个好习惯，最终成就更好的自己。我们希望，从首都师大附中走出的孩子们，眼里有光，心中有爱，脚下有远方。

# / 一 / 五育并举建构育人体系

## 一、五育并举，融合育人

2018 年 9 月 10 日，习近平总书记在全国教育大会上的重要讲话中提出要"培养德智体美劳全面发展的社会主义建设者和接班人""努力构建德智体美劳全面培养的教育体系，形成更高水平的人才培养体系"。这一重要指示给教育改革和发展提出了新的努力方向和建设要求。

五育并举是我们教育方针最核心的基本要求之一，源自近代伟大的教育家、民主革命家蔡元培先生在 1912 年提出的"五育"教育观。他提出的"五育"教育观融汇中西教育思想，是我国近代教育思想的杰出成就。"五育"教育观包括军国民教育（即体育）、实利主义教育（即智育）、公民道德教育（即德育）、世界观教育和美感教育五部分，对现代教育仍有着非同凡响的启示作用。

五育并举的思想主张不断与时俱进，延伸发展至当下的内涵就是在学校教育中全面实施德育、智育、体育、美育和劳动教育，不能有所偏废，它是对偏重"智育"的纠正。五育融合是在全面发展的基础上追求各育间的融合贯通，体现出系统化的思维方式。"十四五"期间的教育将以优质均衡发展为主题，而五育融合所蕴含的德智体美劳和谐发展、共育共生的理念正是对优质均衡这一理念的实践探索。纵观我国基础教育领域的改革经验和取得的成就，我们认为，坚持五育并举、五育融合是推动教育高质量发展、抚平教育焦虑的必经之路。

### （一）成达育人体系的构成

在加快推进教育现代化、建设教育强国、办好人民满意的教育的时代背景之下，首都师大附中深入贯彻落实立德树人根本任务，高度重视学生的培养和发展，不断推动德育工作朝着专业化、规范化、实效化方向发展，为学生终身发展奠基铺路。学校重点构建"成达五育育人体系"，坚持五育并举、融合育人，将德智体美劳具象化，即培育学生的仁爱之心、睿智之脑、健康之体、发现之眼、创造之手（图 2-1）。

德育的目的在于培养学生的仁爱之心。"夫仁者，己欲立而立人，己欲达而达人"，将个人的成功建立在帮助他人取得成功的基础之上，这是孔子仁爱思想的核心。仁爱之心是人幸福生活的生命本源，面对价值多元的社会现状，教育应抓住学校教育理念的核心——爱。智育的目的在于培养学生的睿智之脑，帮助学生激发潜能，提升逻辑思维能力，掌握科学高效的学习方法。体育的目的在于培养学生的健康之体，为其未来的幸福生活打下坚实的基础。毛泽东同志在《体育之研究》中写道："体育一道，配德育与智育，而德智皆寄于体。无体是无德智也。"人的全面发展从体育运动开始，而

图 2-1 成达五育育人体系

体育的目的不仅仅在于强身健体，还可以有效调节情感、增强意志，是实施人格教育的最佳方式。美育的目的在于培养学生的发现之眼，即通过开展美育和艺术通识教育，弘扬民族文化精神，达到培养学生审美经验、审美感知、审美素养的目的，并使其在美的浸润中唤醒并激发学习和探索的内在动机与热情。劳动教育是培养学生的创造之手，让崇尚劳动、热爱劳动、劳动光荣成为共同的价值观，让劳动精神、劳动习惯伴随学生一生，最终使学生成为热爱劳动、善于创新的新时代人才。

## （二）成达育人体系的特色

德育工作以培养学生良好思想品德和健全人格为根本，以促进学生形成良好行为习惯为重点。在构建成达育人体系的过程中，学校始终坚持更新教育理念、净化育人环境、丰富活动载体、打造办学特色，全面提升学生的思想道德素质，增强学生的综合能力。

### 1. 充分发挥教师的主导作用，坚持课程育人

课程和教学是学校实现育人的最重要环节，建构德育"四修"课程是将五育融合落实、落细的有效途径之一。教育是以生命点亮生命的事业，教师是学生的引路人，教师在德育课程实施中应充分发挥主导性作用。只有教师科学引导、率先垂范、积极探索，德育课程才能起到应有效果。在成达教育培养目标的引领下，基于学校"四修"课程体系，首都师大附中不断丰富和完善德育的教育内容、活动方式和评价反馈等，注重发挥德育的根本性、引领性作用，并将智育、体育、美育、劳动教育渗透其中，已逐步构建了系统、规范和相对稳定的"四修"德育课程体系（图2-2）。

在"四修"德育课程体系中，"基础通修"旨在夯实思想基础。课程面向全体

学生，以思想道德教育为根本，以爱国主义教育为核心，渗透社会主义核心价值观教育，完成理想信念的"底色填充"，

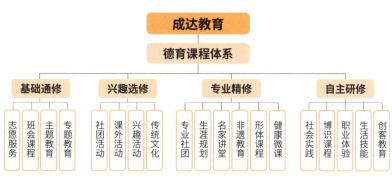

图 2-2 "四修"德育课程体系

主要涵盖志愿服务、班会课程、主题教育、专题教育四个模块，包括纪念"一二·九"运动远足活动、国旗下演讲、开学第一课、入学教育、国防教育、法治教育、青春期教育等内容。"兴趣选修"旨在激发学生的内在潜能，开设多门选修课程供学生自主选择，包含社团活动、课外活动、兴趣活动和传统文化四个模块，涉及艺术、体育、科技、劳动等多个领域。"专业精修"关注积淀成才品质，主要包含专业社团、生涯规划、名家讲堂、非遗教育、形体课程和健康微课等内容。"自主研修"注重增强道德体验，让学生由校园走向社会，在多维、生动、真实的实践场景中，培育勇于探索和团队合作的精神，提升解决问题和创新实践的能力，主要包含社会实践、博识课程、职业体验、生活技能和创客教育等。

【课程案例】

一、开学第一课

习近平总书记指出："青年的价值取向决定了未来整个社会的价值取向。""一个有希望的民族不能没有英雄，一个有前途的国家不能没有先锋。"被誉为"中国人的年度精神史诗"的中央电视台《感动中国》栏目自开播至 2022 年历时 20 余年。首都师大附中以此开启新学期第一课，作为德育必修课

程之一，迄今也已持续多年，已在学子们心中落地生根。那些平凡而伟大的人，用他们的大爱深情，触动了学生内心的柔软。用《感动中国》开启新学期第一课，是希望在带给学生震撼的同时，让学生见贤思齐，为学生树立起前行的标杆，用社会主义核心价值观指引学生构筑起丰富的精神世界。

**二、主题班会课**

主题班会课是班级文化建设的重要阵地，也是学校开展德育工作的重要路径之一。一堂精彩、优秀的主题班会课，对提高学生的思想认识、唤醒学生的自我教育意识、促进学生心灵的健康成长的重要性不言而喻。首都师大附中的主题班会主题明确，班主任注重对学生进行思想、学习和生活等各方面的教育。

为了配合主题班会课的开展，加强班级文化建设，学校修订《首都师大附中值周生职责》《首都师大附中

值周生日常检查评比标准》，加强值周班层级培训，加大常规检查力度，进行文明班评比与班级文化建设评比，推动学生自我约束与管理，促进学生文明习惯的养成。学校倡导实施"成达好习惯3+4+N"月计划。其中"3"指的是每天坚持培养学生成长与发展主要依赖的三个好习惯——爱运动、爱阅读和爱思考；"4"是养成好奇、好问、好思、好学的习惯，不断激发学生的生命力，增强学生的学习力，提升学生的思想力；"N"是根据学生自身喜好每月培养一个好习惯，力争3年形成36个好习惯，最终成就更好的自己。通过将学生的养成教育细化于点滴生活之中，鼓励师生开展习惯培养专题研究，落实习惯养成教育。

### 三、高中国防教育课程

首都师大附中将高一年级暑期军训活动纳入国防教育课程。随着军训活动向课程化过渡，学生参训更加科学，训练效果更加凸显。除军训活动之外，首都师大附中国防教育课程还包括红十字讲座、急救实践操作、国防知识讲座、军事卫星技术讲座等多项内容。高中国防教育课程的实施，使得对学生的国防意识教育得以落实，促进了学生优良作风的养成。

### 四、社会名家进校园

自 2011 年 9 月起，首都师大附中以"校长邀你听讲座"的课程形式，邀请社会名家进校园与学生面对面沟通、交流，内容涉及艺术赏析、军事战略、人文历史、科技信息、金融经济等多个领域。首都师大附中通过量身定制与自主选择的双课程

模式，满足了学生的需求，保证了课程的效果，增强了学生获得感。在大讲堂里，名家大师阐述前沿知识，播撒理想信念，渗透价值观教育，激发青少年的梦想，为学生树立人生榜样。该课程已经成为首都师大附中落实"成德达才"育人理念、践行社会主义核心价值观的重要平台。

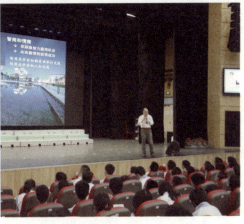

附：

## 2011-2021 年"校长邀你听讲座"系列讲座

### 1. 人文社科类

| 讲座内容 | 时间 |
|---|---|
| 著名作家、学者梁衡《文章做法》 | 2021-12-30 |
| 北京师范大学文学院邹红教授《如何欣赏古典戏曲之美》 | 2021-11-10 |
| 首都师范大学音乐学院副院长田培培教授《走进舞蹈艺术》 | 2019-9-25 |
| 青少年博物馆公共教育推广人，全国青联委员、北京青联委员张鹏《博物馆里的中国记忆》 | 2018-10-16 |
| 知名历史学者蒙曼教授《唐诗的天空》 | 2018-3-29 |
| 北京市第一中级人民法院未成年人案件综合审判庭审判长赖琪《青少年法制教育讲座》 | 2018-1-25 |
| 中国人民大学法学院张翔教授《宪法与公民生活》 | 2017-12-7 |
| 首都师范大学博士生导师段启明教授《红楼解梦》 | 2017-3-23 |
| 上将赵尔陆之女赵珈珈老师"长征胜利 80 周年之际长征精神系列讲座" | 2016-11-24 |
| 少将左齐之女左凌老师"长征胜利 80 周年之际长征精神系列讲座" | 2016-11-11 |
| 清华大学林炎志教授《沿着先辈的足迹前进之纪念"一二·九"运动》 | 2015-11-26 |
| 昆曲演员吕成芳《当莎士比亚遇上汤显祖》 | 2015-11-13 |
| 著名主持人"知心姐姐"卢勤《从理解谈感恩》 | 2012-12-2 |
| 著名京剧艺术家、京剧荀派传人孙毓敏《京剧艺术与传统文化》 | 2012-11-18 |
| 中央芭蕾舞团李刚《走进芭蕾》 | 2012-9-28 |
| 当代著名作家梁晓声《思考与想象》 | 2011-11-25 |

### 2. 理工科技类

| 讲座内容 | 时间 |
|---|---|
| 中国科学院院士胡海岩《漫谈创造未来的工程师》 | 2021-11-15 |
| 中国科学院地质与地球物理研究所研究员张金海博士《嫦娥奔月》 | 2021-4-9 |
| 嫦娥四号生物科普试验载荷项目总设计师谢更新《月球上的第一片绿叶》 | 2021-3-18 |
| 央视主持人徐丛林、孙凡迪，气象分析师王天琦、李宁《气象主播进校园，暑期防灾智慧行》 | 2019-7-6 |
| 中国科学院植物研究所刘永刚工程师《植物标本的采集与制作》 | 2018-5-23 |
| 清华大学航天航空学院党委书记李俊峰《小行星探测》 | 2018-1-5 |
| 香港中文大学（深圳）副校长朱世平《先进智能高分子材料的制造与应用》 | 2017-10-20 |

续表

| 讲座内容 | 时间 |
|---|---|
| 中国科学院院士、第三世界科学院院士、美国工业与应用数学会会士林群先生《图解、数解微积分》 | 2016-3-17 |
| 中国科学院院士、第三世界科学院院士、香港中文大学理工学院教授唐叔贤先生《向大师致敬：想别人所未想，从平凡中发现不平凡》 | 2016-3-10 |
| 中国自然科学博物馆协会名誉理事长李象益教授《做一个有理想、有社会担当、具有全新思维的人》 | 2015-3-20 |
| 北京师范大学化学学院副教授、硕士生导师魏锐《如何由实验观察提出科学问题》 | 2014-10-24 |
| 国家纳米科学中心副主任、博士生导师王琛教授《纳米技术点滴》 | 2014-10-21 |
| 国内著名的恐龙古生物科学家徐星教授《寻找恐龙》 | 2014-9-19 |
| "英雄航天员"景海鹏《梦在心中，路在脚下》 | 2013-10-24 |
| 中国科学院物理研究所陈贺能教授《心怀高尚，锐意创新》 | 2013-3-29 |

### 3. 军事题材类

| 讲座内容 | 时间 |
|---|---|
| 著名军事专家房兵《百年未有之大变局——大国战疫背景下的大国博弈》 | 2020-6-1 |
| 中国人民解放军海军某研究所研究员曹卫东大校《中国海军战略转型与建设海军强国》 | 2015-12-11 |
| 中国人民解放军装备学院（现为中国人民解放军战略支援部队航天工程大学）张雅声教授《军用卫星技术》 | 2015-11-20 |
| 著名军事专家房兵《百年航母》 | 2012-9-22 |

### 4. 生涯规划类

| 讲座内容 | 时间 |
|---|---|
| 国际青年成就组织中国资深志愿者钱进《创业创新，让自己变酷一点》 | 2019-10-18 |
| 中国工程院院士周立伟《志存高远，脚踏实地》 | 2018-6-19 |
| 水木九天科技有限公司董事长王晓庆《我用创业证明我曾来过这个世界》 | 2017-12-22 |
| 新航道国际教育集团副总裁、美籍口语教学专家王渊源《一个美国青年的中国梦》 | 2013-12-13 |
| 新东方教育集团董事长俞敏洪《我的高中生活》 | 2012-6-21 |
| 北京市青少年法律与心理咨询服务中心主任宗春山《生涯规划》 | 2011-11-19 |
| 中国心理卫生学会大学生心理咨询专业委员会理事蔺桂瑞教授《描绘你的人生蓝图——职业生涯规划》 | 2011-3-17 |

### 5. 生命健康类

| 讲座内容 | 时间 |
|---|---|
| 首都师范大学临床心理学肖晶教授《您的孩子可以学得更好的》 | 2021-10-20 |
| 北京教育科学研究院教研员王红丽老师《筑梦未来——高中生的选择与生涯发展》 | 2019-12-20 |
| 北京大学心理学博士、中国教育发展战略学会心理教育专业委员会委员陈虹教授《积极语言在家庭教育中的应用》 | 2019-11-21 |
| 北京市朝阳区疾病预防控制中心郭向晖科长《关注口腔健康，提升生命质量》 | 2017-12-7 |
| 北京同仁医院眼科苗伟丽教授《青少年近视防护》 | 2017-12-22 |
| 北京体育大学运动医学博士单威老师《青少年身体活动与损伤预防》 | 2015-11-10 |

## 五、心理健康与职业规划课程

　　首都师大附中从 2002 年 9 月开始开设"青少年心理健康"校本课程。该校本课程涵盖了新生入学适应、自我认知、学习策略、心态调节、职业选择以及青春期教育等方面的内容，深受学生欢迎。自 2005 年起，首都师大附中在心理健康课程中加入了成功激励、目标管理、时间管理、人生规划等职业经理人课程，将课堂中的很多理念渗透到学生的日常生活中，帮助学生学会激励自己、调节情绪状态。2012 年，首都师大附中在高中年级开设"学生发展指导课程"，将心理健康教育作为提升学生健康力的重要内容和形式，使学生在高中三年中，能够通过心理课堂找到激励自己不断进步的力量。2014 年，首都师大附中开设初三年级心理课，有效缓解学生心理压力，提升学生积极心态。从 2017 年开始，首都师大附中在高中年级开设"生涯规划"课程。学生通过对自我的探索、对生涯环境的探索做出适合自己的生涯决策，并进行积极的生涯管理，有效提升了生涯规划意识和生涯抉择与管理水平，增强了高中阶段的学习主动性。

### 六、法治教育课程

随着社会改革的发展和深入，依法治国在社会发展和国家治理中的地位更为重要、作用更加重大，依法治教和法治教育也越来越受到全社会和学校的关注与重视。青少年法律素养的水平，直接影响着未来社会的发展。首都师大附中积极邀请政法系统

干部担任法治副校长，并通过普法讲座、知识竞赛、模拟法庭、旁听庭审、职业体验等方式，开展了生动鲜活的法治教育。例如：每年结业式的法治讲座是全校学生的必修课程；学校不定期开展"预防校园欺凌及暴力"等专题教育；模拟法庭活动中，学生通过角色扮演学习法律知识；学校利用成人礼的契机，开展宪法教育；教师带领学生参观警察博物馆等法治教育场馆，组织学生前往北京市第一中级人民法院，亲历案件的公开审理；指导学生成立法治社团，编写《青少年法律责任与权益保护》手册等。

2015年，首都师大附中开始与北京市第一中级人民法院合作，于2017年共同创建了首个专门针对中学生的"首都师大附中青少年法治教育基地"。这一基地有效推进双方的紧密合作，促进法治教育工作规范化、常态化、制度化，深入挖掘内容生动、形式多样的法治教育素材，为学生提供多元化走近法律、了解法律的途径，建立有利于法治教育基地良好运行的特色机制，为法治教育工作的开展积累理论和实践经验。

### 2.着力凸显学生的主体地位，注重活动育人

活动是教育发生的基本形态，通过参加丰富多彩的活动，学生的综合素养得以提升，爱好特长得到展示的空间，其家国情怀、集体意识、拼搏意识等个体发展所需的精神品质得到塑造。首都师大附中始终致力于打造契合学校育人理念、符合学生身心发展规律的精品活动。

（1）创新开展仪式教育

仪式教育有助于培养学生的责任感，增强其归属感。首都师大附中举办了"讲好首都师大附中故事""祖国颂首都师大附中情"等主题开学典礼，突出学生的主体地位，调动学生积极参与，在学生喜欢和接纳的前提下，传承学校历史文化，渗透学校价值理念。在初三、高三毕业典礼上，学校通过校长讲话、毕业生代表发言、教师代表发言、视频短片回顾

等一系列环节，让学生感受母校温暖，体味"成德达才"的深刻意蕴。

校团委举行了初中少年先锋团校和高中青年学生党校开班仪式。学校聘请中国青年政治学院、首都师范大学的教授作为团课、党课的主讲教师，对学生进行理想信念教育，帮助学生进一步接触并了解中国共产党先进思想的深刻内涵。在初二年级离队建团仪式上，校团委会委员作为初二年级入团积极分子的介绍人，发展多名优秀少先队员为共青团员，使其了解标准、规范的入团流程，坚定理想信念，明确政治方向。

学校还精心设计"国旗下演讲"，力求立意高远、效果突出，使社会主义核心价值观教育落到实处；增加"校园之星"演讲环节，使学生见贤思齐，向身边的榜样学习、靠拢；开展"我的老师"话题演讲，让学生对教师有更深入的了解，从而学会感恩与尊重；开展"对校训、班训的阐释""长征精神""奥运精神"等主题演讲，让学生着眼当下，思考未来。

（2）书香浓郁的读书节

每年一度的读书节吸引了诸多学子驻足，是首都师大附中学生的一场精神盛宴，有学生将其誉为"在百年学府内赶一次最新潮的文化大集"。在读书节开幕式上，学生携着书卷走进"朗读亭"，用铿锵有力的朗诵展现诗歌的魅力；将书架上的旧书变作漂流瓶，与他人分享。电子图书借阅、虚拟现实交互式体验，让参与者感受科技阅读的魅力，学校还组织了猜谜、手绘书签等活动以及文创作品展。学校还邀请金牌阅读推广人入校，在成达厅为学生带来《博物馆里的中国记忆》《链接博物馆的课堂》等主题讲座，积极传递"在阅读中行走，在行走中阅读"的学习力量。

（3）多姿多彩的学生节

在首都师大附中，学生节是体现学校情怀、凝聚各班力量、真正属于学生的活动之一，带给学生无数难忘而又美好的回忆。两年一次隆重举办的学生节由学生会承办，全体学生参与。学生节上有精心设计的不同的主题，如"虹""踪迹""致青春"

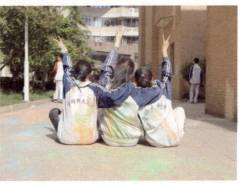

等。活动现场，各班支起蔚蓝色的帐篷，展出各种饰品、徽章、创意 T 恤，学生们八仙过海，各展所能。还有各个社团多彩的活动、美食街、趣味游戏、创意舞会……学生节在首都师大附中的踪迹，首都师大附中在历史长河中的踪迹，都不知不觉留在了学生心里。

（4）庄严隆重的"五四"表彰活动

首都师大附中注重榜样引领、同伴示范，除依据北京市教委文件要求进行市、区级三好学生、优秀团员、优秀学生干部以及班集体的评选外，还设置了一系列奖项，如"成德达才校长奖""校园之星"等。其目的是发现学生的闪光点，让更多的学生有收获赞誉的可能。

在两年一次的"五四"表彰大会上，众多优秀学生将受到表彰，市、区级优秀学生干部、三好学生以及校学生会干事、校志愿者团队、优秀社团等代表纷纷走上红毯，接受全校师生的注目礼。不仅如此，获奖者还可以邀请自己喜欢的教师同行。为了增强仪式感，学校还会特意准备很多奖品。比如，校级优秀班集体会收到带有首都师大附中元素的奖状。此外，穿着各年级不同颜色校服的小熊玩具、印有首都师大附中风景的贺卡等，都是"附中定制"的特色奖品。

（5）青春焕发的"春之声"展演

"春之声"主题展演活动分合唱节和音乐剧展演两种形式交替进行，是首都师大附中学子每年关注和期待的活动之一。每年活动的主题不一，2017 年"春之声"合唱节以"不辍的弦歌"为主题，要求各班通过对诗词曲赋的二度作词与谱曲进一步传扬中华优秀传统文化。2018 年"春之声"音乐剧展演以"课本也顽皮"为主题，引导学生以课文为基础，进行精心设计和改编，让原作焕发新生。不论是导编演、声光电，还是歌舞联排、舞美创意，都汇聚了每个人经验的沉淀、智慧的凝思，创造着如梦似幻的舞台。2019 年"春之声"合唱节以"我和我的祖国"为主题，

旨在教育青年一代不忘历史，以先辈为榜样，接过时代的接力棒，认真履行青年人应负的时代使命。首都师大附中学子谨记"舍我青年，大任更谁肩"的教诲，用自己创作的青春作品，唱响新时代的华夏乐章，展现新时代的青春风貌。

（6）四季不断的体育赛事

为了增强学生的体质，活跃课余生活，学校历年来都广泛开展学生喜爱的体育运动。一年一度的学校秋季运动会是首都师大附中学子展现自身运动风采、创新精神和班级凝聚力的重大活动。运动会上，入场式主题鲜明，充分发掘优秀传统体育精神，结合蹴鞠（足球）、投壶等中华传统体育项目进行各具特色的展演。此外，学校还积极开展迎新年接力赛、"振兴杯"足球赛和篮球赛、环湖越野赛等传统体育活动，切实提升了学生的身体素质和体育能力。学校篮球队不断取得进步，在北京市青少年锦标赛、全国初高中篮球联赛等比赛中均取得优异成绩，学校连续多年被教育部评为全国青少年校园篮球特色学校。此外，学校多个学生体育代表队在北京市运动会、北京市海淀区秋季田径运动会等比赛中屡获佳绩。

（7）精彩的法治文化节

每年 12 月 4 日国家宪法日前后，首都师大附中都会举办为期一周左右的法治文化节。首都师大附中将课内外、校内外、线上线下各种资源有效整合后，打造了特色系列活动，如宪法故事展板和宪法知识竞答、初中法治手抄报、走近法官职业、宪法学专家讲座、法治演讲比赛、法治微电影等。值得一提的是，2018 年校园法

治文化节期间，首都师大附中创新法治教育形式，学校政治组、信息中心和学生记者团青春基地，共同拍摄了法治短片《默》，荣获北京市海淀区中小学校园影视作品评比一等奖。剧本改编自北京市第一中级人民法院青少年审判庭审判的真实案例，有效提升了法治教育效果。

（8）赏心悦目的艺术季

自 2012 年开始，首都师大附中开始举行一年一度的艺术季。每年艺术季的主题不一，注重传统书画作品与非遗作品的创作与展示，主要分为艺术展览和艺术体验两大活动。艺术展览主要展示学生和教师在美术课堂以及课外社团中创作的优秀作品，展览内容丰富多样，包含软陶、扎染、篆刻、工笔画、扇面画、油画、棒画、漫画、石头画……令人目不暇接的作品让学生沉浸于浓郁的艺术氛围之中，感悟美的力量。在艺术体验活动中，学校曾组织学生进行"井色宜人"校园井盖彩绘大赛、

书法作品大赛、剪纸大赛等丰富有趣的活动，充分展现了首都师大附中学子的艺术功底和创新能力。

（9）传承经典的历史文化节

首都师大附中历史文化节由学校历史教研组主办，自2017年开始开展，已成为深受学生喜爱的校园品牌活动之一。以2018年第二届历史文化节为例，活动包括昆曲意境、空竹往事、考古与盗墓、深度阅读和面塑沧桑五大主题，旨在丰富学生课余生活，营造良好的学习氛围，提高学生人文修养，增强动手能力，充分体现学校深厚的历史底蕴和人文情怀。活动现场，来自考古问今社、灼华汉服社的学生展示出我国传统礼仪和香文化，师生共同参与拓印技术、兔儿爷绘制、面塑等体验活动。此外，历史教研组教师还邀请了昆曲艺术大师现场演绎精彩的昆曲片段并开设知识讲座，非遗传承人传授抖空竹技巧，开设考古科学讲座，为学生们带来了历史文化盛宴。

（10）创意无限的科技活动

为了提高学生对科学的兴趣，培养学生科学创新能力、动手能力及想象思维，依托青牛创客空间的平台，首都师大附中科技中心成功举办了"青牛杯"天文科普、"拆客"物料征集及"拆吧"现场活动、"青牛杯"科技闯关赛、"青牛杯"科技艺术创想邀请赛、青牛快闪等青牛创客项目主题系列活动。不同的比赛活动不仅吸引了首都师大附中热爱科技活动的学生，还吸引了多名来自首都师大附中教育集团校以及友好校的学生组队参赛。"寻找生活中的不方便"、"拆客"、纸箱雕塑等活动创意纷呈，来自各参赛队的海报、成果作品包括非遗衍生品草木染国画、用钟表零件

制作的饰品等，令与会专家和评委们赞不绝口。在丰富的创客体验活动中，学生们不仅可以在虚拟现实设备里学习有趣的学科知识，还可以进行无人机现场组装和飞行体验，和人工智能机器人开展语音对话交流，领略首都师大附中各类独特的文创产品的魅力。

### 3. 注重打造校园的特色性，实现文化育人

（1）不断改善校园育人环境

校园环境能够以潜移默化的方式影响着生活于其间的师生的心境和意识，在实现文化育人方面发挥着独特的作用。首都师大附中的校园环境古典与现代气息和谐交融，透露出百年学府的独特气质。漫步校园之中，随处可见彰显着百年学府古典气息的文化元素。无论是镌刻着"自觉、勤奋、求实、创新"的校训石，铭刻着"正志笃行，成德达才"的理念石，古朴庄重、钟声悠扬的报国钟，还是气势恢宏的巨幅《论语》浮雕，抑或是"至圣先师"孔子雕像，都透露着学校的浓厚学风和深厚积淀。

在传承古典文化的同时，学校充分利用有限的空间，建成了青牛创客空间、陶工坊、非遗教育博物馆、开放式博物馆等现代化场馆，为学生的创新发展提供高端平台。此外，理化生高端实验室以及国学教室、历史教室、地理教室、天文教室等一系列专业教室，为学生的沉浸式学习提供了优良的环境。与此同时，学生的课堂优秀美术作品装饰在校园各个角落，既美化校园环境，营造良好的艺术氛围，又让

师生在品味艺术作品的同时放松心情、舒缓情绪，生动地体现着"以美育人"的校园文化特色。

（2）持续推进书香校园建设

书香校园建设已经成为首都师大附中彰显文化育人特色的一张闪亮名片。学校自 2011 年开始不断推进书香校园建设工程，对图书馆进行"街区制"改造。开放式书架在校园随处可见，图书馆的藏书实现了全品类覆盖。为了顺应电子阅读的发展趋势，学校的数字图书馆也在不断升级发展，囊括了电子报纸、期刊论文、电子图书、国际教育视频库、电子工具书等。除前文提及的读书节外，平日里的书香校园系列活动也精彩纷呈。教师带领学生开展了丰富多彩的阅读活动，如结合传统节日、经典文学、特色艺术，成功举办了每周一次的深度读书会、微信主播平台朗读者推荐、快乐星期五文创设计、清明诗会、知识竞赛、艺术书立创作等学生喜闻乐见的活动。书香校园建设有利于保持阅读的活力，增加阅读的魅力。

（3）高水平学生组织和社团引领示范

学生组织和社团是建设校园文化不可缺少的重要力量。校学生会、团委会是学生领袖的摇篮，首都师大附中积极发挥学生会、团委会的引领示范作用。

学生代表大会是首都师大附中一年一度的例行重大会议。每名学生会常委候选人都会经历严格的筛选，经过报名、海选、面试等多重选拔。候选人在学生代表大会前进行紧张的演讲准备，给现场百名学生代表呈现最好的自己，充分展现学生会

风采。经过新一届学生会常委候选人的演讲以及全校各班代表的现场投票，会议选举产生学生会新一届主席团及常委。同时，与会代表还会共同审议学生会的多项工作报告并进行提问，监督学生会的工作，以使学生会更好地为学生服务。

自 1992 年起，首都师大附中团委坚持开展团员代表大会。从前期的提案准备、海报制作和宣传、场地布置及彩排等准备工作到大会正式开始，校团委认真研究每一个环节的具体实施，反复确认其中的细节，确保团员代表大会顺利召开。校团委切实履行引领凝聚青年、组织动员青年、联系服务青年的职责与使命，着力深化改革攻坚和全面从严治团，不断提升学校共青团的组织力、引领力、服务力。

在宣传方面，校团委微信公众号及时发布校团委工作动态，向学生宣传党的方针、路线、政策，校学生会微信公众号及时发布学生活动信息。两大学生组织采用定期交流、每周例会、以老带新等方式对新一届成员进行全面指导。学校还筹建了全新的学生媒体——校学生记者团，由青春基地和新闻中心两大部门组成。学生记者团开设微信公众号"北洼路 33 号"，旨在引导学生关注校园生活、社会生活，培养学生的爱校意识与社会责任感，得到了社会各界的广泛关注与好评。

以优秀传统文化为引领，首都师大附中大力支持相关学生社团成长，如灼华汉服社、考古问今社等继续蓬勃发展，古风社、无题诗社等新兴社团崭露头角，为学生的高素质发展创造了有利条件。在创新文化引领和创新能力提升方面，依托学校金帆艺术团、金帆书画院和金鹏科技团等平台，学生能够参加丰富多彩的社团活动，并在全国和市、区级等更大的舞台上展示自身的风采。

#### 4.不断增强内容的综合性，推进实践育人

（1）纪念"一二·九"运动远足活动

自 1986 年北京植物园（现为国家植物园）"一二·九"运动纪念亭落成起，首都师大附中团委每年都组织高一学生进行纪念"一二·九"运动远足活动。这是学校一项传统的爱国主义教育活动，已坚持 30 余年。冰雪严寒和北风呼啸，从没有动摇和阻挡过首都师大附中学子们前进的步伐。

活动开展前，根据学校下发的自主编制的《纪念"一二·九"主题团日活动课程手册》，学生将进行理论知识学习，包括识记新民主主义革命的特点、探究"一二·九"运动对于中国革命的意义，培养学生的集体荣誉感，锻炼学生自主学习、团结协作的能力，践行社会主义核心价值观。在 18 千米的远足路途上，教师们会精心设计历史知识竞赛、演讲比赛、总结反思等环节以进一步进行爱国主义教育，使学生明确"担青年之责，承家国之情"的历史使命。此外，首都师大附中相关教师还将 30 余年来从未间断的纪念"一二·九"运动远足活动相关文稿编订成纪念册。这不仅是一个活动的坚持，而且是对一种理念和精神追求的坚持，更是一种责任和使命的传承，对新时期新形势下，青少年继承和发扬勇于担当、不畏牺牲的伟大爱国情怀起到了良好的促进作用。

（2）播撒爱心的志愿服务

志愿奉献精神，是当代学生应当具备的基本素质之一。首都师大附中在校内外开展丰富的志愿服务活动，促进学生全面发展，在实践中锻炼提高，奉献社会。相关教师编制完成《首都师大附中志愿服务工作手册》，建立志愿服务长效机制；校

团委组织志愿者多次在学校
大型活动中担任保障工作，
如中高考英语听力考试等；
以"国际志愿者日"为契机，
学校组织开展"同心互惠"
爱心捐物活动；借助"志愿
北京"平台，开展形式多样
的志愿活动，如香山徒步清
扫等；利用校园展板、宣传

栏、学校网站、学校微信等，加大志愿服务宣传力度。众多学生志愿者活跃在校园
内各个重大赛事活动上，活跃在校外的各类志愿服务岗位上，他们用灿烂的微笑、
礼貌的举止、周到的服务展现了首都师大附中人的坚守与担当，赢得了社会和媒体
的高度赞誉。

（3）社会教育基地实践

首都师大附中与爱国主义教育基地、专题教育社会实践基地、公益性文化设施、
科研院所等社会场所开展资源合作，有效拓展了教育教学的空间。以2001年起自
主开发的校本博识课为例，学校已与近20家博识资源单位签订了合作协议，学生
利用初中三年可以在北京市70多个场馆内开展各类博识探究活动。在博识课成熟
的基础上，2016年，学校通过与中国科学院合作，设计了高中综合实践活动课程。
通过开展多线路、多主题的研学实践，学生的科学精神和人文素养得到不断提升。

（4）职业体验实践

首都师大附中立足学生的长远发展与生涯规划，充分借助优秀企业资源，架构
起学生与社会深入接触的桥梁。2017年以来，首都师大附中引进"梦创家"项目
作为生涯教育的重要补充。该项目依托微软、阿里巴巴等知名企业，针对当下热门
行业设置了8个主题课程，如"微软·人工智能""阿里巴巴·视频AI""华谊兄弟·
电影产业"等。线上，相关行业专业人士直播授课，为学生呈现立体、真实、丰富
的职业世界，帮助学生将当下学习与未来职业发展建立紧密联系；线下，组织优秀
学生进入企业实地参加创新实践和模拟招聘课程。学生与企业管理层密切接触，通

过实地见习体验，感受企业文化，深入了解企业的内部运作模式，了解从业所应具备的基本素质和能力，提高对工作生活的认识，为未来的职业规划、人生选择奠定基础。

（5）劳动教育实践

在"五育融合"的背景下，学校多部门联合各年级组织开展了一系列劳动教育活动。例如，初一年级开展"头脑风暴拆客活动"。"小拆客们"将生活中的旧物进行拆解，并通过制作海报进行展示，实现动手能力和设计思维的萌动。初二年级的"蘑菇种植挑战"，通过为蘑菇手工打造一个"家"，学生定期记录蘑菇生长情况，撰写种植心得，并借助班会课等途径学习农耕文化知识，实现劳动教育与文化学习相融合。高一年级利用学校开发的成达守望农场开展种植蔬菜体验活动，在耕耘过程中体会创造乐趣。学生在蔬菜收获后写下感言："小小的生菜叶子里，溢满了的是我辛苦查阅资料、选土、播种和灌溉的精心，是这份精心和辛苦，让这片叶子如此独一无二。"一系列劳动教育活动通过激发学生潜在动力，盘活学校资源，提供实践平台，充分提高了学生的认知能力和实践能力，在知行合一中唤醒学生内驱力。

**（三）创新育人体制机制**

教师是德育课程的直接实施者，充实德育队伍力量，创新育人管理机制，是成达五育育人体系实施的有力保障。

**1. 推动德育队伍专业化发展**

（1）加大班主任培训与指导力度

为推动班主任队伍的育人能力与水平提升，学校结合班主任重点工作、工作中易出现的问题等，多次开展青年班主任培训。其中既有特级教师、资深班主任的示范引领，又有优秀青年班主任的交流分享，实现了班主任带班育人的经验积累与传递。学校还多次召开年级主任会、班主任会，加大对各级教育工作者的指导力度，并对班主任工作手册的规范填写、班会课的开展与实施等提出具体要求。除常规年级主任会议外，学校还开展了年级主任工作总结交流会，做好年级管理工作经验的传承。

（2）搭建班主任竞技和展示平台

为引领班主任专业化发展，提升班主任实际育人能力，发现、培养优秀的班主任，学校每年开展首都师大附中"成达杯"青年班主任基本功比赛，参赛班主任通过班会课课堂展示，进行激烈角逐，在切磋中提升能力。此外，首都师大附中积极推荐优秀教师参加北京市中小学班主任基本功培训与展示活动，参与市、区级德育骨干评选，先后有多位教师荣获北京市"紫禁杯"优秀班主任、北京市"学生最喜欢的班主任"、北京市海淀区"优秀班主任"等荣誉称号。

**2. 构建德育三维管理体制**

为配合学校德育"四修"课程体系建设，顺应学生成长的实际需要，更好地落实全员育人理念，学校大力推进管理方式、育人模式的变革，构建了学长学部制、分层走班制和固定班级制相结合的三维管理体制。与此同时，班级制、导师制、学长制相结合的德育三维管理模式应运而生。

（1）班级制发挥班主任核心作用

在管理体制改革中，首都师大附中遵循教育规律，并充分考虑国情、校情，在实施分层走班教学的同时，仍然保留了固定班级。作为一项优良的教育传统，班主任仍然是思想道德教育的重要实施者，行政班仍然是学生建立归属感、获得道德情感体验的重要载体。在德育课程实施中，班主任通过悉心指导，发挥核心作用，促进德育课程落地，并使德育功效最大化。

（2）导师制实现导师的助推作用

中学生处于个性形成与发展的关键时期，迫切希望得到教师的密切关注与及时指导。教师的"教"和"育"不平衡、班主任包揽班级所有管理、对学生发展指导不足、分层走班背景下班主任对班级情况掌控不足等是改革中普遍存在的德育难题。作为班级管理的重要补充，首都师大附中实行了全员育人"双导师制"，在保留行政班、班主任的基础上，再为学生配备导师。全体教师参与，面向每一个学生。每个导师带 8~15 名学生，形成的导师团队是有别于行政班、分层教学班的又一师生集体。

在"双导师制"中，班主任作为班级的组织者与管理者，侧重于开展班级教育管理工作。导师作为学生的个体指导者，从激发学生的内动力入手，侧重于从每个学生的个性特点和具体情况出发，围绕思想、学习、生活三个方面，通过完成每月召开一次会议、每月开展一次活动、每学期对学生进行两次评价、每学期与家长联系沟通两次、随机与学生个别谈话这五项工作任务，对学生进行有针对性的细致指导。首都师大附中每个月有一节班会课由导师带领团队组织实施，导师从学生的兴趣爱好与需求出发，结合自身优势，开设成长分享、读书沙龙、户外拓展、传统文化、心理调适、生涯规划、家校共育等德育课程。"双导师制"通过以学生发展指导为核心的管理机制创新，引导教师由学科教师转向学生导师，使教师真正成为学生成长和发展的指导者，在德育课程实施中起到了很好的助推作用。

（3）学长制激发学长的示范作用

同伴的影响对学生成长尤为重要。面对低年级学生的成长困惑，首都师大附中利用同辈辅导的优势，从2016级高一年级开始，系统开展学长制工作，组建学长团，对低年级学生进行心理疏导、学业示范、课程指引、生涯导航等方面的辅导。学长团由综合素质突出、实践经验丰富的在校高年级学生或已经毕业的优秀学长组成。每次活动前，根据不同的主题和内容组建不同的学长团，教育处对学长进行培训。低年级学生与学长建立联系并向学长提出需求，学长据此准备辅导内容，教育处把关、学长辅导后，及时进行效果评估与反馈。通过怎样适应高中生活、纪念"一二·九"运动远足活动行前辅导、综合实践课程攻略传授、"春之声"原创合唱节经验分享等一系列学长辅导活动，发挥学长的传帮带作用，加深了学生对课程的理解，激发了学生的学习欲望，丰富了学生的收获和体验，提升了课程的质量和效果。

首都师大附中班级制、导师制、学长制三维德育管理模式，促使多种人员相互配合，为学生的发展建立了全员、全程的支持保障系统。学校探寻到了一条培养"让每位学生都成为更好的自己"的途径。

### 3. 完善家、校、社协同育人机制

学校德育工作的顺利开展离不开教职工的全员参与，离不开社会、学校、家庭的通力协作。以合力育人为目标，首都师大附中加强了与家庭的携手合作，学校组建了校级、年级和班级家长委员会，组织家长委员们深度参与共育工作，家长得以进一步了解学校，对学校的信任度也提升了。

在学校教育发力的同时，首都师大附中还注重在家校共育过程中，特别是在抗击新冠肺炎疫情期间，通过创设家校多元协作机会，积极打造五育融合的育人情境，实现家校合力育人。学校在设计家校共育活动时，力求最大限度地发挥每项活动中的五育融合育人价值，通过五育并举、融通、融合，探索更高效的家校共育模式。

（1）精选时事正面影响家庭教育，培养学生仁爱之心

立德树人，以德为先。在家校共育过程中，学校强调责任担当意识的培养，注重用特色德育活动引导学生树立正确的人生观，将对学生社会主义核心价值观的培育融入多项德育活动中，培养学生的爱国主义情怀、集体意识等，填充好生命的底色。

学校尝试通过精选最新时事，正面影响家庭教育，从而培养学生的仁爱之心。比如，在2020年抗击新冠肺炎疫情期间，针对武汉感染人数清零、援鄂医疗队从武汉撤离等事件，学校将体现生命关怀的新闻报道纳入即时性教育资源中，以"走近抗疫英雄"为主题，精心挑选关于生命关怀的系列主题视频网址，提供给班主任选用，供学生和家长共同观看。

学校以抗疫阻击战为契机，策划实施了系列育人主题活动，充分利用疫情防控教育资源，形成丰富的线上资源供给。学生与家长看得见、感受得到的身边人和身边事，不仅是做好学生德育工作最好的教材，而且是对家庭教育起正面影响作用的良好素材。

（2）家长"监督"孩子习惯养成，培养学生睿智之脑

学校在科学设置课程体系的同时，也注重对家庭教育中培养学生睿智之脑的引导，促使学生形成良好的思维品质，建立良好的学习习惯。

学校推行的"成达好习惯"养成教育就得到了家长的广泛认可与积极参与。家长督促学生完成学校统一的计划——"每天坚持运动、阅读和思考"，在此基础之上，制定并践行自己的个性化好习惯养成方案，即"成达好习惯3+4+$N$"养成计划，并完成好习惯每日打卡活动。通过开展"亲子阅读分享会"、"21天打卡"、评选"成达好习惯之星"等活动，家校协力引导学生养成读书、自律等良好习惯。

首都师大附中还非常注重开发家长资源，让优质的家庭教育典范走进学校，让更多学生增智受益。学校连续3年联合高二年级家委会开展了家长生涯分享会活动。来自不同行业与领域的家长，通过讲述"他们的故事"，深入浅出地分析各职业的特点、价值以及未来发展前景等。同时家长们还结合自己的奋斗和拼搏故事，激励学生在高中阶段努力学习，不负青春好时光。

（3）给家长提供心理支持，培养学生健康之体

健康之体既包括学生的体质健康，也包括学生的心理健康。为增强学生体质，

提升学生参与锻炼的积极性，学校除了在校内开展大量体育活动外，还利用假期开展"成达运动好习惯"活动。

在寒暑假，学校始终坚持指导和服务家庭教育与学校教育同向发力，促进学生健康成长。学校开展了"居家亲子运动展示"活动，家长与孩子一同进行体育锻炼，引导孩子用充满朝气的精气神去强健体魄，使其在获得更多正能量的同时，锤炼持之以恒的刻苦精神。

相比外显的体质健康，心理健康更隐秘，而且心理状态关乎学生的发展。学校高度重视学生心理健康工作，通过对家庭教育的正向引导，帮助学生养成健康、阳光的积极心态。2020年寒假，面对突如其来的新冠肺炎疫情，学校把全校学生的身心健康放在首位，通过多种途径对学生开展具体的心理指导，并向毕业年级学生提供心理调适和备考建议。在关注学生心理健康的同时，学校也非常重视给家长提供心理支持与服务，通过心理邮箱、QQ、微信、电话的方式对学生及家长同时开展心理咨询服务，并且针对家长咨询较为集中的几个问题，如怎样提高孩子学习自制力、避免沉迷网络等，给出专业的建议。

（4）开展多彩亲子活动，培养学生发现之眼

美无处不在，引导学生发现生命之美、生活之美，是教育的重要目的之一。

2020年春季学期因为新冠肺炎疫情延期开学，学生居家学习是家长亲子沟通的重要契机，但也容易产生亲子冲突。如何让亲子沟通文明、有序、温和而有效？为此，学校开展了"一封家书传家风"活动。学校倡导家长亲手为孩子书写一封家书，将良好的家风、浓浓的爱意与殷殷的期望都融入信中。通过这项活动，家长不仅向孩子传递了包含积极的生活态度、珍惜时间、学会判断、学会克己、勇于承担责任等在内的良好家风，还结合自己的人生经历表达了对孩子的美好期盼。此举拉近了学生与父母的心灵距离，学生与家长都表示从中受益匪浅。学校将编辑《一封家书传家风》文集，作为指导与服务家庭教育的资源积累。

2021年寒假期间，学校以"成达亲子互动，共度欢乐寒假"为题，连续推出十期公众号内容。艺术组教师集体上阵，为家长和学生的居家生活提供丰富的活动建议。父母与孩子一道，共同学习流行歌曲的和声，来一次尽情的舞蹈，做一次亲子瑜伽……在丰富多彩的活动中，家长和孩子共同发现艺术之美。

（5）"大手牵小手"亲子劳动，培养学生创造之手

学校通过开展"成达好习惯亲子劳动展示""大手牵小手——做好垃圾分类"等活动，调动学生的劳动积极性，培养其创造之手。

在"小手拉大手共建美丽家园"生活垃圾分类主题教育活动中，学校引导学生在班级、学校、家庭及社区主动承担垃圾分类的宣传工作，并监督自己和身边的人一起做好垃圾分类，为美化环境贡献一份力量。通过"小手拉大手"生活垃圾分类系列德育活动，学生养成了勤俭节约、垃圾减量、低碳环保的行为习惯，同时提高了家长的环境保护意识，形成了教育一个学生、影响一个家庭、带动一个社区、辐射一所学校、引领整个社会的良好氛围。

在每次亲子劳动中，家长、学生都全情投入，体会劳动的苦与乐。在亲子劳动的过程中，学生真切体会到了父母的辛苦，懂得了体谅和感恩。

以立德树人为根本，首都师大附中坚持与时俱进，紧密结合教育教学工作的开展实际，通过打造德育工作特色，使德育领导体制和工作机制进一步落实，德育制度进一步健全，德育内容进一步完善，德育作用进一步发挥，全员育人、全过程育人、全方位育人的德育工作格局进一步巩固。学校被评为首批"北京市中小学文明校园"。

## 【2021届初三年级毕业典礼校友发言】

①赵天宇

简介：首都师大附中2012届初中毕业生、2015届高中毕业生，曾任校学生会主席，研究生就读于耶鲁大学管理学院。

尊敬的各位领导、老师、初三年级学弟学妹、家长朋友们：

大家好！我是首都师大附中2012届初中毕业生、2015届高中创新教育实验班毕业生赵天宇，现在就读于耶鲁大学管理学院。首先祝贺学弟学妹从首都师大附中毕业，迈出了人生坚实的一步。今天想和大家分享我在首都师大附中六年的两点感悟，希望能够抛砖引玉，给即将毕业的学生一点点启发。

第一点感悟是首都师大附中注重创新发展，因材施教，培养我们敢想敢做的精神。高中时期我担任校学生会主席，在任期间我和北京市海淀区其他四所学校仿照美国常春藤联盟发起了五校联盟。这是北京市的第一个高中生体育联盟，组织校际的足球、篮球联赛和社团活动。在组建过程中，其他学校多以活动太复杂、太超前等理由不断拖延。当我在首都师大附中推进这件事的时候，沈校长很爽快地答应了

我们的请求，并给予我们政策和拨款支持，只要求我们在保证安全的情况下组织比赛。后来，五校联盟的篮球赛揭幕战就在咱们学校的体育馆举行，这是我印象非常深刻的一次对比。

咱们学校还是第一所引进清华大学中学生商业创新大赛的北京高中校。当时咱们学校的代表队在大赛中获得了北京市第二名，后来清华大学的团队将比赛中的供应链模拟模型引入首都师大附中校园，让近一百个学生通过游戏的形式模拟实战中的商业管理知识。我开始硕士研究生学习时才知道这个模拟模型是在世界顶尖商学院的课堂上才会出现的，版权价格非常高，而我在高二的时候就对它非常熟悉了。

初二那年我开始接触 FLL 机器人设计大赛，首都师大附中给我们配备了当时最先进的机器人设备，从少年宫聘请了北京市最好的机器人教练，我们第一次参赛就获得了北京市第一名，全国初中组银奖。

我们这届学生会，第一次发售了学生公司的校服熊，第一次举办了学生节、篮球节，在 2012 年就成立了北京市第一个高中学生会的微信公众号，第一次开展了学生可以直接向校领导面对面提问的提案大会。这些都是首都师大附中给予我们平台、鼓励我们敢想敢做地尝试才有的结果。

在高中阶段，我被老师们鼓励做任何创新的、对学生有益处的事情，还幸运地都做成了。从此我不再惧怕困难，我认为事情都是闯出来的，需要有敢想敢做的精神。在大学里，我依然抱着这样的信念。去做看似不可能，但是正确的事情。2016 年，我一个人到我国台北，去邀请国民党前主席洪秀柱来北京师范大学演讲，传递她支持两岸和平统一和促进青年交流的想法。如果不是在首都师大附中的经历给了我这种底气和锐气，我不可能有魄力和韧性去做这些事情，而这正是首都师大附中这片土壤教育我们的创新和敢想敢做的精神。

第二点感悟是关于首都师大附中的氛围和气质。中学阶段是人世界观和价值观养成的最重要时期，我很庆幸自己在首都师大附中度过了我的中学六年，并因此成长为一个充满正能量的、纯净朴实和善良的人。我认为首都师大附中有一种独特的气质，一种纯朴和友善的气质，学生之间的相处非常和睦与亲切，师生之间有着深厚的感情。我感受到的首都师大附中，是让人有家人般温暖感觉的地方。我认为不会有哪所学校的老师可以像首都师大附中的老师这样敬业。我记得2011年的时候有一张照片在人人网上非常火，照片上，咱们学校物理组晚上十点半依然灯火通明，老师们还在给学生答疑。不仅那一届的高三学生和首都师大附中校友在转发这张照片，而且有许多其他学校的学生在感慨和围观。

在我高三的时候，班上的几个学生作文成绩不太稳定，我们初中的语文老师任海霞知道了，单独请了区里教研员替大家无偿补课。即使到了高中，我们也一直被教过我们的初中老师关注着、帮助着。我还记得任海霞老师和孟庆芬老师花了一整个暑假，为我们选编校本读物《心灵的声音》，帮我们补充课外散文阅读。我记得教我们物理的范鸿飞老师每一章节的课件编辑时长都超过500小时，也因此给了我们非常生动和直观的动画、视频和模拟实验以及非常有组织、有条理的物理学方法论。我记得初二那年，班主任张剑雄老师自掏腰包印刷我们班的"诗集"。其实那些是我们在学习诗歌单元练笔时写的打油诗，张老师却视若珍宝地帮我们留存了下来。我们的文字第一次被印成铅字，保护了我们稚嫩但是宝贵的文学梦。对于附中家一样的氛围，我毕业后随着接触到越来越多北京其他学校的学生，感触也越深。

首都师大附中有一种传帮带的精神，我感受了太多太多。在高一刚入学时，创新教育实验班就给每一个学生安排了一位导师。我当时的导师是沈校长，从每月几次的交流中，我在学习和生活的各个方向上不断成长，从一个稚气未脱的少年，逐渐胜任了各项学生工作，最后担任了校学生会主席，协助举办了首都师大附中百年校庆的各项活动。而很多学长学姐从初中开始手把手教我如何做人做事。2014届的伍文迪学长在我初中的时候从一张表格、一个标点开始教我如何组织辩论赛、羽毛球赛、篮球赛，如何管理一个组织，如何从一个好的执行人转变成一个好的领导者。我记得他在我高一那年推荐我去读钱穆的《中国历代政治得失》，后来我在美国学习政治史和国际关系的时候还会想起高中时一个字一个字地去啃那本书时的情景。首都师大附中2008届的王寰中学长曾为我们主办的读书杂志撰稿，并且参加过我们高二时组织的读书会，后来他一直关注我的成长。他不只关注我的专业、实习经历和工作，而且教会我树立远大的志向、调整平和的心态。在我迷茫的时候，他让我去读《毛泽东早期文稿》，学习毛主席年轻的时候思考什么样的问题、有怎样的胸怀和气度。如果有机会我也愿意把这种传帮带的精神带给我的学弟学妹。这种传帮带的精神在首都师大附中现在的分层走班制和学长学部制教育改革中体现得更为明显。我们不再是因为机缘巧合而认识某位学长，而是由机制去保障首都师大附中一代一代学生的精神传承。

我一直很难去概括首都师大附中这种独特的气质，后来我看到沈校长谈到首都师大附中要做"有温度的教育"，我才明白过来。首都师大附中的小而美恰恰赋予了每个学生足够的关注和温情，让我们一代一代首都师大附中学子出了校门仍会怀念那种纯朴和友善的气质。沈校长说首都师大附中给我们的是一种"不浮躁、不盲从、不功利的教育，一种负责任的教育"。接受这种教育之后"分数与素质的双赢的结果"，是水到渠成的事情。

我祝愿 2021 届初三年级学生能够继续传承首都师大附中这种敢想敢做的创新精神，和温暖、善良、纯朴的气质，做真正成德达才、赤心报国的新青年。最后祝愿首都师大附中越来越好，学生前程似锦。谢谢！

②赵钦源

简介：首都师大附中 2012 届初中毕业生、2015 届高中毕业生。作为服务军工的工程师，他荣获 3 项国家发明专利和 5 项计算机软件著作权；作为学生创业者，在第六届中国国际"互联网＋"大学生创新创业大赛上，他和团队荣获全国总冠军，得到孙春兰副总理接见和颁奖。

尊敬的各位领导、老师、家长们，亲爱的学生：

大家中午好！在这里，先祝各位学弟学妹毕业快乐！

我叫赵钦源，是首都师大附中的 2012 届初中毕业生、2015 届高中毕业生，和赵天宇始终是一个班的。我们在一块儿上了六年课，打了六年球。高考之后，赵天宇选了社科，在全球四处求学、实习，参与社会实践。我选了工科，在北京理工大学研究卫星通信和武器数据链组网。我想从另一个发展维度，来和大家分享附中对我影响最深远的两堂课。

第一堂课，是首都师大附中的老师们让我学会了严谨求学、精益求精的科研课。我初中的时候擅长物理学科，好多题目闭眼一想就知道答案，不仅快还准。高中的第一次月考，我还是很自信地按习惯做题，结果考完出分，全班倒数。我去找教物理的范鸿飞老师讨说法。他让我坐在旁边，看着他用红笔条分缕析地梳理条件、拆解模型、分析受力。我越看越惭愧，因为到处都是我图省事不动笔导致的丢漏条件。但范老师没批评我，而是心平气和地说，凭着小聪明靠感觉做题，对于基础模型还能应付，但对复杂模型就行不通了，所以一定要不怕麻烦，因为再难的问题，拆解得当都是可解的。范老师还说，他在对接我们初中学习情况之后，就知道我这次一定吃亏。之所以考前不提醒，就是因为不摔跟头不长记性，必须给个教训才能磨掉我的小聪明和傲气。从这以后，我没在任何一门课上犯相同的错误。后来，范老师为了让我保持对物理难得的学科兴趣，推荐我去参加空间站设计大赛，手把手地带我梳理航天器各级系统，又请来辅导信息竞赛的杨森林老师教我建模仿真。在整个过程中，我从遇到难题选择适当放弃的应试思维，转变为越是遇到阻力越要全力以赴的攻坚思维。更重要的是，我找到了兴趣所在，对自己未来专业和职业的选择有了越来越明确的认知和判断。

到了研究生做项目的阶段，一个通信系统里动辄几百个程序模块，我是最先把每个模块的功能算法、接口标准和硬件资源消耗给琢磨明白的。所以在师兄毕业之后，导师让我担任了项目负责人，带着大家继续升级算法、迭代系统。我们研发的卫星链路测量仪，已经被用于北斗和天通等卫星的研制、发射和在轨监测；我们为中国兵器工业集团有限公司研发的组网通信终端，已经定型装配到了用于侦查作战的头盔、无人机和无人车上。而这一切成绩的开始，是首都师大附中的"求实笃学"课，让我拥有了严谨且不怕困难的学习态度，去啃别人啃不动的硬骨头，练就了勇猛精进的作风习惯。

第二堂课，是首都师大附中的学生会和团委老师们带我践行了开拓创新、追求卓越的实践课。在附中时，我担任了校团委活动部部长，策划并组织开展演讲辩论联赛和纪念"一二·九"运动远足活动，参与策划五校联盟和《浮夸》杂志，培养了组织协调能力。在团委老师的支持下，我们建立了成达青年读书会，在每周一次的社科类作品阅读分享中不断增进思考的深度和维度。学生会王文鹏老师推荐我和赵天宇参加了第一届全国中学生学术辩论赛，黄执中老师和周玄毅老师担任教练。在7天共14场比赛的密集赛程中，我们在一百多支队伍里积分位列第一，由此练就了我敢于表达的勇气和善于表达的逻辑。

以上这些素养，就是我在科研项目做出来之后敢于拿技术尝试创业的勇气和底气。创业期间，项目有知识产权问题，我就请教作为投资人的校友，踏破了学校资产处和成果转化中心的门槛。业务上有资质短板，我就跑遍甲方单位所有的行政办公室，最终拿到应用证明。到了路演环节，为了把晦涩的技术优势讲明白，我反复润色文稿、打磨演讲和台风，让科研成果得到了最好的商业呈现。正是附中的这堂"创新实践"课，教会了我在投入学业的同时，还要抬起头来学习说话和做事、培养团队精神、认知多元社会，在持续的自我建设中培养追求卓越的人生格局。

从首都师大附中毕业后，我们用实战检验了自己在这两堂大课上的学习成效。我看到每一位首都师大附中的昔日同窗，都在彼此不同的领域勇猛精进、追求卓越，不仅充分挖掘专业的深度，还始终追求全面发展的广度，在不懈奋斗中继续书写着自己的精彩人生。

借这个宝贵的机会，我想感谢首都师大附中每一位指导和帮助过我们的老师，并由衷地祝愿在座的各位学弟学妹能在首都师大附中这片沃土上成德达才、茁壮成长。谢谢！

## 二、携手筑梦，共育英才

2018 年，在全国教育大会上，习近平总书记明确地提出："家庭是人生的第一所学校，家长是孩子的第一任老师，要给孩子讲好'人生第一课'，帮助扣好人生第一粒扣子。"[1]家长是孩子最信任、影响最深的第一教育者，家庭是孩子成长最坚实的后盾。重视家庭教育，建立新型的家校合作方式，让家长多参与学校生活，引领家长与孩子共同成长，能够使家庭教育与学校教育协同互补、互相促进，最终实现家庭、学校教育的协调发展。在德育工作开展过程中，首都师大附中倡导"协同育人"的理念，积极建构学校、家庭、社会共同支撑的教育合作体，促进学生整体素质的提升。

### （一）家校共育项目

在智慧家校合作项目引领下，首都师大附中通过打造教师家庭教育指导团队、线上线下一体化开办家长学校，并依靠各级家长委员会力量，让教师和家长走上家校共育舞台，构建了家校共育新模式，汇聚成推动成达教育发展的一股强大合力。

① 中共中央党史和文献研究院：《习近平关于注重家庭家教家风建设论述摘编》，69 页，北京，中央文献出版社，2021。

### 1. 智慧家校合作项目概况

首都师大附中从 2016 年开始，通过与专业机构合作，共同研发、实施教家长做智慧父母家校合作学习体系建设项目，简称智慧家校合作项目。

智慧家校合作项目的建设目标是：基于智慧家长的知识、技能学习模块以及家长成熟度评估数据，学校搭建智慧家长教育的学习与工作体系，配合学校教育提供家长行为、理念与技能的基本数据分析，搭建家长学习的线上—线下配套平台，教家长做智慧父母，系统解决家长评估、反馈、专题培训、咨询与服务等智慧家长学校建设的核心问题，并结合学生相关学习与行为数据，给出学生学习与成长的量化分析及相关调整建议，使家校共育工作更加科学化、规范化。

项目的主要内容包括：家长学习体系的构建、家长线上直播课程、家庭教育指导的心理学特色专项、家长成熟度评价体系以及家校合作现场讲座项目等。

学校依托智慧家校合作项目，建立了教师家庭教育指导团队，积极开办家长学校，充分发挥家长委员会参与学校教育的作用，建成家校合作网络，建立健全家校合作机制与体系。

### 2. 家校共育工作的运行模式

首都师大附中家校共育工作框架如图 2-3 所示。

（1）心理学特色专项培训，提升教师家庭教育指导水平

家庭教育指导的目的是提高家长思想道德和教育子女的水平，规范家长自身的教育行为，促进家长和孩子共同成长，使得家长更好地支持、配合学校教育。学校教师应该掌握学生身心发展规律、教育规律，具备系统的社会学、教育学、心理学等专业知识技能，具有较高的理论水平和指导能力，有效、科学地指导家长的教育工作。在智慧家校合作项目中，首都师大附中面向全体教师开展了"心理技术在教师教育中的应用分享""积极师生关系的建设""青少年常见心理

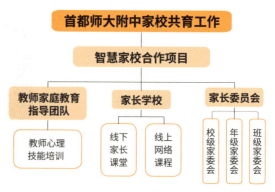

图 2-3 首都师大附中家校共育工作框架

行为问题的识别与处理""高效学习的心理学机制""积极情绪的力量"等一系列教师心理技能专项培训，更新了教师的教育观念，提高了教师对学生成长中家庭因素的洞察力，了解了家庭教育在每个学生成长中的重要作用，使得教师更加注重与家长有效沟通的方式，促进了家庭教育与学校教育对接，提升了教师家庭教育指导水平。

（2）家庭教育指导内容德育、心育一体化机制

结合学生家庭教育实际需求，首都师大附中不断丰富家庭教育指导内容。基于多年家庭教育指导经验，首都师大附中按照中学生身心发展特点，结合《中小学德育工作指南》初高中学段德育目标，构建了家庭教育指导内容，形成了家庭教育指导内容德育、心育一体化机制（图 2-4）。

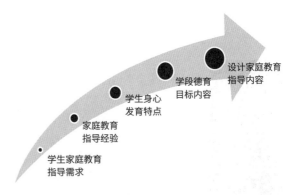

图 2-4 家庭教育指导内容德育、心育一体化机制

① 调研学生家庭教育指导需求。家长的家庭教育取向和水平，直接影响着孩子思想、品格、习惯的养成。学校通过调研发现，还有不少家长缺乏正确的教育观念，未掌握科学的教育方法。其中：有的家长忙于工作，与学校的沟通不够；有的家长要求过严，关爱孩子不够；有的家长要求孩子多，陪伴孩子不够；有的家长疏于教导，溺爱孩子过多。具体表现：缺教少护，教而不当；重智轻德，重智轻体，重智轻美，重智轻劳；重知轻习，重识轻用；重外在轻内在，重身体健康轻心理健康；等等。这说明家长对孩子身心发展规律了解不到位，存在违背教育规律和人才成长规律的现象，导致家庭教育未能发挥应有的重要作用。

② 挖掘学校家庭教育指导经验。首都师大附中在开展家庭教育指导工作方面积累了丰富的经验。在指导内容上，学校做到三点：其一，有引领。强化立德树人，学校将德育内容融入家庭教育指导中，引领家庭作为"第一所学校"与学校教育同向。其二，有顺序。学生身心发展由低级到高级、由简单到复杂、由量变到质变。学校在家庭教育指导工作内容上循序渐进，做到盈科而后进。其三，有针对。针对不同

学生个体和家庭存在的差异，学校在家庭教育指导工作中聚焦主要矛盾，做到有的放矢。在工作安排上，学校分阶段进行。首都师大附中先按照初高中学段划分大类，再按照各学段的不同年级划分工作阶段，做到顺时推进。

③梳理学生身心发育特点。中学生身体发育引发的一系列心理变化以及学校与家庭生活环境中教师与家长对其同化与顺应活动，组成了学校开展家庭教育指导的基础性储备。学校从实际出发，分初中和高中两个学段就学生身、脑、心发育特点进行了梳理（表2-1和表2-2）。

表2-1 初中学生身、脑、心发育特点一览表

| | |
|---|---|
| 身体发育 | ①初中学生身高迅速增长，是除婴儿期之外身高增长最快的时期。<br>②男生、女生出现第二性征，都十分关注自己的形象。男生重要的性心理特征是性好奇和性冲动；女生性意识觉醒，从"异性疏远期"进入"异性接近期"。 |
| 脑发育 | ①初中学生部分脑区发育尚未成熟。<br>②脑发育的不平衡，导致初中学生控制冲动的能力较差、喜欢冒险。 |
| 心理发育 | ①初中学生脑发育不平衡，导致其心理发育出现情绪多变、不稳定、易波动等现象。<br>②初中学生情绪细腻、敏感，控制能力较弱。男生易怒。女生敏感且更早经历情绪"疾风骤雨"期。<br>③初中学生叛逆行为出现，主要体现为与父母对抗、冲突加剧。 |

表2-2 高中学生身、脑、心发育特点一览表

| | |
|---|---|
| 身体发育 | ①高中学生身体发育方面，性生理逐渐成熟，身体高大，整体身体素质明显提升。<br>②外在表现具有一定的叛逆行为，我行我素，不愿与父母沟通，不喜欢与父母过多相处。 |
| 脑发育 | ①高中学生大脑发育趋于成熟，其反应速度和精确性提高。<br>②大脑分泌褪黑素，促进睡眠。但褪黑素分泌高峰时段比少年期晚两小时，导致其困意较初中有推后现象。 |
| 心理发育 | ①高中学生心理产生"自我同一性危机"，在思考生活目标、生活的意义、自己将成为怎样的人等问题上，开始经历自我怀疑与矛盾，易出现消极情绪体验。<br>②学业压力易引发情绪问题。 |

④ 确定各学段德育目标内容。首都师大附中以学生发展为本，在家庭教育工作指导中，充分发挥《中小学德育工作指南》中初中和高中学段德育目标的引领作用。首都师大附中坚持社会主义办学方向，将德育目标内容融入学校家庭教育指导内容中，坚持立德树人、德满家校，倡导全员培育、弘扬与践行社会主义核心价值观，家校携手培养学生良好习惯与个性品质，把学生培养成为德智体美劳全面发展的社会主义事业合格建设者和可靠接班人。在各年级家长会上，学校积极介绍不同学段德育目标内容，引导家长在培养孩子的大方向上与学校教育同向同行。

⑤ 精心设计家庭教育指导内容。首都师大附中结合初（高）中学生身、脑、心发育特点，开展了特色家庭教育指导，为初（高）中每位家长提供两个"一览表"。即"成达教育学生身、脑、心发育特点一览表"和"成达教育家庭教育指导内容一览表"（表 2-3 和表 2-4）。

表 2-3 成达教育家庭教育指导内容一览表（初中学段）

| | |
|---|---|
| 身 | ①帮助孩子积极面对自己的发育快现象，注重养成良好习惯，树立均衡营养观念，形成健美体态。<br>②策划与实施每周一次全家参与的户外活动，在大自然中形成健康的生活情趣。<br>③每月与孩子共读一本喜欢的书，在尊重与平等基础上交换彼此的读书心得。<br>④对孩子开展性别教育，注意培养与保护孩子的自尊心，正面引导孩子认识自我身体发育，提高其自我保护意识。 |
| 脑 | ①要树立科学的家庭教育观念，坚持立德树人导向，注重言传身教，做孩子生活中的好榜样。<br>②关注孩子营养与运动，积极促进孩子脑发育。<br>③孩子因脑发育不成熟易冲动、爱冒险，家长对孩子应适度放手。<br>④培养孩子勤奋善思、自立诚信的学业态度以及热爱劳动、乐群友善的生活态度，养成科学用脑习惯；培养孩子形成成长型思维模式。 |
| 心 | ①主动建立积极、温暖、幸福的家庭氛围，理解孩子追求情绪自主的愿望，理解、接纳孩子的情绪。<br>②以身作则，运用积极语言，管理好自己的情绪，引导孩子使用深呼吸、写日记、语言倾诉、运动宣泄等疏解情绪的方法，使孩子习得情绪管理方法。<br>③以积极的心态正视孩子成长中出现叛逆现象的必然性，在尊重孩子的基础上，使用积极的语言进行沟通与交流，化解亲子冲突。<br>④培养孩子友善、助人、自强、自立的态度，引导其学会与人合作，尊重他人。<br>⑤培养孩子的同理心、感恩心与责任心。 |

表 2-4 成达教育家庭教育指导一览表（高中学段）

| | |
|---|---|
| 身 | ①帮助孩子保持健康饮食、热爱运动等习惯。每周至少有一次全家参与的户外活动，形成良好的健康生活情趣。<br>②帮助孩子学会营造安静的睡眠环境，高质量地休息。<br>③鼓励孩子积极探索自我和外部环境，培养同理心与感恩心，保持开放和好奇，拥抱不确定性。<br>④尊重孩子，平时注意多倾听孩子心声、平等交流。 |
| 脑 | ①要树立科学的家庭教育观念，坚持立德树人导向，重视言传身教、榜样示范，引导孩子初步形成正确的世界观、人生观、价值观。<br>②遵从脑发育的特点和规律，通过培养孩子阅读与运动等爱好，科学促进孩子大脑健康发育，使科学用脑成为其习惯。<br>③培养孩子社会责任感和民主法治观念，引导孩子学会正确地选择人生发展道路。<br>④培养"正志笃行，成德达才，国家担当，胸怀天下"的创新人才。 |
| 心 | ①应接纳孩子的情绪，对孩子的情绪产生共情，积极帮助孩子直面问题，疏导、调节其负面情绪。<br>②不断提高自身素质，以身作则，榜样示范，以积极向上的家教引导孩子管理好自己的情绪，学会尊重与理解他人。<br>③培养孩子具备独立自主、善于合作、勇于创新的良好品质。<br>④培养孩子的同理心、感恩心与责任心。 |

⑥ 线上线下一体化，深入推进家长学校工作。家长学校的宗旨在于指导家长树立正确的教育观念，学习与掌握科学的家庭教育知识和有效的教育方法，为孩子健康成长营造良好的家庭教育环境。家长通过学校的引领，了解孩子身心发展特点，遵循孩子成长规律，为孩子健康成长创造良好的条件。

以需求为导向，增强家庭教育指导的针对性。2017 年，学校进行了现场班主任访谈、家长深度面谈，并开展在线家长需求分析评估，对 1599 名家长的学习需求进行了线上调研。学校从家长视角对学生心理与学习行为问题的现状评估以及家长需要学习的知识要点两个指标入手，深入了解家长关注的学生问题、家长想要学习的内容，并对各年级家长代表进行一对一访谈。通过对调查结果和访谈结果进行分析，学校发现"引导孩子掌握解决问题的策略""如何提高学习思维水平""如何提高创造力""如何提高注意力"这四类问题出现的频率很高。因此，学校着重研发了"拖延症的形成及其解决策略""良好学习习惯的培养""走出网络成瘾""改变粗心坏习惯"等家长学习课程。

搭建家长学习的线上—线下配套平台。学校为了教家长做智慧父母,突破传统家长学校模式的局限性,构建了家长学习的线上—线下课程体系。通过线下家长课堂,学校邀请专家重点讲授与学生年龄、学习、成长相匹配的常见问题与教育理念。2017年,学校开设线下现场课程6讲,参与家长2200多人次。家长普遍反映学习内容充实,有实效性,解决了很多困扰他们的问题。为了增强他们学习的便捷性、灵活性,提高学习效率,学校通过发放听课码、推送二维码等形式,每周向全体家长推送线上学习课程一小时。2017年,开设家长线上系列课程四个模块30余次。学习模块包括好方法胜过好老师、让孩子更专注的6个技巧、让孩子提高自制力、如何帮助孩子有效地管理时间、好态度决定好成绩、厌学的心理学密码等主题。亲子关系模块包括孩子与异性相处的处理方法、如何理解青春期的孩子、家长的态度和眼光决定孩子的未来等主题。网络问题模块包括如何管理孩子使用电子产品、关于管理孩子玩手机的清单等主题。情绪管理模块包括家长如何帮助孩子面对挫折、家长如何帮助孩子劳逸结合以及提升注意力等主题。学校通过在线直播、文稿解读、在线问答、知识清单等形式,帮助家长更好地掌握教育孩子的知识、理念与方法、技巧。

⑦ 家长委员会,架起家校共育的桥梁。家长委员会是家长代表参与学校民主管理、支持和监督学校做好教育工作的群众组织,是学校联系广大家长的桥梁和纽带。学校高度重视家长委员会的工作,设立了班级、年级、学校三级家长委员会。各级家长委员会都以"自愿报名、家长互相推荐、班主任推荐"相结合的形式产生,成员要热心教育事业,能从多角度、全方位观察教育教学问题,积极为学校发展建言献策。

学校定期召开校级家长委员会会议,会前广泛征求意见和建议,为学校发展出谋划策。会上向家长委员会阐明教育理念,介绍办学成果等,并现场答疑解惑。学校还组织家长委员会深入校园场馆,体验活动课程,充分了解学校的办学目标和特色,了解学生在学校课内学习、业余生活、课外拓展的方方面面。会议结束后,家长委员会撰写简报,向家长传递情况,反馈家长提案,增强了家长对学校的信任,加深了家庭和学校的情感,取得了家长的支持与配合,构建了良好的育人环境。

不同职业或者不同文化背景的家长，可以给学校带来丰富的教育内容，并能为学校的教育和管理提供多种支持和服务。家长们来自各个领域，有很多是行业的卓越人物。学校由家长委员会牵头，邀请相关专家（家长），通过开展"生涯导师进课堂""校长邀你听讲座"等活动，对学生进行生涯

教育，帮助学生了解职业状况，引导学生将当前学习与未来发展建立联系，从未来职业发展的高度思考当前的学习与将来的专业选择，激发学生内在的发展动机，以更好的状态继续高中阶段的学习。

年级、班级家长委员会同样是家校共育的重要力量。首都师大附中各年级、班级家长委员会积极组织开展教育活动。例如，2018届初三年级家长委员会从初一年级开始，坚持每周末组织学生和家长去年级的"阳光橙"友谊林浇水、施肥，三年间从未间断。

### 3. 家校共育成效显著

在智慧家校合作项目的引领下，首都师大附中科学地开展家校共育的各项工作，其中包括开设教师心理技能专项培训、组织家长学习讲座、为家长开设线上直播学习课程等活动累计数百次。通过项目的实施，首都师大附中梳理了不同特点、不同阶段学生家长的学习知识体系，形成了家校合作的理论框架与实践模式，构建了科学的家校共育体系。

结合班主任和教师教学反馈、家长需求分析与答疑，首都师大附中采用线上线下结合、模块化、体系化的项目建设思路，解决了教师、家长普遍关心的教育问题。同时，学校提升了教师指导家庭教育的水平，提高了家长参与学校教育、理解学校

与教育规律等方面的认识，形成了家校共育工作系统化、技能模块化、德育和心育一体化、数据分析整合驱动四大特色，增强了家校共育的针对性和实效性，开创了家校共育新模式。

首都师大附中前瞻性和科学性的家校共育工作，受到了教育部关工委、北京市海淀区教育委员会、首都师范大学等领导和专家们的一致认可。今后，家校共育工作将向着更加科学化、规范化、常态化、特色化的方向发展，充分彰显成达教育的创新和智慧，助推每个学子成德达才。

【家长感言】

（1）家校共建共育非常好，这是我们社会主义文化建设的重要探索。为学校点赞，为老师们点赞。我们平时很少有适当的途径为公众服务，这次是直接给自己的孩子及其同学服务，所以我倾注了全部热情。感谢老师们的精心策划和组织，让我们这些家长有机会走进课堂与孩子们近距离接触！

（2）第四届心理季家校共育主题活动从策划到组织都很好，是百年老校践行"正志笃行，成德达才"育人理念的一次有益尝试，感谢各位老师细致、周到的安排。陆游说"汝果欲学诗，功夫在诗外"。我感觉学习的"功夫"也在学习之外，孩子们的学习兴趣和学习内动力被激发唤醒，会使他们受益终身。作为家长，我们做了应该做的，并为此感到荣幸。

（二）生涯规划教育

随着新中高考改革的推进，教育的选择性不断增强，可选择的课程、可选择的考试、可选择的多元发展路径等不断成为关注的焦点。与提供选择相伴而生的是指导学生选择，培养学生的选择能力，学校积极开展生涯指导便成为重要途径。

中学生正处于人格与能力不断发展的重要成长时期。学校在中学阶段进行生涯教育，有利于增强学生的生涯发展意识，引导学生将学习与社会及职业选择连接起来，更好地认识和探索自身，不断思考和明晰自身发展的道路，理智地寻找自己的学业指向。同时，对未来专业和职业的选择有清晰的目标，有利于激发当下学习和成长的主动性和热情、储备相应的生涯发展能力、科学设计自己的未来，并有效付诸行动，逐步发展成为一个既能适应当下的学习生活又能适应未来生涯发展的完整个体。

## 1. 生涯规划教育的基本概况

生涯规划教育的内容包括帮助学生获得学科体系、专业分类、大学概况、职业信息等必要的求学深造、求职发展的信息。根据《中小学心理健康教育指导纲要（2012年修订）》《国家中长期教育改革和发展规划纲要（2010—2020年）》《教育部关于普通高中学业水平考试的实施意见》《国务院办公厅关于新时代推进普通高中育人方式改革的指导意见》等相关文件的要求，首都师大附中结合实际情况，逐步建立起全方位的生涯规划教育体系，通过多种方式加强对学生理想、心理、学业等多方面的指导。

首都师大附中的生涯规划教育由校长直接领导，主管德育的副校长具体负责，以心理教师、班主任和任课教师为核心教师团队，联合家长和社会资源，全方位、系统化地为学生开展生涯规划教育。

## 2. 生涯规划课程的具体实施

（1）引领性课程

① 高一生涯规划校本必修课。首都师大附中为高一年级学生开设生涯规划课程，每班1节/周，由两位心理教师担任任课教师。本课程是帮助学生获得生涯发展、生涯规划方面的意识、知识与技能，培养学生未来生涯发展所需要的基本素养，辅导学生进行自我探索、职业与教育环境探索，并在此基础上综合多方面信息，合理规划未来、付诸实践的综合性课程。

该课程在内容设置上不断进行调整和完善，以便更加符合学生的生涯发展实际需求；在课程形式上倡导多元化，体现以学生为主体，给学生自主探索的时间和空间，同时根据不同年级的需求组织学生适时参加在线生涯测评；在课程实践方面，积极拓展生涯指导的渠道和空间，有计划地开展课下生涯实践活动。

教师在课程中注重引导学生将高中学习与未来发展建立联系，将现在与未来建立联系，将个人发展与社会发展建立联系，通过对课程、专业、职业的探索拓宽视野，增加选择的机会，成为自己人生的主宰者。

首都师大附中高中学段生涯规划指导一览表见表2-5。

表 2-5 高中学段生涯规划指导一览表

| 课程模块 | 课程内容 |
| --- | --- |
| 模块一 开启生涯之门 | 生涯及生涯规划的内涵、意义、步骤 |
| | 绘制我的生涯彩虹图 |
| 模块二 探寻自我之旅 | 兴趣探索 |
| | 气质探索 |
| | 性格探索 |
| | 能力探索 |
| | 价值观探索 |
| | 我的自画像 |
| | 周哈里窗之自己眼中的我与他人眼中的我 |
| | 决策平衡单助你科学决策 |
| 模块三 探索外部世界 | 大学与专业探索 |
| | 职业探索 |
| 模块四 生涯规划与管理 | 情绪管理 |
| | 时间管理 |
| | 创造性思维 |
| | 人工智能时代软实力的重要性 |
| | 高二，我来了 |
| | 遇见未来的自己 |

在开设课程的同时，学校及时关注学生对课程的参与和评价情况。2017—2018学年度结课调查显示，98.06% 的学生（共258 名学生参与调查）对课程的整体评价是满意和非常满意，说明生涯规划课程的内容符合学生的发展需求，受到学生的喜欢（图 2-5）。学生喜欢的排名前五的课程内容是：大学与专业探索、性格探索、情绪管理、

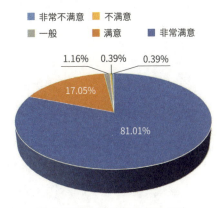

图 2-5 学生对课程的整体评价

职业探索、气质探索。学生收获排名前五的课程内容是：大学与专业探索、职业探索、时间管理、情绪管理、性格探索（图2-6）。

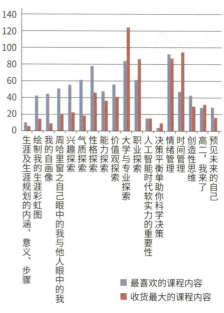

图 2-6 学生喜欢和收获大的课程内容

【学生感言】

很感谢生涯规划这门课程出现在高一的课表里，它让我在高中第一年就对未来的发展有了初步的想法和规划，也在紧张的学习生活中为我们提供了轻松快乐的氛围。

——蒋海如

在前半程的学习中，我们主要进行了未来生活方面的思考，重视起对未来的选择；后半程对于自己的深入探索对我的启发很大，对我调整心态、树立目标、规划生活起了很重要的作用。

——任奕

②生涯规划班会课。主题班会是开展生涯指导的重要途径，班主任可根据本班学生实际情况自选主题设计班会课内容。通过生涯规划班会，学生可以借助班级、同伴、班主任的力量适应教育改革和社会发展，学会管理自己的学习、生活和生涯，为未来成功生活、学习和工作做准备。

生涯规划班会课主题示例见表2-6。

表 2-6 生涯规划班会课主题

| 学段 | 自我认知 | 环境探索 | 志向与规划 | 学习管理 |
|---|---|---|---|---|
| 初中 | 独特的我 | 多彩的职业世界 | 我的梦想 | 学习成就未来 |
| | 我的个性 | AI 时代与职业 | 理想的高中生活 | 我这样管理时间 |
| | 天生我才 | 我喜爱的职业 | 我的计划书 | 我的学习方法 |
| | 我的优势与发展计划 | 发现教育与职业机会 | 我的人生志向 | 高效学习/时间管理 |
| 高中 | 未来的我 | 高中学业与发展 | 我的大学与专业 | 我的学业规划 |
| | 我的价值追求 | 职业体验成果分享 | 我的生涯规划书 | 压力应对 |

（2）实践体验性活动

①心理季生涯规划主题活动。在生涯规划教育主题活动方面，学校注重将生涯规划教育融入特色校园活动之中，提高教育实效。自 2016 年开始举办的每年一次的心理季，每届主题都不一样，如"立足现在·筑梦未来""绘生涯蓝图 创积极人生"等，将生涯规划教育置于突出位置。首都师大附中举办一系列生涯规划教育活动，旨在唤起学生的生涯规划意识，引导学生以积极的信念设计属于自己的生涯蓝图，同时引导家长用积极心理学和生涯规划教育理念科学地助力孩子健康成长。综合历届活动的开展情况，首都师大附中生涯规划主题活动逐步呈现出了以下鲜明特征。

一是鼓励学生进行自我探索，增进自我认识。形成清晰的自我认识是满足自身需求的第一步，首都师大附中的生涯规划教育始终以促进学生发展为核心，注重激发学生的内驱力，有针对性地开展相关活动。在心理季午间活动中，

学生可以通过参加霍兰德职业兴趣测试、给未来高一或大一的自己写一段话、知识竞答、参观主题宣传展览等丰富有趣的活动，了解生涯规划的相关知识，唤醒自我规划意识，从而在正确认识自我的基础之上合理规划未来。

二是注重开展专题知识讲座活动。在生涯规划主题心理季活动期间，首都师大附中会邀请北京大学、北京师范大学、首都师范大学等高校的相关知名专家、学者进校园，为不同学段的学生和家长有针对性地开展生涯规划教育讲座，解读新中高考相关政策，传授亲子沟通技巧，唤醒家长对孩子进行生涯规划教育的意识，提升家长对于生涯规划教育的重视度。

三是重视发挥家长的引领作用。首都师大附中高度重视家校合作，共促学生生涯发展。学校由家长委员会牵头，依据学生的实际需求，邀请相关家长开展"生涯导师进课堂"活动。很多家长是其行业领域的佼佼者，他们与学生面对面分享职业和行业相关内容及自己的生涯发展故事，帮助学生了解职业和行业状况，引导学生将当前学习与未来发展建立联系。每次活动后，学生需要认真填写并提交反馈表。

【活动海报】

【导师感言】

　　学生们充满了兴趣与热情，他们眼中出现的光彩是很多高校优秀大学生眼中才能出现的。这绚丽的光彩里凝聚着首都师大附中在育人方面付出的努力。互动中，学生的问题非常专业而不是泛泛而谈，这不多见。一份付出一份收获，祝福首都师大附中及学生们在"成德达才"的路上一路繁花！

——王晓庆

这次分享活动意义非凡，让学生们可以从另外一个角度看待自己在人生十字路口的选择权。以我的分享为例，它让学生们明白了，其实在影视行业里不光有演员和导演，还有很多和影视息息相关的工作在等待着他们。换句话说，他们可能就是中国电影的未来，他们可能就是中国电影工业化改革的生力军，他们可能就是中国电影走向世界的桥梁。

——南光

## 【学生感言】

关于航空航天，我们都充满了好奇与热情。本次董教授为我们讲述了关于航空航天的信息，让我们从好奇心出发，带着探索的热情畅游在太空的世界中。董教授用自己的学习和研究经历，为我们诠释了太空的奥秘与现阶段我们的学习方法和思维方式。生动的比喻、形象的描绘为我们打开了通往未知领域的大门。我们一定会铭记董教授的希冀：志向高远，未雨绸缪，业精于勤，修身养性。

——王竞仪

我的梦想是成为一名建筑师。通过今天这节课，我看到了将梦想变为现实的可能。梦想离我并不遥远，大学的土木工程、建筑设计、建筑动画与模型制作等专业都可以助我实现梦想。这节课让我对未来的职业有了清晰的勾画，这是我受益最大的地方。此外，老师谈到了他的职业生涯。他本是一个就业面很窄的专业的学生，为了不受限于此，于是学习了建筑学的其余学科，为自己打下了牢固的基础，拓展了自己的学术知识，也因此，他得以成为一名优秀的设计师。过程虽苦，但果实很甜，正如这节课的主题"建大楼"。只有前期漫长的基础工作，才有世人眼中的突飞猛进和一飞冲天。

——张嘉晟

四是重视发挥学长的引领作用。学长学部制是首都师大附中重要的管理模式之一，高年级或已毕业的学长参与低年级学生的辅导工作是教师辅导的有益补充。首都师大附中通过"生涯望远镜"活动定期邀请考入名校的不同专业的毕业生返回母校，为学弟学妹介绍大学和专业相关内容，分享他们的高中生活和大学生活。这种活动不仅能为学生提供大学及专业的信息，还能为低年级学生进行学业规划创造良好的条件，为学生树立学习的榜样，激发起学生对美好未来的憧憬和愿望，尽早进行规划，有的放矢地进行中学阶段的学习。

## 【活动海报】

五是发挥社会成功职业人士的引领作用。首都师大附中与科技公司合作，自2017年秋季开始，优化整合社会资源，联合国内外名企，以学生个性化发展为出发点，为学生提供线上＋线下"梦创家"生涯规划课程，给学生呈现多元立体的外部职业世界，助力学生寻找并明确自己的生涯发展方向。

本课程每学年聚焦8个行业领域，每学期4门课，每门课3课时（线上2课时＋线下1课时）。线上课程采取在线直播、互动问答的方式，邀请某领域的职业人士分享该行业介绍、典型岗位、专业对应、项目流程、未来趋势、成长榜样、优秀特质等内容，通过对相关领域的全景扫描与多维解读达到启发和唤醒的目的。

本课程还将各行业的相关生涯知识和学生的课程成果结集成册，下发给学生供其参考和学习。学生线上完成某门课程学习可得到该课程的结业证书，表现优异的学生可获得荣誉证书。

## 【学生感言】

这门课程打动我的点在于：它给了我一个尝试的机会——尝试着去真正了解一个行业、一些岗位，尝试着去发现自己的兴趣，尝试着规划自己的生涯轨迹。这些都是我之前没有想过或者困扰着我不知道从何做起的。课程中请到的每一个主讲老师在其领域都有很强的能力，会深入浅出地介绍自己所在的公司及行业领域。更重

要的，也是我比较喜欢了解的，是他们的人生轨迹。与其自己一个人摸索，不如找一个标杆来得有效。作为某一行业的成功者，他们如何一点点打拼，如何提升自己，如何克服困难，都是值得我借鉴和学习的。

连续两个周六的晚上，我和其他学校的学生一起在"梦创家"学习平台通过观看直播的方式聆听了从事航天器研制工作的贾阳副总设计师给我们讲解的关于航天科技的相关内容及航天器研制部门工作的性质。通过生动的语言和丰富的图片以及有趣的互动问答环节，我们学习了航天科技领域知识，领略了宇宙奥秘。通过在"梦创家"学习平台上学习"航空科技·深空探测"课程，我在轻松欢乐的气氛中不仅学习了航天知识，感悟了航天精神，还进一步激发了对航天专业的兴趣和投身航天事业的爱国情怀。我在学习的过程中对自己的人生规划有了一定的想法和目标，并坚定了为实现自己的目标而努力学习的决心。

②职业体验。为了让学生进一步明了自己的职业目标，了解自己的职业素养，体验喜欢或感兴趣的职业，掌握相关职业的特点和对人才的需求，认清自己的潜能特点和未来的发展道路，首都师大附中要求高中生利用高一、高二的寒暑假完成职业实践体验活动，记录表见表2-7。

表 2-7 首都师大附中高中生职业体验活动记录表

| 班级 | | 高中<br>入学年份 | | 姓名 | |
|---|---|---|---|---|---|
| 职业体验单位 | | | | 职业体验时间 | |
| 职业体验单位简介 | | | | | |
| 体验过程记录 | 工作记录<br>（工作内容、职责、环境等） | | | | |
| | 对相关职业人士的访谈(工作内容、个性能力要求、专业学历要求、薪资待遇、职业发展前景、晋升路径、职业人士的生涯发展历程等） | | | | |
| | 来自职业引领者的评价 | | 职业体验单位盖章 | | |
| 个人职业体验报告 | 需另外附纸撰写<br>（体验背景、体验过程、个人感想与收获三部分，不少于 1200 字） | | | | |

学生通过进企业参观、实习、体验，能够更好地将理论结合实践，为未来的职业生涯规划起到有效的参考以及指导作用，进而激发学习内动力。学生能够通过实习发现自身优势，建立自信心，找到长期发展方向，为实现自己的人生目标积极制定当前学业规划。

③模拟招聘。模拟招聘的目的是让学生能够身临其境地感受职业招聘的气氛，亲身体验职场应聘过程，提高职业认知，建立高中学习与未来职业选择的联结。首都师大附中通过与科技公司合作，为学生提供到企业进行参观学习和模拟招聘的机会。学生在自我定位基础上自主选择所要应聘的岗位，撰写应聘方案、制作 PPT，

进行 5 ~ 8 分钟的演讲（包含岗位理解、自身特质、知识图谱等内容，并根据实际应聘的岗位对企业的产品提出改建或创新建议）。学生展示后由该行业的导师进行点评，依据学生对岗位的认知、与岗位的匹配、思考创新、成长规划、PPT 制作、现场表现等给予个性化的点评，并给出针对性的生涯发展建议。该活动让学生深入思考自身的优势特长、个性特点、价值追求等，主动了解关于职业、行业和具体岗位的信息，在专业导师的点评和指导下，思考并规划自己的生涯发展之路，由目标指引当下的行动和努力。

④ TED（technology，entertainment，design，即技术、娱乐、设计）少年生涯演讲。除了线上和线下生涯规划课程外，自 2019 年开始，TED 少年生涯演讲这一创新活动开始开展。首都师大附中学生陈师尧和来自北京市其他中学的 8 位优秀学子在微软亚太区总部同台展示，述说自己的生涯梦想。陈师尧进行了《也谈我的梦想》主题演讲，受到评委的充分肯定，并获得他们给出的有针对性的发展建议。这表明首都师大附中生涯规划教育的成功和成效，它帮助学生登上了更广阔的舞台。

# / 二 / 递进式"四修"课程体系

我们都知道，教育包括教师和学生这两个基本要素，教育是人影响人、人塑造人的过程。孔子开坛讲学，广收门徒，弟子三千，贤者七十二，呈现的便是教育的基本模式。课程是学生和教师之间最重要的载体，教育便是教

师以课程为载体对学生施加影响的过程。要想促进学生发展，实现立德树人，既离不开优秀的教师队伍，也离不开优质的课程。因此，课程体系设置是教育改革的重要内容。

# 一、课程理念：以人为本的全方位育人

## （一）指导思想与发展目标

新中国成立以来，我国在基础教育课程体系领域不断进行大刀阔斧的改革，在很大程度上改变了原有格局，逐渐营造出新的教育生态。2010年，我国颁布了《国家中长期教育改革和发展规划纲要（2010—2020年）》，提出"坚持以人为本，遵循教育规律，面向社会需求，优化结构布局，提高教育现代化水平"，指明了我们未来教育发展的方向。2014年，教育部颁布了《关于全面深化课程改革落实立德树人根本任务的意见》，制定了学生发展核心素养体系和学业质量标准，并修订了课程方案和课程标准。《关于全面深化课程改革落实立德树人根本任务的意见》提出："坚持系统设计，整体规划育人各个环节的改革，整合利用各种资源，统筹协调各方力量，实现全科育人、全程育人、全员育人。""全科育人、全程育人、全员育人"已经成为当下指导课程改革的基本思想。

党的十八大报告对教育改革提出的根本指导思想为立德树人。传统的应试教育最大的弊端就是仅强调分数，而忽视了道德和综合素养的发展。因此，我们的教育指导思想必须回归立德树人，新课程改革也必须确立立德树人的基本目的观。其实，学校大力进行课程改革，其根本目的是促进学生综合素养的提升，从而给学生提供更多的发展机会和选择可能，适应未来社会发展的需要。就首都师大附中而言，学校不断深入课程改革的根本目的便是助力学生"成德达才"。

## （二）设计原则与思路

首都师大附中坚持以人为本的教育宗旨，注重将学生培养成具备一种意识（责任担当意识）、两种精神（勇于探索精神、团队合作精神）和三种能力（自主学习能力、动手实践能力、创新思维能力）德才兼备的全面发展型人才。在这里，学生成为学校的主人，享受首都师大附中的"三二一"办学特色，即注重德育、注重实践、注重文化，全面发展与学有特长两相兼顾，最终实现成德达才的目标。

为使学生享受到丰富多样的课程，首都师大附中以"国家课程的高质量校本化实施"为基础、"精品特色校本课程的开发"为补充，构建了与学生内在发展需求相一致的，有利于夯实学科基础、激发潜能志趣、促进个性发展、形成自主能力的"基础通修 + 兴趣选修 + 专业精修 + 自主研修"的"四修"课程体系。在长期的课程建设实践中，首都师大附中对课程的设计与开发始终坚持"五统一"的原则。

**1. 强调课程设置与学生内在发展需求相统一**

兴趣是学习的源泉，是推动学生求知的一种内在力量，而自我发展需求是更为持久不竭的动力源泉。一些学者的研究表明，我国学生与欧美学生一个相当大的差异在于，我国学生在中学时代缺少对自己未来的规划与发展的思考，他们更多地将学习聚焦在学科知识本身或升学上，而对于自我优势以及未来发展的方向少有深入思考，学习成了应付性的外在任务。这就使得学生难以从学习中获得愉悦的心情，更谈不上去享受学习的快乐，甚至产生焦虑、厌烦等负面情绪，出现各种各样的心理问题。

实践证明，只有构建与学生内在发展需求相一致的课程体系，才有可能彻底解决这一问题。为此，首都师大附中在常规课程体系之外，还特别增设了发展指导课程，根据各年级学生不同的发展需求给予必要的帮助与指导。比如第一学年的发展指导课程以"生涯规划、心理辅导、学法指导、表演艺术、领导力提升"为主要内容。学校首先通过生涯规划课程启发和引导学生寻找并确立自己的发展方向，规划自己的发展之路。然后根据学生的兴趣爱好和未来的专业规划，设置了各具特色的实验课程。首都师大附中已开发出高中创新实验课程、理工实验课程、人文实验课程、中美大学先修课程等特色实验课程。不同专业方向的学生，在完成国家规定的基础通修课程的基础上，都适度增加了专业课程的精修和校本选修内容，促进专业的深入发展和综合素养的提高。

**2. 强调全面发展与学有特长相统一**

核心素养已经成为国家课程建设与发展的重要指导方针和推进教育改革的基本宗旨，是落实立德树人根本任务的要求。核心素养是指学生应具备的适应终身发展和社会发展需要的必备品格和关键能力，体现的是全面发展的要求。教育部《关于全面深化课程改革落实立德树人根本任务的意见》提出："教育部将组织研究提出各学段学生发展核心素养体系，明确学生应具备的适应终身发展和社会发展需要的必备品格和关键能力，突出强调个人修养、社会关爱、家国情怀，更加注重自主发展、合作参与、创新实践。"

与此同时，学校应注意到，社会是由不同的个体构成的，由于每个人的个性特质不一，所以教育应因材施教。个性发展是人的全面发展的内在要求，人才培养的"一刀切"单一模式已经不能满足未来社会发展的需求。因此，首都师大附中在设计课程体系时充分考虑了如何有效促进学生全面而有个性的发展。

### 3. 强调课程建设与校本化特色相统一

国家课程追求教育的共性，即培养未来国家公民的基本素质。对于学校来说，则有不同的情境化、个性化的发展需求，这是国家课程所不能满足的，这就需要进行国家课程的校本化实施。首都师大附中课程体系的校本化特色，着重体现在对国家课程的高质量校本化实施上。在现有教材的使用过程中，教师们发现同一学科内必修和选修教材的部分内容有一定的重复，在不同学科的同领域知识中，也有一定的交叉和重复，这无疑在一定程度上影响了教学效率的提高。要彻底解决这一问题，就需要相关学科教师相互协作，整合资源，形成具有首都师大附中特色、充满活力的课程体系和教学模式，促进学生发展，提高教学效益。

校本课程体现学校的办学理念。在办学理念、育人目标的指导下，学校开发课程需要彰显自己的特色，成为对国家课程的有益补充。首都师大附中课程体系校本化特色，还体现在精品特色校本课程的开发上。校本课程的建设始终以学生为本，一切从学生的发展需要出发，一切从促进学生个性化的发展出发。学校已形成许多成熟的品牌化校本课程和上百门深受学生喜欢的实践型校本课程，为学校特色发展奠定了基础。例如，博识课以"博闻广见，卓有通识；内外兼修，知行合一"为理念，培养学生创新精神和实践能力，引导学生学会提出问题、分析问题、解决问题，提高学生综合素质。语文阅读实验课在师生的共同努力下效果明显、成果显著，深受学生喜爱。学校开设自主研修课程，将更多的时间还给学生，让其自主管理、自行消化，成为首都师大附中培养学生自主学习理念的最好体现。

### 4. 强调课程改革与教师专业化发展相统一

伴随着部分课程内容的整合和大量校本课程的开发，教师角色发生了改变。相对于过去单纯被动地使用教材，发展到自主开发校本课程，如今每一位教师都具有更为强烈的课程主体意识，同时其课程的系统意识、目标意识、参与意识、资源意识、创新意识也会落到实处。课程内容整合和校本课程开发必将成为教师成长与发展的平台，最终促进教师专业化发展。

### 5. 强调学生学业发展与综合素质提升相统一

学生的综合素质评价是课程改革的重要内容，首都师大附中积极推进综合素质发展性评价。首都师大附中在综合素质评价中充分听取教师的意见和建议，引领和指导学生全面而有个性的发展。同时，注重评价的多元性，突出过程性评价、发展性评价和激励性评价，促进自我评价、同伴评价、教师评价、家长评价的整合，努力使学生综合素质评价的过程成为学生、教师及家长共同参与的教育活动，从而充分发挥综合素质评价在学生发展过程中的激励作用。在上级部门正式上线综合素质评价系统之前，首都师大附中就已经做了大量的工作，为综合素质评价方案的出台提供了良好的实践素材。

## 二、课程体系建构："四修"课程为生命层层筑基

首都师大附中立足实际情况，将国家课程、地方课程和校本课程整体规划并与实验研究、实验项目进行整合，设计了具有自身特色的渐进式"四修"课程体系（图2-7）。

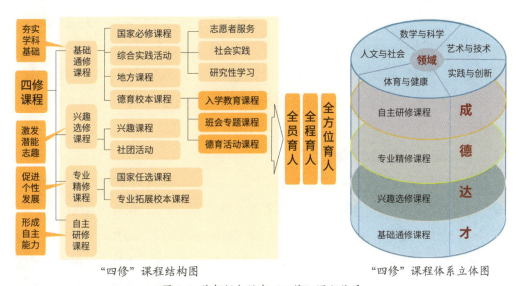

"四修"课程结构图          "四修"课程体系立体图

图2-7 首都师大附中"四修"课程体系

## （一）基础通修课程夯实学科基础

基础通修课程指向学生基础素养的发展，保证学生全面发展、多种素质的达标要求，使学生获得共同的基础学力，达到国家的基本要求。教育的核心是促进人的发展，课程要实现人的情意（情绪、感情、态度、价值）发展与认知（理智、知识、理解）发展的统一。人类用有限的时间面对无限的知识，显然不能穷尽掌握所有的知识，设置的课程既要满足学生后续进一步学习的基本知识、基本技能和能力所需，还要与学生的兴趣、爱好和要求相适应。

自 2016 年"中国学生发展核心素养"课题组公布其研究成果后，教育界对于核心素养这一概念的认知逐步深入，重心也一步步从理论走向实践。我们认识到，核心素养的落地需要以课程为载体。为将核心素养融入学校教育，首都师大附中围绕核心素养构建起学校的基础通修课程。基础通修课程包含国家必修课程、综合实践活动、地方课程和德育校本课程等，为学生的全面发展和综合素质的提升打好基础。

实现学生全面发展，最关键的是给予学生所需要的课程体系。课程环境之根本是宽松的环境，即既给予学生充分的自我发展时间与空间，又辅以强有力的引导措施。所以，校本课程的开发和学生学习评价的机制是课程建设的主攻方向。分科教学有着诸多的好处，但也有很明显的弊端，很容易造成学科的割裂。如果每一门课程都从本学科角度出发而强调本课程的重要性，学生将无法承受。所以，课程建设须突出学科的整合，把相关学科整合处理，突出整合的综合效果。

此外，学科的割裂不利于学生通感的形成，而创新灵感的产生往往孕育于通感之中。从这一角度来讲，学校也需要加强学科间的整合性课程建设，开阔学生眼界与思维视野，促进广博知识的积累，助力创新能力的培养。

## （二）兴趣选修课程激发潜能志趣

普通心理学将"兴趣"定义为人们以特定的事物或活动为对象所产生的积极的、带有倾向性和选择性的态度和情绪。兴趣的发展从低到高一般被分为三个层级：感官兴趣、自觉兴趣、志趣。其中志趣是兴趣发展的高级阶段，是人的兴趣、能力和价值的有机结合，具有更强的自觉性、方向性、社会性和可持续性。兴趣是学习的动力来源，能帮助个体探索和发现新的世界，激发自身蕴藏的潜能，对确定未来发展的方向具有重要作用。

在人的成长历程中，中学阶段正是兴趣探索的黄金时代。首都师大附中的兴趣选修课程正是迎合学生"口味喜好"开设的课程，重在激发兴趣、理解学科间的广泛联系。首先，学校的选修课程体量大，每个学科都开设有大量具有自身特色的选修课，学生可以根据自己的兴趣爱好进行自由选择。其次，兴趣选修课授课方式不拘一格，学校积极创造学生喜闻乐见的教学方式和方法，并与丰富多样的兴趣社团活动相结合，让学生在实践中进一步增强兴趣，不断提升专注力，进而激发潜能。最后，首都师大附中注重给学生提供足够的探索时间与展示平台，通过鼓励和认可，助力学生寻找适合自身发展的志趣方向。例如，对创意写作感兴趣的学生，可以选择和写作相关的选修课，获得系统的写作方法指导。此外，学生还能参加快哉话剧社、古风社等社团，在实践操作中进一步挖掘自身在文学创作上的潜能，提升综合素质，还可在教师的引导下，有选择地参加全国中小学生创新作文大赛、"叶圣陶杯"作文大赛等赛事，在探索和尝试中进一步坚定志趣。

## （三）专业精修课程促进个性发展

随着知识面的拓宽，高中课本的内容已经不足以满足优秀学生的需求了，开设专业精修课程正好可以解决这个问题。可以说，首都师大附中专业精修课程的设置是基于学生个体发展和国家创新人才培养的需求两个方面综合考量的结果。专业精修课程旨在满足学生未来专业学习与发展的需求，是体现学生个人特长发展的选择性专业课程。专业精修课程的培养对象主要是在某领域已经表现出强烈兴趣并在该领域有更高素养需求的学生。学校通过结合高中国家选修课程等，进行适当的整合编写，为学生开发了适合中学生认知特点的相应领域的大学先修课程。通过为学有余力、有兴趣专长的学生开设全国青少年信息学奥林匹克竞赛、全国中学生天文知识竞赛、机器人竞赛、航空模型竞赛、全国青少年模拟飞行锦标赛、青少年创客奥林匹克活动等系列指导课程，有效地帮助他们拓展了知识的深度和广度，增进了对相关专业领域的了解，进而提升了专业水平。

专业精修课程满足了拔尖创新人才培养的需求。教育部在2020年制定出台了《关于在部分高校开展基础学科招生改革试点工作的意见》（也称"强基计划"），在确保公平、公正的前提下，积极探索多维度考核评价模式，逐步建立基础学科拔尖创新人才选拔培养的有效机制。强基计划立足服务国家战略需求，主要选拔有志于服务国家重大战略需求且综合素质高或基础学科拔尖的学生。其突出基础学科的支撑引领作用，由有关高校结合自身办学特色，重点在数学、物理、化学、生物及历史、哲学、古文字学等相关专业招生。

首都师大附中开设的专业精修课程正好能为专业素质突出、具有创新精神，且有志于未来在基础学科领域从事相关工作的学生提供良好的平台。经过专业精修课程的熏陶，很多学生在高中阶段就可以达到大学本科生的部分专业要求，很多理科学生进入高校之后可以直接到实验室参与研究生的科研课题研究。专业精修课程所教的知识是高中内容的合理增长点，有利于学生的学习，能够培养学生坚韧不拔的意志力，有助于培养学生的自主学习能力、团队精神和合作意识等。专业精修课程可以划分为文科类专业精修课程和理科类专业精修课程。

文科类专业精修课程关注新课程标准中学习的人文属性，旨在使学生具备文科类学科特有的必备品格与关键能力，注重发展学生的综合知识运用能力，强调提高思维品质和文化素养，提高学生的生活品位和精神体验层次，为培养有见识、有胸怀、有责任感的公民奠定基础。文科类专业精修课程针对高考改革的特点及趋势，辅以

学校社团和兴趣小组平台，在课程与活动过程中对有兴趣专长的学生进行深入的指导和培养，通过专业阅读、听说读写、模拟实验、社会调查、专题讲座、案例研究、综合实践等形式增强学生的综合思维能力。

理科类开设了竞赛系列指导课程、大学先修课程、实验实践课程等形式的专业精修课程，在进行理科类学科拔尖创新人才培养的同时，使一批具备学科潜力的学生加深对理科类学科的理解，得到更好的发展。在理科类专业精修课的课堂上，旁人看来高难度的、枯燥深奥的理科知识和实验，在教师和学生的相互配合、共同努力下，难题一一得以破解，实验一一取得成功，使学生充分体验了科学探究之路。竞赛系列指导课程在教师们的努力下取得了丰硕的成果。首都师大附中的学科竞赛成绩连续多年位居北京市前列，成为每年五大学科均有省级一等奖的少数学校之一。

**（四）自主研修课程形成自主能力**

按照斯滕伯格的创造性智力理论，人的成功需要分析性智力、实践性智力和创造性智力的共同发展。常规的课堂学习主要在培养学生的分析性智力方面有很好的作用。实践性智力大多源于默会知识（tacit knowledge）的获得和应用。默会知识是一种程序性知识，它不是从明确的教授中获得的，往往只可意会，不可言传，但是人们要想在一个环境里取得成功就必须知道它。创造性智力是一种选择，能够帮助人把各方面的智力有效地应用于生活之中。因此，对于学生的培养，我们需要改变目前过度注重认知学习的状况，这种仅重视分析性智力而忽视创造性和实践性智力的局面必须得到改变。

新课程改革最大的亮点，是设置了以主题式研究性学习活动为重要内容的综合实践活动课程。该课程可以使学生亲历数学建模、社科研究、科技活动实践，联系自然、联系社会、联系自我，动手动脑，获得直接经验，有利于创造性智力的培养。

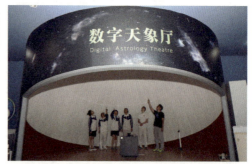

　　自主研修课程是基础通修课程之外的必要补充，主要是学生利用课余时间进行的探究类课程，包括综合实践课程和项目研究课程。对于已经确定自己专长的学生，他们可以通过专业精修课程进行延展性和拓展性学习，实现高中课程与大学课程的衔接。在此基础上，学生需要通过自主阅读、小组探究、动手实践、外出考察等多种自主研修课程巩固所学，将学到的课本知识运用于生活实际，从而达到学以致用的目的。

　　学生走出校园开展综合实践课程学习，对于视野的开拓、知识的运用等起着至关重要的作用。为了保障综合实践活动的顺利开展，学校开发了大量的校外资源基地。自2001年起学校便开设了初中博识课程，通过与近20家博识资源单位签订合作协议，形成了涵盖30余个学习主题的系列课程。初一、初二的学生每周利用半天正课的时间走进北京市70多个博物场馆和名人故居开展博识活动，进行实践性学习。学生在走访参观的实践中，于"走出去"与"请进来"之间，达到"内外兼修、知行合一"的目标。

　　在博识课成熟的基础上，2016年，首都师大附中开始借助校外平台，共同设计、研发辐射中国东、中、西部城市的高中综合实践活动课程。其中北京、南京、合肥、青岛、苏州、武汉、上海等地的课程依托当地的中国科学院分院等研究机构的科研人员以及研究项目，设计了一系列的前沿科学探究性学习及科学实验课程，研究课题多达 100 个。所有课题都需要学生综合运用数学、物理、化学、生物等多学科知识，研究领域涵盖环境、生态、医药、材料、能源、工程技术、食品安全等。在这个过程中，学生能够亲身感受真实的科研全过程。除此以外，结合这些地点的地理、人文、历史等特色，首都师大附中还设计了相应的社会人文课题。例如：南京线路依托侵华日军南京大屠杀遇难同胞纪念馆和江苏省国家安全厅开展了爱国主义教育与国家安全教育相结合的活动；苏州线路在中国昆曲博物馆为学生举办戏剧理论课程和昆曲专场赏析，学生还可与演员交流，体验非物质文化遗产的魅力；合肥线路安排学生走进中国科学技术大学了解院系设置并与大学生交流。每个地点的活动内容最终都设计成一本研究手册，学生要提前阅读手册内容，了解基础知识。活动中每个环节都有相应的研究内容、研究报告要求学生完成并记录。

为了更好地服务于"四修"课程的实施，各学科根据自身特点建设了大量专业教室。国学、历史、天文、地理、陶艺、烙画、舞蹈、信息等各类专业教室纷纷建成，为学生创造了更多专业和兴趣发展的平台。理化生高端实验室为学生专业精修和自主研修提供了实验基础。开放性博物馆让自然与人文学科知识走出课本，来到学生身边。非遗教育博物馆作为北京市首个非遗教育孵化基地，让学生深度体验非遗文化，从而不断增强民族自豪感，提升文化自信。

2016 年，青牛创客空间建成并投入使用。以此为平台，首都师大附中构建起较完善的创客课程体系，开设了"三维古建筑复原""雕刻与精密加工""Arduino 开源硬件""手机软件开发""传感物联初探""程序设计""怎样开上波音 747"等课程，指导学生分层发展。常规的信息技术课和通用技术课根据学生的爱好和水平不同采用分类、分层教学和小班活动的方式，保证不同兴趣方向的学生都有适合自己的选择，让学生在知识学习和团队合作活动中培养兴趣、树立信心、展现自我、释放个性。同时，青牛创客空间设计了一系列趣味性强、可操作性强的创客活动，让创新触手可及。

首都师大附中的创客主题活动倡导培育学生提出问题、研究问题、解决问题、动手制作的综合能力，培养学生的主动探索精神、批判性思维能力、自主创新能力、合作研究能力、语言表达能力，艺术创作能力等。其中，"青牛草场"主题科普演讲、"青牛认证"加工设备培训、"阅读+"读书+书签雕刻等融合了科学探究、技术制作、艺术创作的一系列创客教育活动，为小创客们创新应用的实现提供了高效的帮助和支持。

## 三、课程案例：学科课程的学科范儿

以"四修"课程体系为基础，首都师大附中各大学科分别建立起具有自身特色的课程体系，推进了校本化课程工作的深入开展。首都师大附中先后有地理、语文、数学、英语、政治、历史、化学、信息技术、体育与健康9门学科获评北京市海淀区中学学科教研基地。接下来，本书将以地理、数学和艺术学科为例进行阐述。

### （一）地理学科"四修"课程

地理学科于2016年获评北京市海淀区首批高中地理学科教研基地。地理教研组建立了地理信息与空间技术创新应用实验室，配置了数字星球、交互地图教学系统、地理增强现实沙盘、全息教学系统、北斗导航实践应用系统等各种先进设施。该实验室不仅能够最大限度地满足中学阶段地理教学的需求，还可开展多种多样的地球科学实验探究项目，让学生在高中学习阶段便能亲身经历真实而完整的科研过程。以该实验室为依托，根据不同学生的学习层次和能力，地理教研组开发了丰富多彩的校本课程。

#### 1. 基础通修课程——整合内容，增加实践

基础通修课程包括国家规定的初中和高中地理必修课程。在实施过程中，地理教研组结合教学实际和学生情况将教学内容有机整合，通过开展实践类、实验类活动，将国家课程校本化。

在基础通修课程校本化的过程中，地理教研组努力使实验教学进课堂。地理实验课开发的目标是运用地理信息技术和其他工具，通过简易观测、模拟演示、模拟实验等方法，展现大尺度、复杂情况的自然地理现象和过程。其中，黄土高原的水土流失、下垫面对气候的影响、绘制首都师大附中校园平面图、热力环流等实验、实践类课程受到学生的一致好评。同时，以学校初中的博识课程和高中的综合实践活动为平台，地理教研组充分利用校外教学资源，设计学案、教案或活动方

案，将教学活动场所与教学内容有机结合，将课堂活动开展在教室之外，将课堂知识落实在书本之外。

### 2. 兴趣选修课程——拓展领域，搭建体系

在完成基础通修课程的基础上，地理教研组贴近学生的生活实际设计了五大系列的地理校本选修课程（表 2-8），对基础通修课程起到了很好的补充作用。

表 2-8 地理兴趣选修课程

| 系列名称 | | 校本课程名称 |
| --- | --- | --- |
| 探索自然地理奥秘 | 天文系列 | 天文爱好者 |
| | | 天文探索者 |
| | 气象系列 | 应用气象学 |
| | | 气象与生活 |
| 探索自然地理奥秘 | 地质系列 | 宝石鉴赏 |
| | | 地质灾害 |
| 感受人文地理魅力 | 旅游系列 | 世界旅行家 |
| | | 环球博览 |
| | 文化系列 | 中国地域文化 |
| | | 大国博弈 |
| | | 老北京文化 |

### 3. 专业精修课程——关注特长，培优创新

针对学有特长的学生开设的形式多样的专业精修课程（表 2-9），使学生更加深入地了解和认识感兴趣的领域，学有特长，在专业特长上能有所建树。

表 2-9 地理专业精修课程

| 类别 | 课程内容 |
|---|---|
| 天文方向 | 天文竞赛课程、天文专家校园讲座、野外天文观测 |
| 地质方向 | 地质专家校园讲座、宝石鉴定加工实践 |
| 气象方向 | 气象竞赛培训、气候变化研究课程、气象观测 |
| 遥感方向 | 遥感图像解读、遥感研究课题、遥感专家讲座 |

**4. 自主研修课程——指导调研，引领探究**

地理自主研修课程通过高中校本社会实践活动、初中博识课结合完成。学生在北京及外地的各项实践活动中发现问题、解决问题，完成相应的课题，提升综合地理素养。地理自主研修课程主要分成两类。

类别 1：

野外自然地理实践课：对真实情景中的岩石矿物、地形地貌、气象气候、河流水系、土壤等地理现象做出科学解释，如判别岩石与矿物、判断地貌类型和特点、辨别河流水系与土壤发育、看云识天气等。学生通过实践能够比较熟练地应用观察、调查、数据分析等方法。

类别 2：

社会人文地理实践课：利用所学知识，解释身边、区域或国家社会生活、经济生活中出现的一些地理事物和现象，如人口分布、农业和工业生产、交通运输布局等，学以致用。

相对成熟的自主研修课程案例如下。

①奥林匹克森林公园定向越野实践课程：结合地理学科地图学相关知识，在奥林匹克森林公园举办定向越野实践活动。

②高碑店污水处理厂水资源综合探究课程：结合中国水资源状况及水资源的回收利用相关知识，组织学生参观高碑店污水处理厂。

③爨底下古村落地质地貌人文地理考察：结合聚落与环境关系的相关内容，带领学生参观京西古村落，近距离感受自然环境对聚落的影响。

④北京市规划展览馆历史地理综合考察：结合北京城市发展及城市规划相关知识，在北京市规划展览馆中探寻北京城市发展的历史与未来。

⑤甘肃省区域地理野外考察：首都师大附中高中文科学生前往甘肃省进行社会实践，通过观察、访谈等多种手段，充分考察当地的自然地理环境特征、地域文化特征、教育现状等，在实践过程中发现问题、解决问题。

地理教师积极参与校本课程开发。开发过程中，经历了"规划—实施—评价—调整"的阶段，开设的地理校本课程受到了学生的广泛欢迎，形成了首都师大附中的精品特色课程。除此之外，教师编写了较为实用的课堂实验和实践活动手册（图2-8）。

图 2-8 首都师大附中初中地理实验报告示例

【学生感悟】

我参与过地理教研组教师组织的各类地理实践活动。在爨底下村，教师带领我们考察了影响聚落布局的自然和社会因素；在鹫峰国家森林公园，我们通过挖掘土壤剖面，了解了土壤剖面的特征以及不同土壤的性状。在实地考察中，我们可以综合地理知识和生活实际，不失为一种地理学习的好方法。

——李闻达

## （二）数学学科"四修"课程

数学学科于 2018 年获评北京市海淀区中学学科教研基地。根据国家课程标准，结合首都师大附中具体学情，紧跟新中高考改革的发展趋势，数学教研组教师始终注重育人价值和教育教学规律的把握，与分层走班教学紧密结合，为学生量身打造学习计划。经过细致打磨，系统的数学学科"四修"课程体系已经构建完成并在不断完善。

### 1. 基础通修课程

面向全体初中和高中学生，数学教研组自主研发出相应的校本讲义、作业等学习资料，不断夯实学科基础，并充分利用信息技术手段，借助智学网、慕课平台，配合传统课堂教学，提高课堂效率，实现高效课堂。

### 2. 兴趣选修课程

该类课程主要面向高一、高二的学生开设，包括几何画板、统计软件、数学文化、博弈论等课程，目的在于拓展知识面，增强学习数学的兴趣，开发创造能力，促进正确的数学观念和思维习惯养成。数学教研组开设的选修课有"数学史讲座""数学思想方法的应用""数学竞赛指导""数学思想方法与开放性问题""映射""集合与函数的补充与加深""不等式的解法（多媒体整合）""数学思维大讲堂""几何画板的应用""漫话数学""数学应用""手持技术的应用"等。这些课程受到了学生的热烈欢迎，拓展了学生的知识面，提高了学生学习数学的兴趣，对开发学生的创造能力、促进学生形成正确的数学观念和良好的思维习惯起重要作用，同时为校本课程的开发奠定了基础。数学教研组教师先后为国际会议、国家会议开设"手持技术与数学教学"的公开示范课，教研组组长多次为会议做《课题研究与数学教学》的专题报告。

### 3. 专业精修课程

该类课程面向部分学生开设，涵盖学科竞赛、大学先修课、数学建模等方面，授课内容由浅入深，不断提升对数学的理解深度和运用能力。学校的主要任务是素质教育，完成中学阶段的必修课程和有关的选修课程教学，像竞赛这种投入大、产出低的事情很难由一个教师去完成。为了解决这个问题，数学教研组教师把竞赛内容分成若干块，一块或两块由一名教师承包，这样，减轻了教师的负担，打破了年级界限，提供了合作的机会，凝聚了全组力量，使竞赛辅导走向正规化。竞赛小组由分管教学的副校长和教研组组长分别任正副组长，由一名年富力强的教师统筹安排，由各备课组组长筛选种子选手，利用课余时间或寒暑假进行针对性的辅导，逐步形成一定的规模和系统，逐步改变力不从心、随意性大的情况。

### 4. 自主研修课程

该类课程主要面向高一、高二的学生开设，包括"函数与生活""立体几何模型""统计应用""圆锥曲线的性质""概率观点看生活"等课程，充分引导学生进行研究性学习，掌握研究的方法，实现自我提升。

## 【教师心得】

眼光敏锐，思考有序，逻辑严谨，思维深刻，表达科学，让每一个学过数学的学生都能享受数学之美，收获理性之光。

——黄凤圣

作为数学教师，从教学的内容、现象中挖掘出本质的、规律的东西，让我们的条理更清晰、逻辑更明确。让学生从数学课堂中体会"数学是打开科学大门的钥匙，是通向宇宙之美的关键"。

——章红

数学教育要放眼学生未来，使其有良好的性格，具有逻辑思维能力，能做出正确的决定，懂得公平与正义，最终达到德智体美劳全面发展。

——刘学升

## （三）艺术学科"四修"课程

### 1. 美术

为确保育人全员化、普遍化、常态化，并兼顾学生的个性化需求，在特色课程体系——"四修"课程体系基础上，首都师大附中结合美术学科特点，建立了美术"四修"课程体系。

基础通修课程涵盖国家必修课程，如初高中美术课。课程内容涵盖鉴赏、国画等各大类美术教学模块。兴趣选修课程涵盖众多丰富多彩的特色校本选修课程，如"陶艺""烙画""扎染""书法"等。专业精修课程重在对专业美术社团成员，如陶艺社、烙画社、扎染社、书法社等，进行精细化专业指导。自主研修课程主要是学生自主组织的展览、艺术品创作等，其中涵盖一些与其他学科相结合的课程，如与学校创客课程相结合的"三维古建筑复原"课程，学生运用美术知识结合三维打印技术进行古建筑复原等。在兴趣选修课的基础上，学生除了可以向专业精修课程发展外，还可以向自主研修课程发展。

在这一课程体系中，教师积极开发实用而有特色的校本课程。"陶艺"课程是首都师大附中最具特色的美术课程，出版发行的校本教材《陶艺教程》，历时十年，仍在不断发展完善。课程以陶艺技法的学习和创作实践为主要教学内容，分为初中课外活动课和高中选修课两种形式，根据初中和高中学生不同的年龄特点开设不同内容的课程。课程结束时，学生在教师的指导下完成陶艺作品的创作。

此外，为增强学生传承和弘扬中华优秀文化艺术的责任感和使命感，美术教研组依托学校相关学科优势，充分发掘教育资源，积极拓展教育教学内容和形式，开设了大量非物质文化遗产课程，如"火绘葫芦""扎染""皮影""面人""书法""篆刻"等。一些名家大师进入校园，与广大师生一同感受中华优秀传统文化的魅力，不仅拓展了学生的视野，提升了学生的审美能力与创造美的能力，还强化了学生的文化主体意识和文化创新意识。

### 2. 音乐

早在 2005 年，首都师大附中就开始筹划原创音乐剧的教学。2006 年，首都师大附中正式在初一年级和初二年级开设了原创音乐剧的校本课程。经过多年的实践，音乐剧教学覆盖初一到高三六个年级，形成比较成熟的"四修"教学体系（表 2-10），这和高中音乐新课标的构架是不谋而合的。

表 2-10 音乐"四修"教学体系

| 类别 | 课程内容 |
| --- | --- |
| 基础通修 | 高中音乐必修模块，学校选择的是"音乐与戏剧"模块（本校教师上课）。 |
| 专业精修 | 音乐剧社团（本校教师和外请专家指导）。<br>演出作品有原创校园音乐剧《摇篮》《万万不能》。 |
| 兴趣选修 | 围绕原创音乐剧，开设了"朗诵""配音""播音主持""电子音乐制作""演奏""歌唱""表演""歌曲写作""舞蹈"九门选修课（本校教师和外请专家授课）。 |
| 自主研修 | 学生自主深度学习，很多学生考入了专业艺术院校（学生找教师答疑，一对一授课）。 |

"四修"课程点面兼顾，基本满足了不同层面学生学习的需求。"四修"教学体系主要在高中阶段实施，初中阶段主要以选修课为主，并结合每年一届的初中原创音乐剧小品展示活动，全员参与体验。学生作品层出不穷，从十几分钟的音乐剧小品到一个多小时的史诗型音乐剧，参演人数从十几人壮大到三百多人，学生创作出了以《摇篮》《万万不能》为代表的优秀作品。2014年，由学校师生自编、自导、自演的史诗型音乐剧《摇篮》，以"成就国运""德厚流光""达闻于世""才济天下"四幕，演绎了首都师大附中百年风雨历程，展现了学校百年不变的"成德达才"育人理念。百年校庆期间连续演出8场，师生和家长全员观看，在校园内外产生了很大震动，得到社会广泛赞誉。《摇篮》重现了几代首都师大附中人胸怀天下、志存高远的情怀与担当，不管是在烽火连天的峥嵘岁月，还是在和平发展的新时代，他们用智慧和汗水书写了对民族、对国家的使命与责任。该剧蕴含着丰富的教育意义，是学校德育和美育成果的集中反映。

## 四、思维发展课堂：让思维更上一层楼

如今，我们正处于百年未有之大变局时代。全球竞争日益加剧，社会迭变不断升级，科技发展日新月异，这些因素正在深刻地影响着教育，呼唤着教育变革。面对知识量太多学不完、很多知识学完易过时、人已经学不过机器的时代，教育该何去何从？我们认为，无论世界怎么变化，始终不变的是：学习者仍是教育的中心。我们的教育正在进行哲学的本体转型，即以知识和技能为本位的教育，正转向以能力和素养为本位的教育。

在此背景下，我国提出了中国学生发展核心素养的目标，界定了各学科核心素养具体内涵，强调通过学科核心素养统领正确价值观、关键能力、必备品格。同时，随着改革的不断深入，学科核心素养的培养日益强调发展思维能力的重要性。

课堂教学是课程的实施，也是课程的核心。依据现代课程论理念，规范的课程内涵必须具有四个要素：目标、内容、实施和评价。就首都师大附中而言，为了让"四修"课程育人价值和育人目标得以高效实施，各个学科正积极打造思维发展课堂，让核心素养落地生根。

成达思维发展课堂是以促进学生高级思维能力发展为核心目标的新型课堂形

态，担负着活化知识与发展思维的双重使命，并进而培养学生良好的思维品质。为了让成达思维发展课堂更好地落地实施，让各学科教师操作起来有抓手，让课堂更有实效，首

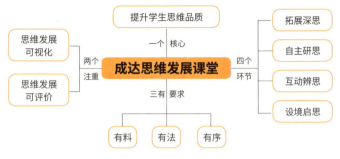

图 2-9 成达思维发展课堂的"4321"结构图

都师大附中构建了"4321"思维发展课堂教学模式（图 2-9）。

该模式以"提升学生思维品质"为核心，以"设境启思、互动辨思、自主研思、拓展深思"为主要教学环节，以"有料、有法、有序"作为教学设计的基本要求，注重思维发展可视化和可评价，简称"4321"模式。

### （一）"四思"环节

"设境启思、互动辨思、自主研思、拓展深思"四个主要教学环节，是成达思维发展课堂的基本要求。围绕教学目标，设计教学情境，由情境引出问题，启发学生思考；待学生自己思考有了初步结果后，在课堂展开交流讨论，在碰撞互动中引发更深层次的思考。通过这样的思考，学生对所学知识一定有更深入透彻的理解、更全面辩证的认识。在此基础上，教师适时出示设计好的问题或者习题，让学生运用所学知识去解决问题。如果学生遇到困难或者出现错误，教师再适时点拨启发。"不愤不启，不悱不发"，教师的点拨一定要掌握好火候，恰到好处。学生不断在实战中反思总结，其认知、分析、概括等方面的能力定会不断提高。在学生掌握基本概念并初具分析问题、解决问题的能力之后，教师通过分层布置作业的形式，拓展学生思路，引导学生发现新的问题，促使学生向高阶思维攀援。这样，教师备课就有了抓手，思维课堂的落地就有了保证。

### （二）"三有"要求

"有料"是指思维的凭借材料，包括学科知识、教学情境、学习资料等一切教学材料。学科知识是思维的载体，也是发展学生思维的优质教学素材。学生是在学习知识的过程中不断提升思维能力进而发展思维品质的。因此，各学科必须明确学习什么样的关键知识才是发展学生思维的基石。教学情境和学习支架是教师为了更

好地完成教学任务必不可少的素材。

"有法"是指教学策略，教学方法科学，教学步骤清晰，教学手段简单有效，更重要的是给学生学习以切实可行的方法策略。教师通过创设教学情境产生高认知问题，引起学生认知冲突，从而使学生积极主动地思维，再通过师生互动与生生互动，在讨论、探究、思辨中透彻理解知识，最终获得应有的解决问题的方法。同时，增强课堂的趣味性也是不可忽视的。课堂设计一定要有吸引学生的教学情境和行之有效的教学策略，让学生在积极参与的状态中学习。从学生的需求出发，课堂强调一个"动"字。"动的主体"既有学生也有教师；"动的方式"既有独立发现也有合作探究；"动的表现"既有动手实验也有动脑思考；"动的过程"既在学习中也在评价中，评价主体既有教师也有学生，既有师生互动和生生互动，又有学生自己的动手实践和实验操作，既有学生自我发现和自我评价，又有合作探究和多元评价。总之，课堂要充分发挥学生主体作用，让学生动心去发现，动脑去思考，动手去实践，动嘴去表达。

"有序"是指遵循学科教学内容的逻辑规律，遵循学生的认知规律，尊重学生的能力水平，有计划、有步骤地开展教学活动，强调系统性和进阶性。它体现在教学活动的各个环节，比如：课堂上可以设计有梯度的问题链，完成教学目标，进而提升思维品质；训练可以按照"识记类练习、理解类练习、应用类练习、综合类练习、探究类练习、创新类练习"六个层级去设计。课堂设计的问题是促进学生深度思考、发展学生思维、提升学生思维品质的载体，为此首都师大附中立足学习进阶和深度学习理论，提倡教师在教学设计中善于提出"大问题或基本问题"，设计课时"引导性问题"，用"有逻辑的问题链"引发学生进行深入思考。

## （三）"两个"注重

"两个"注重是指注重思维发展可视化和思维发展可评价。

### 1. 思维发展可视化

思维是人们心智的思考过程。我们可以借助多种载体而使其看得见、摸得着，否则它就不具备"可操作性"或"可教育性"了。在各学科教学中，可视化正是一种利于落实学生思维训练的良好途径。如此，各科教师的教学就更有针对性了，教学效果也就最优化了。为此，首都师大附中为教师提供了一份课堂学习思维发展清单（表2-11）。

表2-11 学生课堂学习思维发展清单

| 本节课教学环节 | 本节课要学习的知识 | 本节课侧重发展哪种思维 | 本节课提升思维的哪方面品质 | 还有哪些思维角度和思维品质可以提升 |
|---|---|---|---|---|
| 1 | | | | |
| 2 | | | | |
| 3 | | | | |
| …… | | | | |

　　授课教师在进行教学设计时，可以结合具体教学内容与实际学情，在思考和调适后认真填写，以备后续的比照和反思。授课教师也可以让同行在听课时，据此记录学生思维的发展状态，课后反馈给自己。这样，授课教师看到实际课堂教学效果与课前预设的效果差异，然后总结反思，找出不足并改进和优化。教师的课堂观察和对学生表现的记录，就是学生思维的外在表现，也可以说是学生的可视化思维轨迹。

　　为了能够分析学生在课堂上思维发展的路径，学校每年举办"正志杯"思维课堂比赛。评委通过听教师精心打磨的课堂教学案例和说课内容，着重分析教师在每堂课教学过程中的思维清单落实情况。

　　不同学科知识的学习，在发展学生思维角度和思维品质方面是有所侧重的。为此，在单元设计时，首都师大附中要求教师给出每部分内容承担的思维方法的培养和思维品质提升的侧重点，便于教师实施思维课程教学。

　　比如，高一数学三角函数单元，思维培养侧重点和思维品质提升侧重点见表2-12。

表2-12 学生单元学习思维培养侧重点和思维品质提升侧重点

| 内容 | 思维培养侧重点 | 思维品质提升侧重点 |
|---|---|---|
| 任意角和弧度制 | 抽象概括、数学模型 | 批判性、创新性 |
| 任意角三角函数概念、周期函数定义 | 下定义 | 深刻性、创新性、批判性 |
| 用三角函数概念统领本章内容 | 用大概念梳理整章内容 | 系统性、整体性、深刻性 |
| 同角三角函数基本关系、诱导公式 | 立足概念找公式相互间的联系 | 系统性、整体性 |
| 三角函数图像和性质 | 使抽象思维和形象思维建立联系 | 敏捷性、系统性、整体性 |

### 2. 思维发展可评价

对学生课堂思维品质表现进行评价是看学生在教师引导下进行学习和思考的过程中，其思维发展到了哪一个层级，哪些思维品质还有待发展，教师的教学策略是否真正有效地促进学生思维发展，在哪些方面还有进一步改进的策略，教师的思维得到了哪些发展。为此，首都师大附中确定了的思维发展评价框架，包括评价的目的、评价的内容、评价的维度和评价量规制作依据四部分。

评价的目的是促进学生思维的发展、促进教师的思维发展、促进教师教学水平的提升，使师生都成为思考者。这个评价体系既能让听课和评课教师对学生在课堂上的思维发展做出合适的评价，也能帮助教师根据指标来有效地实施教学，促进学生思维发展。

评价的内容既包括对学生思维发展的评价，也包括对教师思维发展的评价。

这里谈的思维主要指理性思维，是人的认识的高级阶段，是对事物的本质及其规律的反映，是学生在课堂上在教师提出的问题的引导下一步步进行思考和探究，逐步认识事物的本质的过程。借鉴布卢姆的认知过程维度、学习进阶理论、思维品质理论，根据教学的四个环节、三个理念和两个侧重点，首都师大附中确定了五个维度，制定了思维品质评价量规（表2-13）。

表 2-13 思维品质评价量规

| 维度 | 评价指标 | 评价量规 | 赋予分数 | 综合分数 |
|---|---|---|---|---|
| 教师课堂提出的问题 | 属于哪个认知层面？ | 记忆层面 | 1 | |
| | | 理解层面 | 2 | |
| | | 分析层面 | 3 | |
| | 是否引发学生兴趣和深入思考？ | 极大引发 | 3 | |
| | | 基本能引发 | 2 | |
| | | 学生不感兴趣 | 1 | |
| | 整堂课教师提的问题串是否体现知识逻辑？ | 很能体现 | 3 | |
| | | 基本能体现 | 2 | |
| | | 不能体现 | 1 | |
| | 问题是否体现学生学习进阶？ | 很能体现 | 3 | |
| | | 基本能体现 | 2 | |
| | | 不能体现 | 1 | |

续表

| 维度 | 评价指标 | 评价量规 | 赋予分数 | 综合分数 |
|---|---|---|---|---|
| 学生对问题的理解 | 学生是否理解教师所提问题？ | 理解较好 | 3 | |
| | | 基本理解 | 2 | |
| | | 不理解 | 1 | |
| | 教师为促进学生理解所采取的策略是否恰当？ | 有方法，非常恰当 | 3 | |
| | | 基本恰当 | 2 | |
| | | 不够恰当 | 1 | |
| 学生新问题的生成 | 学生是否生成新问题？ | 2个以上，且合理 | 3 | |
| | | 1个，且合理 | 2 | |
| | | 没有 | 1 | |
| | 问题是否有创新性？ | 有 | 3 | |
| | | 一般 | 2 | |
| | | 没有 | 1 | |
| | 教师对学生课堂生成新问题的态度和处理方式是否恰当？ | 很恰当 | 3 | |
| | | 基本恰当 | 2 | |
| | | 不恰当 | 1 | |
| | 学生对课堂生成新问题的解决积极性和策略？ | 积极性高 | 3 | |
| | | 积极性一般 | 2 | |
| | | 缺少积极性 | 1 | |
| 学生整个课堂思维品质 | 是否有深刻性和系统性？ | 有 | 3 | |
| | | 一般 | 2 | |
| | | 没有 | 1 | |
| | 是否有灵活性、创新性和敏捷性？ | 有 | 3 | |
| | | 一般 | 2 | |
| | | 没有 | 1 | |
| | 是否有批判性？ | 有 | 3 | |
| | | 一般 | 2 | |
| | | 没有 | 1 | |
| 学生对自己思维发展的评价 | 有无自我评价的意识？ | 有 | 3 | |
| | | 一般 | 2 | |
| | | 没有 | 1 | |
| | 评价是否恰当？ | 很恰当 | 3 | |
| | | 一般 | 2 | |
| | | 不恰当 | | |

续表

| 维度 | 评价指标 | 评价量规 | 赋予分数 | 综合分数 |
|---|---|---|---|---|
| 教师对促进思维发展的评价 | 有无自我评价的意识？ | 有 | 3 | |
| | | 一般 | 2 | |
| | | 没有 | 1 | |
| | 评价是否恰当？ | 很恰当 | 3 | |
| | | 一般 | 2 | |
| | | 不恰当 | 1 | |

## （四）一个核心

一个核心即通过思维课堂的构建，使学生和教师都成为思考者，促进学生思维品质的提升，为学生核心素养发展提供良好的供给侧改革方案，同时促进教师教学专业化发展，促进教育的发展，进而促进社会的发展。

附件1：评价理论依据和具体评价案例

一、布卢姆的认知过程维度

课程与教育专家安德森(Anderson L W)、教育心理学家梅耶（Mayer R E）等、测评专家克拉斯沃尔（Krathwohl-DR）以及教师团队修订的布卢姆的教育目标分类学，将认知领域的教育目标按照知识与认知过程两个维度进行分类。知识分为事实性知识、概念性知识、程序性知识、反省认知知识。认知过程由低级到高级被分为记忆、理解、运用、分析、评价、创新六类（表2-14）。

表2-14 认知过程维度简表

| 六类 | 19种认知过程 |
|---|---|
| 记忆 | 从长时记忆系统里提取知识，包括再认、回忆。 |
| 理解 | 建构新的意义，包括解释、举例、分类、概要、推论、比较、说明。 |
| 运用 | 使用程序完成练习或者解决问题，包括执行、实施。 |
| 分析 | 将材料分解为它的构成部分并确定部分怎样相互联系及其与总体结构如何联系，包括区分、组织、归属。 |
| 评价 | 依据标准做出判断，常用标准是质量、有效性、效率和一致性，包括核查、评判。 |
| 创新 | 生成、计划、产生。 |

其中理解（从口头、书面和图画传播中的教学信息中建构意义）被分成7种认知过程：解释（释义、描述）、举例、分类（归属）、概要（抽象、概括）、推论、

比较（对照、映射）、说明（构建）。而运用分为执行（把程序应用于熟悉的环境，直接用）和实施（把程序应用于不熟悉的环境，即能迁移应用）。加上知识的四个维度，就构成24种标准。

特别提出的是安德森把学习看作学习者主动建构的有意义的联结、组织和结构化。他区分了事实性知识与概念性知识，其中概念性知识表示更为复杂的、有组织的、结构化的知识形式，是专家型学者储存知识的方式，与深刻理解相结合，有利于把所学知识迁移到新情境中去。概念性知识包括分类和类目的知识，原理和概括的知识，理论、模型和结构的知识。程序性知识是"知道如何"做"事"的知识，除了学科技能和方法外，更主要的是决定何时运用适当的程序解决问题的知识。反省认知知识是对个人的意识和认知。大概念包括概念性知识（如学科核心概念）、程序性知识（如数学中的运算）、反省认知知识（如个人需要改进的观念）。而六类认知过程中只有第一类与记忆有关，后五类都和理解、迁移和运用有关。

威金斯和麦克泰在《追求理解的教学设计》一书中给出了理解的六个侧面（表2-15）。

表2-15 威金斯和麦克泰提出的理解的六个侧面

| 六个侧面 | 描述 |
| --- | --- |
| 解释 | 恰如其分地运用理论和图示，有见地、合理地说明事件、行为和观点。 |
| 阐明 | 演绎、解说和转述，从而提供某种意义。 |
| 应用 | 在新的、不同的、现实的情境中有效地使用知识。 |
| 洞察 | 批判性的、富有洞察力的见解、观点。 |
| 神入 | 感受到别人的情感和世界观的能力。 |
| 自知 | 知道自己无知的智慧，知道自己的思维模式和行为方式如何促进或妨碍了认知。 |

威金斯与麦克泰提出的理解的六个侧面与安德森的认知的六个维度有相似之处，在最高层级都强调对学习者自我的评价。这也是评价发挥的最大作用——促进自我的成长。

二、学习进阶理论

评价学习进阶是对学生在各学段学习同一主题的概念时，所遵循的连贯的、典型的学习路径的描述，一般呈现为围绕核心概念展开的一系列由简单到复杂、相互关联的概念序列。

学习进阶描述出学生认知发展过程中用以"踏脚"的具体"脚踏点"。而解决核心问题的关键在于揭示任务的哪些属性是影响任务难度水平的核心变量。这些属性被称为进阶变量(progress variable)，其选取、设计和检验是学习进阶研究的核心工作。进阶变量发生了以下重要变化：从以知识本体为主线逐渐变为以能力发展为主线，从课程内容为主逐渐融入各类认知理论和元认知理论，从单一进阶变量逐渐发展为多维度、多变量。

在此基础上，各科积极开发评估学习思维进阶的评估模型。比如，数学教研组给出针对数学核心概念学习的学生思维进阶评价。此处以函数单调性进阶评估问题为例（表2-16）。

表2-16 函数单调性进阶评估问题

| 评估"定义"中的要点目标 | 评估问题 |
|---|---|
| 函数单调区间是定义域的子集的 | 函数 $f(x)=\dfrac{1}{x}$ 在区间 $(-\infty,0)$ 和 $(0,+\infty)$ 上都是减函数，所以 $f(x)=\dfrac{1}{x}$ 在 $(-\infty,0)\cup(0,+\infty)$ 上是减函数。 |
| 定义中两个变量 $x_1,x_2$ 是单调区间内任意两个值 | 对于函数 $f(x)=x^2$，$1<2$ 且 $f(1)<f(2)$，所以函数 $f(x)=x^2$ 是增函数。 |
|  | 如果 $\forall x\in D$，都有 $f(x+1)>f(x)$，那么就称 $f(x)$ 在区间 $D$ 上单调递增。 |
| 函数 $f(x)$ 在区间 $D$ 上单调递增；$x_1,x_2\in D$，$x_1<x_2$；$f(x_1)<f(x_2)$；三者知一求二 | "$f(x)$ 在 $D$ 上单调递增"是"$\forall x_1,x_2\in D, x_1\leqslant x_2$，则 $y_1\leqslant y_2$"的充分条件。已知函数 $f(x)$ 在区间（0,7）上是增函数，且满足 $f(2a-1)<f(a^2-4)$，求 $a$ 的取值范围。 |

它可以在课堂上帮助教师弄清楚学生的思维和理解已经走到了哪里，离目标还有多远。对于没有达到教学目标的，教师可以立即采取补救措施来帮助学生走完剩

余的一段。

评价案例 1：问题层级。

以数学"函数性质"单元学习为例，给出如图 2-10 所示的大概念视角下的问题层级。

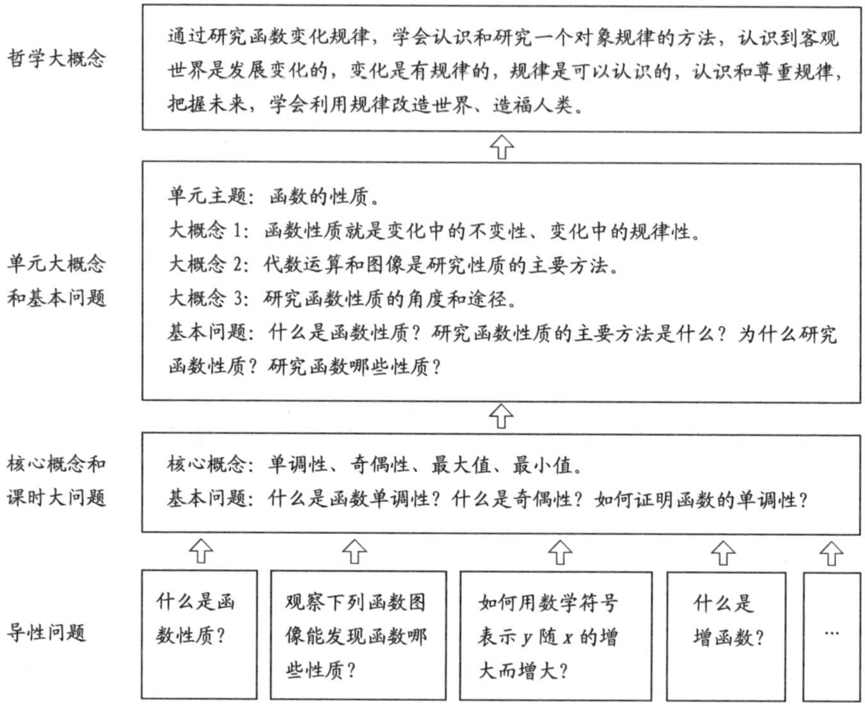

哲学大概念 | 通过研究函数变化规律，学会认识和研究一个对象规律的方法，认识到客观世界是发展变化的，变化是有规律的，规律是可以认识的，认识和尊重规律，把握未来，学会利用规律改造世界、造福人类。

⇧

单元大概念和基本问题 | 单元主题：函数的性质。
大概念 1：函数性质就是变化中的不变性、变化中的规律性。
大概念 2：代数运算和图像是研究性质的主要方法。
大概念 3：研究函数性质的角度和途径。
基本问题：什么是函数性质？研究函数性质的主要方法是什么？为什么研究函数性质？研究函数哪些性质？

⇧

核心概念和课时大问题 | 核心概念：单调性、奇偶性、最大值、最小值。
基本问题：什么是函数单调性？什么是奇偶性？如何证明函数的单调性？

⇧　⇧　⇧　⇧　⇧

导性问题 | 什么是函数性质？ | 观察下列函数图像能发现函数哪些性质？ | 如何用数学符号表示 $y$ 随 $x$ 的增大而增大？ | 什么是增函数？ | …

图 2-10 大概念视角下的"函数性质"单元问题层级

学生要思考并解决这些大问题，思维往往是发散的和富有创造性的。在解决大问题时，思考问题的角度自然会立足于全局，这样就可以提升学生思维的整体性和系统性。

评价案例 2：课题问题串。

面面平行的性质定理的发现和证明。

面面平行的性质是在两个平面平行的条件下，研究直线与平面、直线与直线位置关系的不变性，思维方法是从一般到特殊，这是个大概念。为此提出问题：类比线面平行的研究，我们研究面面平行的性质定理，首先清楚面面平行的性质定理是在面面平行的条件下，研究谁与谁的位置关系的规律性或不变性。

追问1：两个平面平行时，一个平面内的任意一条直线与另一个平面的位置关系是什么？

如图2-11所示，已知$\alpha // \beta$, $l \subset \alpha$，判断$l$与$\beta$的位置关系。

追问2：两个平面平行时，分别在两个平面内的两条直线的位置关系是什么？

如图2-12所示：已知$\alpha // \beta$, $l \subset \alpha, m \subset \beta$，判断$l$与$m$的位置关系。

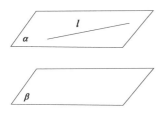

图2-11 $l$与$\beta$的位置关系　　　图2-12 $l$与$m$的位置关系

追问3：平面$\beta$内能与$l$平行的直线有多少条？

追问4：如何在平面$\beta$内找出一条与$l$平行的直线？

若学生想不到过$l$做平面$\gamma$与平面$\beta$相交，找到直线$m$，则进一步追问学生。

追问5：类比线面平行的性质定理的发现，在平面$\beta$内取一点$P$，过点$P$做直线$l$的平行线，如何做？

追问6：任做一个平面与$\alpha$和$\beta$相交于两条直线，这两条直线是否平行？

整个研究过程贯彻数学"大概念"：从一般到特殊，从整体到局部的方法，问题5为学生建构定理搭好了"脚手架"。学生看到直线与直线外一点时，容易联系线面平行的性质定理做一个平面与平面$\gamma$和$\beta$相交。

三、思维品质

思维品质一般包含敏捷性、灵活性、深刻性、独创性、批判性、系统性等方面。这几个方面反映了人与人之间思维的个体差异，是评判智力层次、确定智力层级的主要标志。因此，培养学生能力主要是培养其思维能力，课堂教学的核心就是培养学生思维品质。

图2-13是一位地理学科教师在说课时呈现的，它基本体现了成达思维发展课堂"4321"模式。

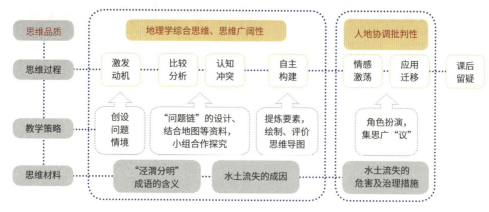

图 2-13 地理学科"水土流失"教学设计

接下来，我们以英语学科为例，对思维发展课堂的实践进行具体阐述。在建设成达思维发展课堂方面，英语学科重点培养学生的学科核心素养能力，包括语言能力、思维品质、文化意识和学习能力四个维度。

（一）课程

英语学科"四修"课程体系规划，即 4S课程体系 (basic-Skills courses，Selective courses，Specialized courses，Self-learning courses)（图 2-14）。每一门课程都紧密围绕并切实体现核心素对

图 2-14 4S 课程体系

表 2-17 英语兴趣选修课程

| 类别 | 课程 |
|---|---|
| 基础类 | "玩转语法：基础语法提升""Sound of English IPA 音标跟我学"等 |
| 实用类 | "酷炫英语你来说""英语翻译""旅游英语""电影台词风暴——精听训练""学优秀传统文化讲中国故事"等 |
| 拓展类 | "英美文化与习俗""美国档案""经典影视欣赏""英语视听说""看动画学英语""英语报刊""经典英文电影欣赏和趣配音""舌尖上的智慧——经典英语演讲赏析""看国家地理 享世界文明""英语新闻直通车""英语报刊阅读""时文阅读""读遍天下""听英语学歌曲""英语戏剧表演""英语经典神话故事赏析""中西方文化对比"等 |
| 提高类 | "西方文学鉴赏""托福英语听力训练"等 |
| 第二外国语类 | "你好法语初级""你好法语中级" |

学生的培养要求，形成了具有首都师大附中特色的英语课程体系和教学模式。表2-17为首都师大附中英语兴趣选修课程。

为提高学生多元文化背景下的交际能力，为不同学生的发展需要提供多种选择，适应其个性化需求，英语教研组围绕中西方文化对比开设相关选修课，培养学生的文化意识，引导学生领略英语的魅力、感悟中华文化之博大，从而完善学生的语言系统、美学系统和价值观系统，提高学生的综合语言运用能力，并达到"用语言工具开发高阶思维"的目标。

（二）教材

面对课程和考试改革，以及学生需求，各年级编写各类校本读物15本，涵盖阅读类、写作类、考试复习类、学生作品类、创意作业类等。

（三）教室

首都师大附中已建成英语语音教室，配备中高考专用机考模考系统，为中高考英语听说训练做好了充分的硬件准备。

（四）各年级英语备课组

1. 初中备课组

从学生的长远发展着眼，通过开展初高中衔接课程，以"人与自然""人与社会""人与自我"三大主题为基础，开展听、说、读、看、写等学习活动，为学生全方面进入高中阶段的英语课程学习做好主题、语言、方法和心理的准备。初中备课组开设了形式多样的成达课程：通过"Reading Salon（阅读沙龙）"活动，分享"悦"读之乐，提高了学生的语言能力和文化意识；通过学习英语名人演讲，挖掘演讲材料主题意义，激励学生汲取榜样的力量，提高了综合语言运用能力；通过开展班际英语辩论赛，引导学生关心时事，培养团队精神和合作意识，提高逻辑思维能力、批判性思维能力和创新思维能力，培养积极向上的人生观和价值观。此外，依托博识课开展英语现场教学及拓展活动，凸显了英语的工具性及人文性，让学生在应用中实践，在合作中探究。

2. 高中备课组

高一备课组：人文积淀、理性思维。以"情"为纽带，以"思"为核心，以"活动"为途径，以"美"为追求，以"周围世界"为源泉，高一英语思维课堂致力于从周边的世界中寻找材料，如国内外时事和经典小说。教师在课堂上创设真实的情境，通过层层递进的教学活动设计，引导学生积极主动地思考"事"背后的"情"，挖掘出文本或者文学作品的主题意义，探究现象背后的原因，并能联系实际迁移解决生活中的实际问题，继而产生对美好生活的追求。

高二备课组：审美情趣、思辨创新。课程设计从课堂设计与实施、选修课开设和分层作业设计等方面，培养学生的高阶思维能力。课堂设计从低阶思维的训练，到引导学生对文本进行深层次主题意义的探究，再到分析和评价等创造性输出活动。选修课内容多样，通过讲好中国故事，提升思维品质、培养文化自信。课堂之余，鼓励学生关注社会热点，阅读原著小说并开展相关的特色活动，努力把学生培养成懂生活、有情趣的人。

高三备课组：家国情怀、国际视野。整个备课组倾力协作，在备战高考的征程中，努力践行学校的"成达思维"培养理念。教师在教学中不是局限于教会学生做题，而是聚焦在培养学生的英语学科思维上，引导学生用英语思考、用英语交际，以此拓宽学生的眼界，丰富学生的人文底蕴，培养学生的家国情怀和国际视野。面对新高考听说改革，引导学生在学会倾听、欣赏他人的同时，从英语文段的完整性、条理性和逻辑性进行口头输出和表达；在课堂教学形式上，充分发挥学生的主观能动性，训练学生的英语思维，增强学生的语言自信，让学生在英语学习中发现自身的闪光点和自我价值；在校本读物开发上，紧跟教育改革发展形势，开发出围绕词汇、语法、阅读、写作等多个主题的分层次、系列化特色校本读物，注重学生人文底蕴的积淀，围绕中华优秀传统文化、社会热点话题、国际时事新闻进行系统化的校本补充阅读，拓宽学生的知识面，帮助学生实现口头交际有话可说、书面表达格局开阔、阅读理解剖析深刻的目标，同时将家国情怀自然渗透到教学各个环节中。

（五）特色课程与活动

1. 文化类

英语"悦"读课（reading for fun）——学生可以徜徉于原汁原味的英语世界，品味经典原著、畅销文学（表2-18），在一片寂静中记下点滴阅读心得。每周至少一小时的英语作品阅读课，使英语语言文化在学生心中沉淀。

表2-18 英语"悦"读课内容

| 初一 | | 初二 | | 初三 |
|---|---|---|---|---|
| 百科英语1<br>典范阅读7：<br>Walrus Joins In;<br>Noisy Neighbours;<br>Princess Pip's Holiday;<br>Oh, Otto;<br>Captain Comet and the Purple Planet;<br>Jungle Shorts;<br>The Masked Cleaning Ladies of Om | 百科英语1<br>典范阅读7：<br>The Masked Cleaning Ladies Save the Day;<br>The Masked Cleaning Ladies Meet the Pirates;<br>Jellyfish Shoes;<br>The Boss Dog of Blossom Street;<br>Cornflake Coin;<br>The Ghost Ship;<br>Micro the Metal Dog | 百科阅读2<br>典范阅读8：<br>Amy the Hedgehog Girl;<br>Coming Clean;<br>Bertha's Secret Battle;<br>Titanic Survivor: The Story of Harold Bride;<br>The Big Chance;<br>Blackbones Saves the School;<br>The Wrong Letter;<br>Dangerous Trainers | 百科阅读2<br>典范阅读8：<br>The Luckless Monster;<br>Jem Stone Genie –the Crash;<br>Stinky Street;<br>Cool Clive;<br>Robbie Woods and his Merry Men;<br>Pass the Ball!<br>Here Comes Trouble;<br>Doohickey and the Robot | 中考阅读训练营<br>经典名著诵读：<br>Two Thanksgiving Day Gentlemen;<br>Feathertop;<br>The Devil and Tom Walker;<br>The Legend of Sleepy Hollow |
| 高一 | | 高二 | | 高三 |
| 典范阅读10：<br>White Fang;<br>The Lost World;<br>The Secret Garden;<br>20000 Leagues Under the Sea;<br>Black Beauty;<br>Gulliver's Travel | 典范阅读10：<br>Jane Eyre;<br>Wuthering Heights;<br>Frankenstein;<br>Sherlock Holmes;<br>Macbeth;<br>David Copperfield;<br>Robinson Crusoe;<br>Treasure Island | 原著阅读：<br>Flipped;<br>Tuesdays with Morrie | 原著阅读：<br>Wonder | 时事热点阅读 |

2. 思维类

英语拼词大赛 (spelling bee)——你觉得背单词枯燥吗？通过班与班的比拼、计时拼词、50 秒看图猜词等竞赛，展开紧张、兴奋、激烈角逐，学生在欢笑声中把单词牢记。

记忆挑战大赛 (memory challenge) ——短时间内挑战单词和文段的记忆，紧张刺激。

3. 才艺类

典范英语戏剧表演节（good English drama festival）——学生充满创意的剧本、流利地道的发音、激情四射的表演、动感炫酷的舞台效果，展示着他们英语综合应用能力、表演才能、团队意识、创作灵感与激情，给他们留下了永恒的青春记忆。

4. 实践类

跳蚤市场 (flea market)——自制脸谱、书法作品、创意海报，都成了学生抢购的物品。当他们用流利的英语把心爱的物品收入囊中时，每个人的脸上都洋溢着满足与自信的微笑。

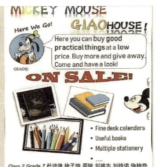

5. 自主研修类

探究性学习——为响应"在实践中运用英语，在学习中传播文化"的基本理念，学校通过让学生走进博物馆，近距离接触祖国优秀的传统文化、建筑、历史等，充分增强文化自信，并在真实的场景中运用英语提升语言交际能力，传播中国文化。学校还会在寒暑假组织国外英语实践课，学生可以在教师的带领下来一场深度的异国文化探秘之旅。

【学生感言】

课上遇到不会的单词时，教师会给充足的上下文，让我们猜测词意，之后让我们尝试用英文描述单词，锻炼我们用英文思考的能力。也会让我们由一个单词拓展出相关的同义词、反义词以及同词根的词，这些对我们单词量的增加和思维能力的提高都有很大帮助。

——黄子滢

脱离了过往仅把阅读文本当作积累语言的范式，现如今教师对多种文本的选择给了我们在英语课堂探索不同领域知识、进行深度思考、了解中外大事的好机会。国内外新闻阅读让我们以英语的视角与国际接轨，原版小说《玛蒂尔达》启发我们思考什么是好的学校教育和家庭教育方法；纪录片《大自然在说话》(Nature is Speaking) 让我们反思人类与自然的关系……可谓精彩纷呈，受益颇多。

——宋天一

【教师感言】

课堂是属于学生的，教师不能据为己有。我们要相信学生，相信每一个学生都有自己的闪光点，我们要做的是给学生搭建一个舞台，让他们去体会、展示、成为更加优秀的自己。

——李军华

英语教学是语言教学，要引领学生发现、欣赏和运用；英语教学是思维启航，要促进学生思考、改进和创新；英语教学更是生命教育，通过心灵对话，唤起学生珍爱生命的意识、拥抱生活的热情以及面对困难的勇气。

——雷霞辉

## 五、课程评价：多元评价撬动学生全面发展

伴随着教育教学改革，首都师大附中对考试评价也进行了较大的改革。首都师大附中在实践中探索出了过程化评价、多元化评价、自主化评价、单元化评价等新模式，其中过程化评价和多元化评价并行开展。

### （一）过程化评价和多元化评价

由对学生作简单化终结性评价变更为以学生学习过程为主的过程化评价和终结性评价相结合的综合评价，由单一的师生间的评价调整为多元化评价，能更及时、更全面、更科学地了解学生动态表现和真实水平。学生评价又分为学科课程评价和非学科课程评价二元模式。

#### 1. 学科课程评价

学生期中、期末成绩由过程化评价成绩和终结性评价成绩构成，所有科目均采用四六制积分原则：学期成绩＝期中（40%）＋期末（60%），学年成绩＝上学期成绩（40%）＋下学期成绩（60%）。通用技术、艺术、体育与健康等科目由任课教师课前明确评价方式。

过程化评价具体指标（占成绩评定40%）：

①出勤（默认5分，每两日记录并反馈）。减分制：迟到一次扣0.2分，缺勤一次扣0.5分，累计不超过5分。教师只需通过网络过程化评价平台记录出勤次数。

②课堂表现（默认6分，最高10分，最低5分，一周记录并反馈）。加减分制：基础分6分，视课堂表现情况每次可以有0.1~0.5分加减分，教师记录次数。

③小测（10分，期中、期末前记录）。多次小测的平均分，依据各科实际情况，由任课教师确定。

④作业（默认10分，最高15分，最低0分，期中、期末前记录）。加减分制：基础分10分，视作业完成情况，每次作业可以有0.5~1分加减分，累计加减分不超过5分；没有作业的学科可根据具体情况给该项评分。

⑤学科任课教师有5~10分的加减分权限，加减分要有明确的理由，并经备课组研讨通过。

高考会考科目终结性评价（占成绩评定 60%），即期中 / 期末考试成绩，难度系数控制为 0.7（误差 ±0.05）。

非高考科目的过程化评价依据各门课程的不同特点，在开课前有明确的说明。

非高考科目的终结性评价可以是检测、练习、小论文、实验报告、研究报告、演出汇报、板报、作品等多种形式。

学生的课程免修制度：对免修学科，本人申请，年级认定批准，主管部门备案。

学生评价成绩构成如图 2-15 所示。

过程化评价的实施督促学生更加关注学习的过程，包括课堂表现、作业质量及考勤情况。它比终结性评价更有益于提升学生学习的积极性，极大地提高了教学的时效性。

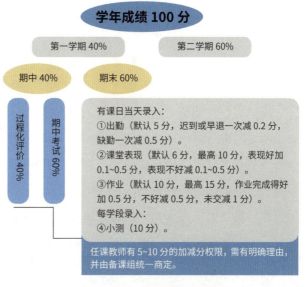

图 2-15 学生评价成绩构成

### 2.非学科课程评价

非学科课程评价是针对学校开设的特色课程，即博识课、研究课、实践课和成达课而设置的，这些课程的评价依据每门课程的不同特点而灵活设置。

（1）博识课

博识课作为首都师大附中的特色课程，不仅形成了自成体系的评价方式，而且实现了评价方式多样性和灵活性。多样性指的是每个主题的评价包括现场学案完成、博识笔记的撰写、博识作品的评价以及博识展示比赛等。灵活性指的是每个主题的情况不同，评价侧重点与方式也不同。学生重视博识课专题成果展示活动，各年级各班都会拿出最好的作品来参赛。这种展示的过程同时也是再学习的过程。

（2）研究课

研究课是指学生在自主学习时间里进行的研究性学习活动，主要包括语文阅读课、英语阅读课、理化生的高端实验课、五大学科竞赛课、小语种课等。这些课程都有自己各具特色的评价体系。例如，英语阅读课，学生以学习小组形式进行阅读成果展示，或者以校园剧表演的方式呈现学习效果，教师或外请专家作为评委给予即时评价，充分调动了学生进行课外阅读的积极性。

（3）实践课

实践课指动手操作课程和社区服务课程，学生可以利用学校的实验室和专业教室进行实践性操作，或利用周末、寒暑假进行社区服务，完成的作品或实践劳动总结都可作为评价内容。实践课有效地激发了学生动手、动脑、助人的热情，有利于培养学生的动手能力和融入社会的能力。

（4）成达课

成达课是首都师大附中新开设的德育课程，针对学生的日常行为表现和对学校做出的贡献进行评价。全校每个教职员工都有通过网络平台评价的权利，学生能够获得加分或者减分。成达课的开设和评价有利于学生关注自己的日常行为，养成乐于助人、爱班爱校的好习惯。

无论是学科评价还是非学科评价，都得益于首都师大附中的课程评价自主机制。多元化、多维度评价的有效实施，推动了首都师大附中课程改革向纵深发展。

**（二）自主化评价**

自 2012 年起，首都师大附中开始实行高中自主会考。从组考方案制定，到自主会考试题命制，再到组考阅卷，都得到了北京市教育委员会及相关部门的认可。

首都师大附中普通高中自主会考以教育部《基础教育课程改革纲要（试行）》和《北京市普通高中课程改革实验工作方案（试行）》《北京市教育委员会关于普通高中新课程会考制度改革的意见（试行）》及北京市海淀区《普通高中课程改革实验方案》为指导，以教育部《普通高中课程方案（实验）》和各学科课程标准为依据，旨在全面落实素质教育方针，完善"四修"课程体系建设，促进学生学业素养全面提升，培养学生的动手实践能力和创新精神，更好地发挥首都师大附中在基础教育领域的示范和引领作用。

在新课程改革的背景下，在有效完成国家课程教学的前提下，国家支持优质高中校。构建灵活多样、自主开放、充满活力的课程体系。逐步形成学校的办学特色无疑十分必要，高中自主会考在考试时间、考查内容和方式等方面做出了相应的调整和改革。举行高中自主会考，推进了首都师大附中自主安排新课程实验，有利于加强学校教学管理和质量监控，逐步协调高中会考与高考招生，促进学校教育事业的可持续发展。

高中自主会考已经更改为"学业水平考试"，虽然首都师大附中不再承担自主命题和自主评价，但是近十年的实践积累了较为丰富的经验，锻炼了教师队伍，提高了自主评价的能力。

### （三）单元化评价

单元化评价是伴随着新课标、新课程、新教材适时凸显出来的评价新标准。初中新教材于 2018 年秋季开始全面实施，高中新教材于 2019 年秋季起开始在部分省市率先实施，逐步在全国范围内大面积推广。针对新教材教育教学的评价，首都师大附中早已着手研究，基本原则为：基于课程标准，针对实际学情，体现校本能力，依据学科特点制定切实可行的学科评价标准。此标准依旧突出过程化评价和多元化评价，形式更加灵活多样。例如，数学是基于单元教学设计下的评价体系，语文是基于任务群下的评价体系，等等。总之，新的评价方案一定是基于学科特点、利于科学诊断的，它借助技术手段既便于教师操作，又激发学生潜能，形成具有学科特色的规范化的体系。

## 六、教学改革：线上创新教学模式的探索

信息化、数字化时代，所有的东西都在不断地迭代升级，这些变化正深刻影响着现代社会的生产和生活方式，对教育也将带来颠覆性的创新与挑战。网络成为实体学校之外的更大的信息与知识来源，学习者通过网络可以获取大量的信息与知识，这必然会给学校和教师带来一定的压力，学校和教师的权威地位也将受到挑战；智能手机和其他移动终端设备的普及，给传统的课堂教学带来困扰和挑战；网络学习和在线教育不断向校内渗透，线上线下混合式学习与教学模式将逐渐成为新常态。

面向未来，我们的教育必然会走向大规模的个性化教育，满足个性化发展的需求，培养学生自主学习、终身学习的能力。新冠肺炎疫情大大加快了在线教育进入学校的速度，传统的教学理念、教学管理、教学模式受到巨大挑战，需要与时俱进。

首都师大附中一直积极尝试全新的信息及数据管理模式，打造网络学习空间和

教研空间，改变传统习惯，提升教学效率。学校利用大数据、云计算、人工智能手段初步探索基础教育领域的精准化教学和个性化学习。通过整合利用学校的信息平台资源，首都师大附中有针对性地分层、分批对全员开展教育信息化应用能力培训，打造了一支具有现代信息素养和技能的教育信息化管理队伍。

2020年年初，一场突如其来的新冠肺炎疫情暴发。面对新中国成立以来我国遭遇的这场传播速度快、感染范围广、防控难度大的全球公共卫生紧急事件的考验，全国大、中、小学延迟开学，学生开启了居家学习模式。首都师大附中高度重视，结合上级相关部门的要求和学校自身实际，在抗击疫情期间开启了全新的教育教学模式。

### （一）延迟开学阶段

2020年2月12日，教育部办公厅、工业和信息化部办公厅发布《关于中小学延期开学期间"停课不停学"有关工作安排的通知》，对中小学延期开学期间在线教学进行了全面部署，并强调指出："要坚持学校教师线上指导帮助与学生居家自主学习相结合，学校教师要指导帮助学生选择适宜的学习资源，限时限量合理安排学习，促进学生全面发展、身心健康。"首都师大附中迅速地做出了响应。

停课期间，学生出现学习空档期，如何让学生有效度过停课期，是首都师大附中教师们思考并付诸实施的重要事情。学校领导及各年级、学科教研组经过研究，决定在"停课不停学"期间实施线上教学，并建立了有效服务于学习主体的具体方略。

#### 1. 全面的线上教学平台是关键

"工欲善其事，必先利其器。"线上教学平台是教师从事线上教学的工具。通过线上教学平台，教师完成向学生推送学习资源和教学内容、与学生互动、批改学生作业、进行考试和讲解错误习题等教学任务。学生可利用线上教学平台接收学习资源、参与课堂教学、参加学习互动、完成作业和进行巩固训练。

选择有效、全面的线上教学平台是关键，教师和学生端的操作越简单、功能越全面越好。首都师大附中在线上教学时选择"学习通"作为教学工具，用首都师大附中慕课网络教学平台进行课堂录播教学（图2-16），实施师生互动反馈，发布学习、作业、考试任务，快速批阅学生作业，给学生激励评价等，涵盖"教、学、练、考、评"的学习全过程，出色地完成了教师教和学生学的任务。

首都师大附中慕课网络教学平台是首都师大附中进行深度本地化开发的程序，通过与学校的"统一认证"平台实施接口程序对接，完成了全校所有师生的统一身份认证。在线上教学期间，全校总共建立了 1500 余个虚拟班级，无论是按照行政班统一教学，还是按照"分层走班"个性化教学（图 2-17），平台都给予了稳定的技术支持，实现了各类学生班级管理需求。

图 2-16 首都师大附中慕课网络教学平台首页

图 2-17 2018 级高二地理分层教学班的管理页面

### 2. 出色的教学资源是核心

线上教学打破了传统的时空限制，是基于网络的软硬件集合的教学模式。线上教学模式是一个整体，与传统教学相比，核心未变，重点仍然是教与学。因此，出色的教学资源依然是线上教学的核心。

线上教学平台开启的当天，首都师大附中 5 个年级 17 个学科的教师迅速建立起了 185 门课程。"停课不停学"期间，教师上传资源量超过一万（图 2-18）。

从教师角度来说，基于慕课平台建立的课程库可以为教师的备课、教学、辅导提供大量高质量的素材，可以帮助教

图 2-18 部分课程

师省去很多不必要的重复性劳动，有利于教师创新教学方法，大大提高工作效率，提高教学质量。

从学生角度来说，学生可以开放性地获取教学资源，在掌握大量课程资源的基础上，还可以回看课程，温习教师讲述的内容。学生真正意义上掌握了学习的主动权，可以进行各种方式的创新学习，提高了学习兴趣，拓展了学习的时间和空间，促进了学习能力和信息加工能力的培养。

### 3. 科学管理学生是前提

然而，优质的学习资源并不等同于有效的学习。班级管理是教学工作的必要前提，线上课堂更是如此。时空分离更加强调师生做好整齐划一，异地同步。教师可以通过首都师大附中慕课网络教学平台进行行政班、分层教学班的学生管

图 2-19 2017 级初三 8 班数学课作业统计

理，也可以对各班级、各学生进行学习行为统计，以此来对学生进行教学评价（图 2-19）。

课后评价是对学生的学习行为、知识能力等进行全方位分析，也是教学的重要环节。教师可通过首都师大附中慕课网络教学平台将学生看课行为的统计数据进行分析，还可以将教学测评习题、试卷传输到学生手中，并设定相应的完成时间，在科学化的统计体系下，

图 2-20 首都师大附中慕课网络教学平台周报统计

可有效规范整体教学体系。同时，教师可通过大数据平台展现出的信息进行以周、月、季度为周期的直观型数据分析（图 2-20），以此实现评价，进而给学生制订更加全

面的学习计划等。

### 4. 技术支持是保障

互联网时代，教学方式正在向"个性化、互动化、社群化、数据化"变革。互联网改变了教师的传统观念，对教师的教学技术提出了新的要求。疫情来袭，教师们没有时间也没有条件进行集中培训。

为了进一步保障正常的教学秩序，学校安排信息中心图书馆部门对师生在使用过程中遇到的问题进行实时在线答疑，远程指导教师进行线上学习指导，保障延期开学阶段的"停课不停学"教学工作不受影响，充分发挥教辅部门的作用，确保学生能够在家进行自主学习。

在急需向首都师大附中慕课网络教学平台上传课程的情况下，为了让教师尽快熟悉线上课程的操作，信息中心图书馆部门为教师提供了多种录制课程的方式，并且提供了各种软件工具，供教师下载使用。为了让师生方便、快捷、直观地了解平台功能，信息中心图书馆部门还制作了使用说明视频，并逐步建立了一门使用说明课程，供大家随时查阅。

各个学科组结合自身特色，对线上教学进行了大量的探索和实践，为学校全体学生线上学习保驾护航。

（1）语文学科

①初一年级·信仰之约。

初一年级语文备课组推荐学生完成名著《红岩》的专题探究——任选名著某个角度论述自己的阅读发现和研究成果，以小论文形式呈现并于开学后上交。由于疫情，学生无法当面交作业，居家学习安排不完全统一，带来诸多问题与挑战。

为此，教师们利用钉钉"家校本"对学生上传的《红岩》小论文及时进行一对一批阅，指出优缺点，指导学生有针对性地查漏补缺，完善小论文。教师每次批阅完成后，都在班级群发布优秀作业，让学生互学互助。他们还在班级群中共享各班典型作业，在分类整合后，进一步概括学生常见的研究视角，同时总结归纳出作业中的突出优点和常见问题，更好地制定指导策略。

首都师大附中慕课网络教学平台发布的以"《红岩》中扣人心弦的生死交锋"为题的专题探究范例指导课，帮助学生扩宽了研究视野，规范了论文撰写的步骤，同时提供了丰富的研究方法。

以"读《红岩》，赞革命先烈；看时事，品英雄情怀"为题的学生论文交流分享课，选取全年级共同关注的四大主题进行剖析和详讲，帮助学生完成了线上互动式共享。

②初二年级·挑战之约。

"更快的语速""更小的失误率""更大的课容量""更强的团队协作"是初二语文备课组教师归纳的四个方面的挑战。

根据网课可重复观看的特点，为了使学生集中注意力，教师们的网课语速在每分钟 200 字以上。

较快的语速会导致失误率上升，可重复观看特点则会放大网课中的失误。为了解决这个问题，组内教师在录制每一节课前，都写了逐字稿，并在每一段录制之前反复练习语言，以保证录制内容准确无误。

网课中教师与学生相隔的不仅是屏幕，还有时空。为了保证高密度的信息容量和精确的环节细分，教师们在备课时将课堂切分为十几个小专题，在 PPT 上明确呈现每个专题，以保证课堂高效清晰。

教师们坚持集体备课，在录制课程前，都会将各自遇到的问题发到微信群中，小到课堂环节的设计，大到课程安排，大家共同商讨，群策群力。

为保证学生听课效率，迅速了解学情，教师们还设计了与课堂内容相关的探究性问题作为作业。令人惊喜的是，很多学生创造性地完成了作业。

③初三年级·合作之约。

对于初三年级的阅读指导课，教师们注重通过与家长配合提高实效。以《红楼梦》整本书阅读为例，教师们不仅向家长和学生做好了课程开始前的培训工作，包括说明课程设置的原因、阅读当中可能碰到的疑问等，消除家长的顾虑，还明确了学习目标、内容和意义，给出具体的方法指导，既使家长精准配合工作，又使学生的学习过程清晰有效。

④高一年级·成长之约。

在高一年级《红楼梦》阅读专题的教学指导中，教师们帮助学生克服畏难情绪。教师一方面制订具体的阅读计划，利用检测试题帮助学生落实阅读；另一方面录制"红楼梦中人"人物品评系列课程，引领学生阅读，激发学生的阅读动力和兴趣。

在精心备课、认真录课的过程中，教师们也收获了成长。一节高质量的网课往往需要配合使用多种软件，这让一部分教师起初倍感焦虑。但是他们迎难而上，虚心学习新技术，很快就能熟练地运用软件进行录屏、录制和剪辑视频等操作。

在专题讲解中，青年教师们积极尝试使用流行词汇对作品人物进行评价并作为课程环节的关键词，趣味横生。有的以判词为教学设计总线索贯穿整个课程的始终，指引学生从千头万绪中按时回到主路。

此外，在平台讨论板块，教师们还适时提出有价值的"脑洞题"与"细节题"，引导深入思考。文、影、音相结合的录课方法，在增强课堂感染力的同时，也帮助学生对《红楼梦》的艺术价值有了更深刻的理解。

⑤高二年级·快乐之约。

高二年级的语文备课组在假期给学生们布置的是阅读《三国演义》《红楼梦》等名著，教师们也纷纷积极尝试高效的教学方法。

以分阶段多形式的上课方法为例，在"闭门开卷话三国"的第一阶段"独乐乐"，有的教师利用超星平台上的慕课资源《三国演义鉴赏》，以专题（曹操、诸葛亮、关羽、东吴才俊、主题思想、艺术成就）的方式带领学生重温了经典。

第二阶段，教师带领学生进入了师生"众乐乐"的品读《红楼梦》直播间。整个教学期间，利用线上教学便于整理学生作业的优点，教师们还及时分享优秀作业到班级群里，学生也收到了来自同伴的"刺激"。大家拥有了同读《红楼梦》的各种快乐回忆。

⑥高三年级·温情之约。

突发的疫情让2020年变得格外特殊，也让这一年的高三有了与众不同的色彩。对于"生于非典，考于新冠"的高三学子的特殊经历，社会各界给予了高度关注。而对于助力这群学生去追逐梦想的高三教师来说，这也是一场全新的挑战。不少教师以诗歌、散文等作品为载体，记录师生携手努力的时光，传递为师者不变的初心。

（2）数学学科

①初中部：

关怀学生，沟通谈心，做好"云"辅导。一段轻音乐或是一道思考题，成了初一有些班级数学课的"热身"标配。为了活跃气氛，尽可能让学生专心学习不走神，有的教师模仿综艺节目精心设计出创意开场白。为了缓解毕业年级学生的焦虑情绪，对于数学学习有困难的学生，教师们及时帮助其分析该阶段学习的重点，有的还开启了预约小课堂，进行线上单独辅导，关怀并鼓励大家齐头并进。

激励学生，挖掘潜能，做好"云"培优。一是设置闯关任务，开展群内比拼。以初三年级教师为例，有的教师将中考能力题分成专题练习，并将不同的解法以及提炼归纳而成的解决这类问题的常见思路和常用方法录制成讲解视频。对于数学思维能力较强的学生，教师们还精心设计了闯关任务。每个学生都经历了"独立完成练习题—观看讲解视频—做笔记并修改答案—接收新的练习题……"的过程，能力也得到了进一步提升。二是引导学生录制讲解视频，提升综合能力。只有想清楚才能讲清楚，学生在发现自己讲不清楚时，自然会反思自己哪里想得还不够深入。教师们鼓励学生志愿者录制作业中难题的讲解视频发布到微信群，达到鞭策学生梳理、自省、提升的目的。每个视频发布前都会经过多次修改，教师还会对每一稿提出修改建议，帮助学生诊断问题和重点提升。

定时通报，及时反馈，与家长"云"合作。除了每天及时将未上课的学生的学号发到家长群，教师们还会在家长群按时发布下周教学计划、本周表扬名单以及本周未交作业的学生的学号，如此不仅便于家长了解孩子的学习情况，同时对学生起到了激励作用。

远程的共鸣，离不开思考的凝练。无论是在录播课还是直播课中，初中数学教研组的教师们都是学生温暖又靠谱的陪伴者和引领者，他们都对线上教学进行了深入的思考和探索。

一是如何实现分层教学，有效因材施教？为了保证高质量的线上教学，教师们既要整合线上现有的优质资源，又要结合实际需要，录制适合本校学生的校本课程。考虑到年级、班级学生水平特点，教师们通过分层录课、选学拓展、自主研修等方式，实现分层细化教学，有效因材施教。

以初二年级为例，在专题课中，教师从学生熟悉的情境和曾经解决过的问题入手，让学生聚焦在知识的生成与方法的形成上，而不被问题情境所干扰，最大程度地增强课程起点的代入感和获得感。然后，教师根据本层学生程度和课程内容需要原创题目，恰当地将本节课中所讲的相关知识与技巧全部衔接起来，实现知识的串联贯通。同时，教师通过拓展选学内容，实现层内教学再次分层细化。课后，在年级"自主学习园地"中，教师向全年级开放自主学习资料，为学生居家学习自主研修提供抓手、把准方向。

二是没有互动的录播课，如何让学生身临其境？为了给学生讲好高度综合的几何问题，教师们做动画、绘制思维导图，让学生在听的同时对应着图形的发展，体会思路的发生、梳理、清晰的过程。但倘若没有学生共鸣的点埋伏在讲解中，这节课便成了满堂灌。为了解决这个问题，教师们重新调整录课的思路，在课堂中更加关注从学生的角度进行思考：思维能力薄弱的学生的困难在哪里？思维活跃的学生的误区在哪里？思维拔尖的学生的提升在哪里？如此，课程的设计不再是教师的独角戏，而是会收获在屏幕另一端的学生的共鸣。

三是可以反复播放的课，怎么让学生百听不厌？与平常线下的课相比，录播课没有生动的对话，对授课教师的语言功力提出了更高要求。结合数学课的特征，句句讲评都要体现数学的严谨和简洁，体现数学教师思考的隽永智慧。为了上好录播课，有的教师为了20分钟的课，反复研磨录制了十七八个小时。为了把无限的思考凝结在有限的20分钟内，他们反复锤炼着语言，一秒一秒地减少耗时，直到没有一个多余的字，直到把数学的道理讲得深入浅出，先能入耳，后能入心。

②高中部：

千方百计，确保顺利开网课。为了保证正式网上授课后线上教学平稳有序，学校成立了网络课程技术支持组，假期期间提前一周对教师进行培训，师生提前上线熟悉流程。高中部的教师们合理安排各个年级的教学进度，无论是录播课还是直播课，他们都从下载录屏软件、云直播软件学起，学会处理各种设备意外和突发故障，确保了课程的顺利开展。

齐心协力，适应授课新方式。高中数学备课组的教师每周进行一次微信会议备课，凝聚全备课组教师的智慧，保证网上授课质量。备课所用的时间比以往更长，教师们分工合作，精选学习内容，分享资源和教学智慧，随时在微信群里交流。课程讲义实行二次审查和备课组组长负责制度。他们精做精讲，做好讲义、PPT、几何画板的演示，明确各种解法。同时，教师们坚持课后二次备课，把课上学生生成的好想法、题目好解法在组内分享，并在下一节课进行补充。

沟通融合，学生学习有实效。为了提高与学生互动的效果，教师们经常使用云直播中选择题和判断题的收集答案功能，了解学生解题的速度和正确率。有的例题，教师会提前布置几个学生写完后拍照反馈，课上融合进教学 PPT 中进行点评。这样的做法既能让被点到的学生觉得是一种认可和荣誉，又能让学生们互相借鉴，互相学习。有的教师则充分用好评论区增加互动，例如：让学生通过回复不同数字，代表理解的不同层级；通过回复 A、B、C、D 来代表不同选项。

为了提升作业布置和批改效率，教师们利用多种平台收取作业。在线手机软件统计功能强大，通过它，教师们可以及时了解学生知识题型掌握的情况，课上讲评作业更有针对性，对学生的错误也可以进行"稳准狠"的批注。对没交作业的学生，教师们会及时发微信提醒，同时加强与其家长的沟通，对于作业错得很严重或状态下滑的学生则进行单独联系。

为了实现更充分的答疑，教师们将问题分类处理，有的放在课上讲，有的写出详细答案发到答疑微信群中，对于个性化的问题则通过微信文字或语音对话解决。他们还鼓励班内成立学科专题学习小组，鼓励学生之间进行沟通交流，发挥个别学生的学科特长。高三年级还特意安排每科每周两个答疑时间，在云直播上开设答疑直播间，学生自愿进入，既可以与教师"一对一"互动，也可以实现"一对多"辅导，提高答疑效率。

（3）英语学科

①初中部：

拓展词汇。词汇是英语学习的基础。教师们从多种双语报纸中收集丰富的题材，给 PPT 中的每个词条配上相应的插图，不仅帮助学生扩展了词汇知识，还帮助学生对当前的形势有了更好的了解。

趣味任务。教师们既关注英语知识和技能的培养，又注重对学生身心健康的引导；既关注理论与实际的结合，又注重学生创造性和思维能动性的培养。教师们将授课内容精彩呈现，还紧密结合课程设计了丰富有趣的小任务。其中，第一类主要锻炼动脑能力，训练学生思维力和创造力。例如，学习了思维导图方法和 FAST 阅读法后，让学生对所学课文梳理故事情节。第二类主要锻炼动手能力，引导学生动手实践，放松身心，品味生活。例如，学完 rice( 大米 )，让学生学做炒米饭，体验做饭的乐趣，培养生活自理能力；学完 orange( 橙子，柑橘 )，让学生制作一盏温暖、可爱的小橘灯，用心感受这份温暖；学完 coffee( 咖啡 )，让学生亲手做一杯咖啡，放松身心、认真生活。

自主学习探究。为帮助学生更好地进行居家自主研修，初二年级在首都师大附中慕课网络教学平台上开设了"英语学科自主学习园地"。内容涵盖英语报刊自主阅读、课本自主学习专题和英语课外拓展学习三大板块，让英语居家学习生活充满乐趣和收获。

学生录制小视频。为了增加互动，激发学习热情，帮助学生更好地聚焦课堂，部分教师还采取了让学生录制小视频循序渐进地讲解做阅读和完形填空题的方法。第一阶段，授课教师从文章整体思路入手进行讲解，给学生每人分配一道题进行讲解，帮助学生掌握如何找关键词、如何定位线索以及如何排除错误选项等方法。第二阶段，每个学生独立讲解整篇文章的完形填空题，先从整体上讲述文章思路，然后分析小题。这个时候，教师负责找一些长难句让学生分析和理解，从而帮助他们在较难的阅读题中获得信心。第三阶段，让学生分析文章思路，先讲解长难句，再分析小题。这一阶段，教师帮助学生形成拿到一篇文章知道从哪里入手、如何分析直到最后完成的能力。短短几周的锻炼时间里，学生们都争先恐后地预约讲题。他们的讲解形式多样且不断"进化"，从起初的音频格式到拿着卷子用手机录视频，再到制作精美的 PPT 并录屏，有的学生甚至开启了自己的小课堂，大大提高了学习的积极性。

②高中部：

教学内容丰富多样。为了充分调动学生线上学习的兴趣，高中部的教师们选取具有实效性的教学材料，悉心编制系列配套学案，指导学生进行多个专题的学习，如新冠病毒专题、科比"黑曼巴精神"专题等，渗透学科育人的理念。教师们还选取经典小说，精心制作导读、导学资料，引导学生开启了原著阅读，培养居家读书习惯。学校通过将区资源和自身资源融合，直播课和录播课有效结合，使学生获得了最大收益。

反馈沟通及时有效。教师们集思广益，借助多种在线手机软件，及时了解并反馈学生作业情况。他们关注学生的进步，及时给予肯定，作业光荣榜也成为直播课的常规内容。习题讲解直接使用学生的优秀作业，树立榜样、强化好习惯。耐心细致的微信答疑让学生们备感温暖。

（4）物理、化学、生物

①物理组：

集体备课，攻克技术难关。为保障教学工作顺利开展，物理组的教师们很早便成立了线上课程工作群，并在最短的时间内掌握了多种网络课堂平台的操作方法。通过集体备课，教师们每天约定好固定时间，提前安排好分工，并就近期教学内容、网络授课的挑战与困惑等新问题进行及时交流。上课过程中，教师们同时准备了多个设备及平台确保课程正常进行，积极研究并借助便捷的科技产品，不断改进网络课堂互动体验。

细节提醒，传递温暖关怀。严谨的物理教师们也有贴心温暖的一面，每节课前等待的几分钟，他们会播放一页"课前提示"PPT，说明课程内容计划，提示学生做好课前准备。高三年级的教师还制作了"高考倒计时励志墙"，写着距离高考还有多少天，以及每天一位高三学生的励志语句，给学生增强信心。

②化学组：

居家实验，增添学习趣味。化学组的教师们坚持集体备课，精心打磨每一堂课，保持网课质量的高水准。不同的年级组，根据自身的情况，统一进度、难度、课件、作业，并制订出符合网络授课的教学计划。根据化学学科的特点，为了弥补无法做演示实验的缺憾，不少教师将自己家变成小小"实验室"，自制了家庭简易实验的视频，颇受学生喜欢，给居家学习生活增添了不少乐趣。

紧贴生活，激发学习动力。在设计每节课时，教师们尽量依据新闻时事、生活实际创设任务情境。例如，2020年2月底，网上和微信群里转发的关于消毒剂使用的内容引发了不少人的讨论，有的教师便把微信截图转发到学生群里进行讨论，并根据学科知识解释"84消毒液和洁厕灵不能同时使用"等在生活中遇到的问题，帮助学生提高对网络信息筛查和辨别真伪的能力，使学生感受到学习的价值，激发学生学习的动力。

家校合作，提升学习效果。在微信上，教师们同时建立了学生群和家长群，不仅实现了资料的及时下发，也打开了实时沟通渠道。在学生群，教师通过语音、文字、绘图、视频等多种方法提供在线答疑及个性化辅导，方便快捷。在家长群，教师及时向家长通报作业、考勤等情况，耐心解答家长的疑问。毕业年级的家长还成功协助教师进行监考，让学生得以及时检测复习效果、查缺补漏。

③生物组：

学会更好地生活，是"生物"的重要意义之一。当因爱而"生"，向学而"物"的时候，学生便会发现课本有了温度，课堂有了更深的内涵和更多的灵动。

关爱生命，传播疫情防控知识。初一生物组教师录制了《传染病之殇——新冠病毒之下的我们》，以新冠病毒为例，从生物学基本概念出发，帮助学生认识何为新冠病毒、什么是传染病、传染病流行的三个基本环节、预防传染病的三个措施等。在教师的引导下，学生用小报的方式呈现家庭防护措施。

因爱而"生"，倡导探究性学习。"停课不停学"、网络直播课带来的直接问题就是对学生的视力和听力的担忧。为此，初一年级的生物教师积极向学生传授眼球和耳的结构与功能知识，并引导学生根据所学知识寻找保护视力和听力的方法。教师还请学生通过画结构学功能、录制视频以及录制微课的方式共享小妙招，很好地提高了学生自主探究学习的能力，体现了向学而"物"的精神。

贴心答疑，把握网课特点。网课整体进度要比常规课速度慢，学习效果的落实需要教师细致、耐心地付出。由于无法看到学生、无法通过目光感受学生的学习状况，高中部有的教师选择在课程中途暂停，让学生有消化、思考、提问的时间。在答疑方面，他们会将作业题、课上将要讲的例题，写出详细解析步骤。一份份有详细解析步骤的答案会被提前发至学生手中，教师在课上还会有重点地进行讲解。如果课上没有听明白，学生课下可以看解析步骤，如果看不懂，还可以与教师一对一微信答疑。

总之，网络教学中，生物组的教师们着重加强专题情境教学、科学思维训练，传授用于实践的具体方法、解决问题的技术手段，他们与每个学生踏歌起舞，在特殊时期做学生心灵引导者和舒缓人，让生命之花绽放最美容颜。

（5）政治、历史、地理

①政治组：

学科联合，搭建备课平台。初一年级的历史备课组和政治备课组联合，利用微信建立起"史政一家亲"备课群。教师们以疫情为连接点，以史政知识为架构，以落实学科核心素养和社会主义核心价值观为立场，设计出史政大课堂的跨学科项目式学习方案。

在历史的宏观背景下，在现实的演绎中，教师们引导学生把对生活的思考作为学习的现场、把重大事件的每一个环节作为反思的过程，警醒当代青少年，汲取历史的经验和教训。师生们不仅看到了生活课堂的重要价值，而且通过重大事件看清了历史前进的方向，坚定了理想信念。

自主探究，学生录制微课。初二年级的教师们号召学有余力的学生参与到学校慕课网络教学平台上"阳光橙微讲堂"的微课录制当中来，引导他们结合政治课堂所学知识，对时事问题进行点评和讲解。学生完成初稿后，教师提出修改意见，经过反复打磨，最终成型。这项举措成功地调动了学生学习的积极性，将线上学习由被动地网上听课变成了"网上学习—自主探究—输出分享"的模式。

②历史组：

追本溯源，串联古今对话时空。现行教材的语言，往往较为概括，缺乏史料的支撑，这给居家学习历史的学生带来了很多挑战。为此，教师们在备课过程中，查阅了大量可靠的文献资料，在教学中对这些地方进行了补充，细化知识点，帮助学生更好地理解史实与现象，了解历史结论得出的过程。

教师通过史料的挖掘，拉近历史与时事的距离。例如，在讲述唐朝《鉴真东渡》时，教师们便将中日共同抗疫的新闻与历史联系了起来，娓娓道出"山川异域，风月同天"这句诗与千年前鉴真和尚的渊源。

立足兴趣，注重渗透学科特色。基于课程标准的指导，立足于学生兴趣，渗透学科的特色亦是课程的重中之重。对教师们而言，备每节课都是重新启程，对史料都要再一次精挑细选，对知识结构都要进一步清晰提炼，对问题设置都要周全精准。"停课不停学"期间，教师们将教学想法落实于慕课中，给学生更多思考维度，也给自己更多的教学可能性。

互助共享，历史课代表讲学法。居家学习历史，学生出现了畏难、烦躁情绪，怎么办？教师们在充分了解情况并进行有效沟通后，第一时间在教学群发文鼓励学生。有的教师引导课代表录制小视频、在复习课期间分享自己的学法，增强学生学习的信心。

③地理组：

丰富形式，加强集体备课。"停课不停学"期间，地理组教师们进一步加强了集体备课，做到统一内容、统一课件、统一进度、统一练习。针对居家办公的现实条件，他们通过视频会议、电话沟通、微信语音交流、短信交流等形式随时就课件设计、练习设置与讲评、进度掌握等进行沟通与交流。

创新方式，网课顺利进行。录课阶段，教师们努力提高课件和讲解质量，使其适应新的师生交流方式。录课课件力求制作精美、内容丰富、符合学生认知规律。录课和制作过程中，教师反复修改、字斟句酌，使课堂讲解清晰、准确、富有启发性。

直播课阶段，教师们注重讲练结合，增加课堂上的交流与互动。为了更好地发挥直播课讨论区、连麦等互动交流手段的作用，备课组在教学设计时增加互动提问和针对性的练习，随时了解学生知识的理解程度，通过讲练结合的方式提升学生的答题能力。

变换模式，增设学科活动。为了更好地调动学习兴趣，提升学生的地理学科素养，有的教师还设计了"创意地理模型制作""'世界那么大，一起去看看'演讲"等丰富有趣的活动课，帮助学生更好地理解知识。为了进一步提高课堂授课的效果，教师们根据实际情况，建立了答疑交流微信群，增加与学生的互动，及时改进教学策略，从而设计出符合学生实际的高效课程。针对录课无法针对性讲解作业的问题，他们给每一道作业题都添加了详细的解析，并且在坚持每天批改作业的同时撰写作业反馈，及时发送至微信群，让学生们备感温暖。

（6）艺术、体育、信息

①艺术组：

美术：

线上教学模式开启后，美术教师们立即组建起线上备课组，加强集体备课，充分研讨、交流经验，精心组织讲课语言，确保提供优质网课。

线下课堂主要通过技术演示与语言讲授来向学生传递知识，激发学生对艺术的思考。在网络授课过程中，教师们注重引导学生进行艺术背后的理性讲述和思考，帮助学生通过艺术体验建立起判断与选择的能力。例如：《艺术与灾难》一课结合实际，让学生思考艺术与当下社会的关系，并做出自己独立的判断和表达。《艺术家的态度——肖像画的变化》一课则帮助学生了解肖像画背后艺术家态度与情感的变化。通过给自己画一张自画像，学生意识到当代"自画像"的意义，在重新观察和了解自己的同时，也要善于对外展示自己，表达自己。

音乐：

音符、乐句、段落、结构等都是非常具体的音乐要素。音乐欣赏也应该先建立在这些音乐要素的基础上，再谈联想或其意义。在音乐欣赏课上，教师们积极探索，让音乐欣赏课"具体化"。

在录课时，教师们利用电钢琴听写乐曲重点片段，通过计算机软件标记乐曲总谱，使学生在欣赏交响乐时同步看到教师手动的标记，指示当前重要声部的具体位置。最后，教师利用录屏以及剪辑软件，完成整部教学视频的录制。

②体育组：

遵循分层分类、循序渐进的原则，在设计课程时，体育组的教师们根据不同年龄段学生的特点，制订了难易程度不同的线上教学计划。

初中部：

初中年级以有氧、核心练习为主，教师们录制了适宜居家且操作性强的线上体能课程。课程讲究由浅入深，配合了学生体能相比上学期期末情况有所下降的情况，进行恢复和提升训练。每节课由热身开始；随后是体能训练，结合身体功能训练、心肺功能训练、肌肉线条训练，达到高能燃脂、增肌的效果；最后以拉伸结尾，放松肌肉，塑造线条，减少乳酸对肌肉的伤害。如此，成套动作下来，既能使学生身体素质提高，又能达到清心健体、提高学习效率、增强身体抵抗力等作用。

高中部：

高中年级以高强有氧、力量练习、核心练习为主。考虑到学生的安全及练习场地的局限性，教师们对高中体能模块进行了部分改编并撰写了动作解析，制作了教学视频。

体育不单单是教学生体育，更重要的是用体育做教育。为了使全体学生居家期间可以达到相应程度的体育锻炼效果，并且引导学生形成终身体育观念，培养坚持锻炼的"成达好习惯"，体育组还选定校高中男子篮球队队员作为示范学生，策划并录制了"以练抗'疫'"居家锻炼系列指导课程，在学校微信公众号进行推送。

③信息组：

相比于其他学科，线上教学模式更有效地促进了信息学科教学工作的开展。学生上课不受地域等客观情况的限制，上课时间登录网课平台便能学习教师们精心准备的课程，确保了相同的上课时长。学生遇到听不懂的地方可以通过答疑、重复听、查看知识点总结等方式解决，确保了教学效果的一致性。同时，教师们通过增加线上课程互动、设置在线小测试环节等方法帮助学生将学习效果落到实处。

适应不同时期的教学形式需求，信息组教师们不断尝试新的教学方法，探索新的师生沟通方式，确保教学工作顺利开展，保障教学高质量实施。

## （二）复课复学阶段

初三、高三年级复课后，为尽可能还原常规课堂，学校加大投入力度，创新教学模式。"小班化面对面+1+1"教学模式极大缩短了师生的适应时间，实现了教育教学从线上到线下的平稳过渡，具体特点如下。

### 1. 两个不变，两个增加

班级建制保持不变；每个班级增加一间教室，每班拥有两间教室，扩大了师生的活动空间。

任课教师保持不变，学生和教师熟悉，不需要磨合；每班增加一位助教教师协助管理和指导学生，每班拥有两位教师。

### 2. 两间教室可以实现无障碍互动

同一教学班分坐在相连的两间教室，师生可以面对面上课，中间尽管隔着一堵墙，但通过技术支持可以实现师生面对面上课。教师上课时可以同时看到、关注到两间教室的所有学生，学生可以看到教师的实时上课动态并可参与讨论，课堂上两间教室的师生可以实时互动。主讲教师、助教教师通过前门和后门，可以随时来到任何一个学生的身边。学生举手、回答问题、讨论、板演、交流、答疑，全程无障碍。

### 3. 两位教师共管共导

初三、高三试开学阶段，学校举全校之力集中优势师资共同支援。每个教学班配备一位优秀助教教师，关注并帮助指导和辅导学生学习，解决前期学生遗留的问题，缓冲家长的心理焦虑。双导师能更好地满足学生个性化需求，进行精准指导。

### 4. 新的班级模式有利于个性化学习

增加了空间，便于学生进行小组活动，有利于初三和高三后期的个性化教学。

### 5. 新的技术模式更便于教师教学

教师可以不改变原有教学习惯，黑板粉＋笔板书、电子白板触摸屏书写都可以实现实时共享。教师利用平板电脑等移动终端可以在教室的任何一个地点书写，也可以随时拍下学生在纸面上的书写思考过程，实时分享到两间教室的屏幕上，师生共同分析、点评。

### 6. 继续保留前期积累的线上教学优势

在线下教学的同时，教师们可以利用已经搭建好的线上教学组织架构，突破时间、空间限制，讨论、答疑、作业反馈等都将延续，网络教学的优势继续保持。这种教学模式经过了时间的检验，取得了很好的效果，也在部分集团校进行了推广。

伴随着新一轮高中课程改革的步伐，我国的教育改革又将进入一个全新的时代。根据国家教育教学改革新的方针指引，北京市持续进行教育公平、学生素养培养、考试与招生制度改革，这些新的教育政策将引领着首都师大附中进入一个全新的改革时期，包括教育教学方式、学生学习方式、学校管理方式以及教师培训方式等的变革。我们坚信，在新一轮的教育教学改革和教育现代化的浪潮中，首都师大附中将把握机会，积极应对新挑战，不断完善"四修"课程体系，为更多的学生创造成长的平台。

# / 三 / 最美的课堂在路上

人的发展是在书本知识与社会实践的结合中实现的，我们培养的人才终究要融入社会，为促进国家和社会的发展发挥重要作用。新时代，我国的教育将超越传统课堂，进一步让学生从校园小课堂走向社会大课堂，通过"读万卷书，行万里路"，实现知行合一。

2010年，《国家中长期教育改革和发展规划纲要（2010—2020年）》中提出了"面向全体学生、促进学生全面发展，着力提高学生服务国家服务人民的社会责任感、勇于探索的创新精神和善于解决问题的实践能力"的战略思想，确立了"社会育人，育社会人"的教育理念。2016年，中国学生发展核心素养正式公布，它强调我国学生既要有文化基础，又要学会自主发展，同时要强化社会参与，最终培养全面发展的人。同年，教育部联合多部门发布了《关于推进中小学研学旅行的意见》，要求进一步加强研学基地建设，并将研学旅行纳入教育教学计划。北京市新中高考改革方案明确将实践课程计入中考总分，社会实践将逐步纳入高中的综合素质评价。

首都师大附中根据"做中学"理论、情境教学与建构主义理论，早在2001年

就创造性地开设了特色校本课程——博识课。博识课改变了教学方式，也转变了学生的学习方式，提升了学生的实践能力和创新精神。可以说，首都师大附中二十余年来的综合实践课程探索，具有前瞻性，在一定程度上引领了教育改革的方向。

# 一、博文卓识修身心

从 2001 年开始，首都师大附中就给初中部学生开设了博识课。博识课以"博闻广见，卓有通识；内外兼修，知行合一"为基本理念，是一门"走出去"与"请进来"相结合、校内学习与校外教育相结合、理论与实践相结合的综合实践课程。至 2022 年，首都师大附中的博识课已经走过了二十余个年头，逐渐形成了具有广泛影响力的综合实践课程，并呈现出了"四化"的显著特色。

## （一）主题系列化

首都师大附中通过与博识资源单位签订合作协议，设置了丰富多彩的学习主题，学生们可在初中阶段在北京市内数十个场馆开展博识活动。博识课已经形成十个主要板块，分别是军事之旅、自然之旅、历史长河、民俗之旅、绿色生活、艺术之旅、收藏系列、名人故事、科技之旅、时代之旅。学生们通过在北京众多场馆中求知探索，了解社会前沿、拓宽知识视野、感受大家风范、提升思想境界，所学所得受益终身。

## （二）课程常态化

博识课颠覆了传统课堂教学的固定模式，真正使学生成为学习的主人。对于初中阶段的学生来说，他们每周都有半天的时间走进北京的各类场馆参观学习。两年 280 多个课时，让故宫博物院、中国国家博物馆、国家植物园、北京动物园、北京宣南文化博物馆、文化和旅游部、恭王府博物馆、北京鲁迅博物馆、北京天文馆、中国人民革命军事博物馆、北京汽车博物馆、海淀公共安全馆等各类场馆都留下了学生们实践、学习的脚印。

## （三）指导专业化

博识课的实施过程通常分为课前准备、实施参观、成果展示与评价三个阶段，可具体划分为八个具体步骤（图 2-21）。

在课前准备阶段，不同的年级根据本年级特点和需求确定合适的场所，形成特色的课程设计，并对场馆提前进行全方位的现场考察。根据场馆特色和教学目标，教师进行教学设计，并利用课堂教学和课后作业帮助学生做好前期知识储备。在实施参观阶段，教师鼓励学生通过自主研究、小组讨论、询问讲解员或其他参观者等方式进行探究式、合作式学习。在成果展示阶段，学生可以通过撰写论文、制作PPT、设计手抄报、参加知识竞赛、拍摄短片、制作手工等多种形式展现学习成果。博识课结束后，教师会对学生学案完成情况和成果展示情况进行评价，学生也会利用"博识课学生自评表"进行自评总结。

图 2-21 通识课实施过程

学校专门成立了博识课校本课程开发小组，制订了详细的工作计划并明确责任分工，聘请各行各业专家作为特聘教师，建立教学指导机制和模式，对博识课程进行开发。在多年实践的基础上，学校已开发出"博识课开发指南""博识课程教学设计案例""博识学案集""博识课手册·行走在北京"等课程资源。教师们会把课堂教学内容带进场馆，在特殊的学习情境下进行现场教学，提高课程质量，达到更好的教学效果。

博识课程设计将参观访问、专家讲座、交流探讨、实践制作、论文撰写等有机结合，让学生不断接触祖国深厚的文化积淀和最新的科技发展成果，以形成渊深广博的文化底蕴，为未来学习打下坚实的基础。专业化的课程指导团队和运行体系，保证了博识课程实施的高质量和高效率。

## （四）学生自主化

在博识课上，从学习小组的自主结合到学习重点内容的敲定，再到搜集资料汇报展示，学生都享有充分的自主权。学生的学习由课堂上的静态记忆式学习变成了动态体验式学习，由被动倾听变成了主动实践，由个体学习变成小组合作学习。在小组成员相互依存的模式下，学生之间由原来的竞争关系转化为合作关系，实现了生生互动、团结协作的局面。他们也由此学会了接纳不同的观点、欣赏别人的智慧和才能，提高了人际交往的能力。教师们经过适度引领，不断激发学生学习的热情。

参观过程的设计以及成果展示分享，形式灵活多样。学生在整个学习过程中充分体会到自主学习、主动学习的乐趣，并能够发掘自己的兴趣点，找到自己努力的方向。一位毕业学生曾留言："初中博识课的熏陶，激起了我对文史学科的兴趣。这门课程，没有条条罗列的记忆知识，有的是对发现知识的鼓励，对体验文化、感受历史的褒奖。高考结束后，我顺利进入北京大学历史专业学习，我越发感受到参观博物馆的乐趣。这份乐趣，也是对初中阶段博识课兴趣的延续。"

## 【初中博识课案例】

### 首都师大附中初一年级走进大兴旧宫考古发掘基地

2019年9月18日下午，首都师大附中初一年级的全体学生前往大兴旧宫考古发掘基地参观学习。这是初一年级三大主题博识课程之"鉴往知来，明道笃行"的第一站。

课程大致分为参观讲解、观赏文物、工具体验三个部分。首先，营地的教师们带领各班围绕发掘现场的探方进行参观，为大家讲述考古流程、如何判断文物的相对年代以及遗迹为何能经受历史冲刷等问题。学生在了解考古的同时，感受到了考古工作人员的不易，体会到考古工作的艰辛。

然后，教师们带领学生来到一处探方。探方中央正在进行文物展示——刚出土的瓷器碎片、人类和动物的化石等。跟随着讲解，学生对当时人们的生存环境、生活习惯都做了简单的分析。每个人还在现场临摹了一件文物，在绘画的同时感悟从前人们生活的特点。

最后，学生在基地自由参观。有些学生在教师的指导下进行了考古工具洛阳铲和手铲的体验。学生大展身手，有的挖到了瓦罐的瓷片，有的发现了骨头化石，有

一名学生竟然挖到了动物的牙齿，这些牙齿整齐地排列在残留的牙龈上。大家纷纷将自己的发现与教师、同学交流，收获满满。

【学生感言】

"以前课本是世界，现在世界是课本。"首都师大附中的博识课，就是这句话最好的印证。博识课不仅是学习知识的窗口，也是激发我们发现更多兴趣领域、增长更多阅历、锻炼自己能力的舞台。这次近距离接触文物、学习历史的过程让我受益匪浅。认知过去的历史，才能塑造更好的未来。加油吧！让我们一起努力，争取早日达到"正志笃行，成德达才"的目标！

——李海悦

**首都师大附中学子参加"走近四库全书"活动**

"走近四库全书"活动由中国国家图书馆（国家古籍保护中心）主办，通过展板展示、互动体验、主题讲座和现场抄写等多种形式展示现存唯一原函、原架、原书一体存放的《四库全书》，进一步传承和弘扬中华优秀传统文化。2018 年 10 月，首都师大附中初一年级的 400 余名师生把"走近四库全书"作为博识课的教学内容。学生走进中国国家图书馆，通过参观展览、完成学案、体验抄写和主题讲座等方式全方位了解《四库全书》，感受中华优秀传统文化。

## 【学生感言】

这次博识课中的甲骨文展览，让我亲眼看到了祖先智慧的结晶，汲取了大量丰富的知识，多了一份对这种古老文字的敬畏之心，更多了份课堂中得不到的感悟——我喜欢博识课！

——桂天娴

《四书五经》的编纂时间之长、规模之庞大着实让我惊叹，特别是乾隆皇帝对于"文"的执着更加令我钦佩。我觉得，如果一个人做事情有目标、有恒心、有毅力，就一定可以成功！

——徐子涵

我们在这里认真体验了《四库全书》的誊抄过程。《四库全书》这部鸿篇巨制，彰显中华民族在保护世界文化遗产上的不懈努力。

——马奕龙

**博观而约取，识广而强智**

**——记首都师大附中初二年级博识课论文答辩**

2021年10月13日下午，首都师大附中初二年级于成达厅举行博识课论文答辩活动。首都师大附中党委书记、校长沈杰，副校长梁宇学，校长助理任海霞，校长助理訾庆等领导莅临本次博识课论文答辩。参加本次活动的还有各学科答辩评委小组的教师。

**一、再回首：如切如磋，如琢如磨**

历时一年，历经七个阶段，从博识课实践到论文撰写培训，从选题到检索文献、撰写论文，从评审、查重到探讨活动方案，再到一对一指导，几经钻研实践，几番

修改打磨，在小组学生反思之下，在教师悉心指导之下，在家长密切配合之下，终成此稿。

**二、正当时：一展魅力，碰撞思维**

当我们走进故宫、圆明园、天坛，你一定想不到除了感悟和追忆历史，还可以于其中透析中西方文化，于文创产品研发中探求传统文化创新之道，甚至可以从数学视角探究故宫、天坛建筑。你一定想不到我们完全习以为常的自然环境、城市景观，竟然也可以从生物、地理学科的视角探求现象背后的实质。实践即学习，13个小组，以不同主题，基于不同视角为我们呈现他们的研究成果，在师生、生生交流中体会学术魅力，共享学术盛宴。

**三、献才艺：歌舞纷呈，精彩不断**

中场和统分间隔，惊喜不断。初二年级舞蹈团的学生为大家带来舞蹈《勤学路》，初二4班朱晗溪为大家带来歌曲表演，瞬间引发全场的热情。此次活动可谓动静结合，智识与艺术兼具。

## 四、迎收获：一分耕耘，一分收获

经过紧张的统分后，迎来了最激动人心的颁奖环节。伴随着潮水般的掌声，本次论文答辩完美地落下了帷幕。回首过去，多少次挑灯夜战，多少次沮丧失落，但就在此刻，所有辛苦都化为浓浓的幸福。这是学生合作的结果，是师生互动的结果，是家校共育的结果，更是大家不畏困难、坚持不懈的结果。

## 五、展未来：心怀梦想，启航远方

此次博识课论文答辩活动是终点，亦是起点。希望初次接触科研的"朝阳红"，在心中埋下科研的种子，于学习生活中育发现之眼、睿智之脑，成为首都师大附中最靓丽的那抹"朝阳红"！

## 【学生感言】

这次答辩我最深刻的感受可能就是上场前与在台上时的紧张。整个上午一想到下午的答辩就觉得很慌，害怕教师提出一个问题之后我和队友面面相觑；上台前冰冷又冒着汗的手心；上台后，一开始说自己名字时微微有些颤抖的声音。幸运的是最终我克服了恐惧，调整好了自己的状态，没有什么重大失误地完成了答辩。结束之后，一切都像是一场梦。但往回看，我觉得对我来讲这确实是一种历练，一种蜕变，包括前期与队友的种种磨合以及第一次敢于在台上面向全年级学生和教师做答辩。其实我一直没有对最终的结果抱什么希望，颁奖时我不在场，觉得有些遗憾，但只要成长了就足够了，一切的付出也就值得了。为了这次答辩，许多人付出了努力，主要是王老师和我们小组的成员。王老师指导我们修改了论文、PPT和演讲稿，牺牲自己的休息时间不厌其烦地指导我和王凤临为答辩环节做准备。王凤临昨天晚上8点上完数学自习课，回到家又背诵稿子。虽然我们完成得不算完美，讲解有些磕磕绊绊，回答问题时我已经不经过大脑思考了，但遗憾总是弥补不完的，至少我们尽力了，也算没有辜负大家共同的努力。

——李歆伊

在座的每一位同学，都亲身感受了研究材料、撰写论文的复杂过程。我钦佩所有敢于上台答辩的同学，相信他们看到自己的努力终获回报之时，心中定也覆满了难以言表的愉悦。撰写论文绝非易事，真正完成一篇内容充实的文章，哪怕短短数行也要经过千锤百炼。在指导教师与家长的协助下，我们对选题进行多角度研究，书写出一篇篇论文。我知道，能够站在台上，面对教师和同学讲述那些流畅而清晰的话语，背后是反反复复的练习。观看完整场论文答辩，蓦然想到了"人生在勤，不索何获"八字，是答辩同学的悉心思考、实地践行，铸就了优秀文章。

学校的这次活动，不仅给予了我们展示自己、发现不足的机会，也让如我一般的听众看到了榜样的模样。于心出发，属实受益匪浅。希望以后的博识课，我们能让这段忙碌而充实的时光溢满乐趣，在学习和研究中锻炼自我能力，蜕变为更好的自己！

——刘子涵

博识课是学校悉心安排、教师们认真指导、我们沉浸式感受的体验课程，更是我们在实践中学习、在学习中体悟的过程。在博识课上，我们在行中学、学中问、问里论、论中得。整个过程中，我们不断提升团队合作能力，同学互相帮助，对于现象和问题本质的思考也不断加深，把平时从书本和大人们那里学到与了解的知识同博识课里参观学习的东西紧密连接在一起。比如，在故宫博物院，我在和同学嬉笑玩闹中，对于"五脊六兽"在宫廷建筑中的位置和妈妈平时说我的意思之间的关系理解清楚了。我喜欢博识课，它不仅仅是我们外出参观学习的一门课程，它更是让我们从实践，从和人、物的直接接触里不断总结并提高自己的认识的一段历程。

——刘芯语

## 【家长感悟】

社会实践是学生走向社会的一个很重要的锻炼环节，也是教育与实践相结合的具体体现。首都师大附中给学生创造了这样一个机会，让他们走进各类博物馆，对课堂教育进行了很好的延续。

每次博识课孩子们去的地方，看得出都是教师们精心挑选的，因为每一个活动地点都涵盖了不同的学科知识。每一份学案的设计都从理论和实践角度出发，融知识于活动中。孩子们每次在活动时都是自愿组合，在互帮互助中，通过参与、动手、思考、解决问题等过程，将所学的书本知识内化为自己的能力。我的孩子最期待的就是每周三的博识课，在那一天回家后也是最高兴的，总是兴致勃勃地说一堆活动时的所见所闻。

"艰辛知人生，实践长才干。"暑假，孩子们又自由组合，一起寻找自己感兴趣的课题。四个人共同到植物园去研究睡莲花节律性开闭的关键是什么。他们在实践、讨论中撰写博识论文，并且在李老师提出修改意见之后，通力合作完善了论文。常老师组织了年级博识论文答辩会，给了孩子们一个展示自己、锻炼自己的机会。通过这次博识论文的撰写和答辩，我相信孩子们逐步了解了自然，开阔了视野，增长了才干，并在知识的海洋中认清了自己的位置，发现了自己的不足，对自身所学知识能够进行更客观的评价。这些都在无形中使孩子们增强了努力学习的信心和毅力。

首都师大附中的博识课使孩子们走出校园、走出课堂、走向自然、走上与实践相结合的道路，到社会的大课堂上去见识世面、施展才华、增长才干、磨炼意志。博识课有效地锻炼了孩子们的能力，提高了孩子们的综合素质，增强了孩子们社会生活的能力。

愿首都师大附中的博识课能走得更远、更好！更要道一声：各位老师，你们辛苦了！正是你们的默默付出，才成就了孩子们美好的未来！

——任紫华家长

"读万卷书，行万里路。"首都师大附中的孩子们很幸运地在教师引导下，每周有主题地走出校园，博闻强识。

虽然孩子们希望游学深度更进一步、前置预习时间再多一些，但家长们深知每周组织几百个孩子、游览不同场所的背后是学校和教师们辛勤、专业和高强度的付出。一直没有机会表达我们作为父母对这项活动的热情与欣喜，在这里请班主任吕老师转达我们的感谢，如果需要家长志愿或其他服务我们愿意贡献自己的力量。

暑假的博识课论文活动非常好地执行了学以致用、好学勤力的学习思想。看着她们每天开电话会议，相约去博物馆、故宫博物院，开学后争分夺秒、分工合作，最终获得的，我想不只是优秀论文的荣誉，更是领会了一些深入学习事物的精神和研究性学习的方法论。

千般支持、万般热盼博识课能够持续、丰富和深入地开展下去，再次感谢亲爱的老师们！

——苏筱茶家长

## 二、从小课堂到大社会

随着初中博识课的成熟，2016 年，首都师大附中又与中国科学院合作，正式启动了高中综合实践活动。高中阶段的综合实践活动根据培养科学精神和人文底蕴的需要，结合学生的特点和实际，沿用博识课的方式，把实践活动做成了课程，开展多线路、多主题的京外综合实践活动。活动路线全方位覆盖了我国东、中、西部多个地区，在全国开辟了 10 余条研学路线。学生一方面深入中国科学院各分院及其科研机构，参与科学研究，接受名师指导；另一方面寻访自然人文景观，品味地域文化，培养爱国情怀。学生可以根据自己的兴趣和喜好选择适合自己的实践地点，提升综合素质。总之，高中阶段的综合实践课程将学生实践从京内带到京外，实现了从"小课堂"到"大社会"，从"踏遍京城"到"博览中华"的跨越。

### （一）精心筹划设计

高中综合实践活动持续一周左右的时间，为了保证在较短的时间内让学生都能有所收获，学校的筹备过程往往要经历几个月。学校教师与中国科学院相关部门进行前期沟通，完成合作立项，初步确定实践活动目的地；部分教师与合作单位共同赶往目的地进行考察，与当地科教资源对接，熟悉当地情况，并做好学生食宿的安排；考察结束之后，邀请专家对活动进行精心设计，研究选题；选题确定之后组建教师团队，各学科教师根据不同考察地点，结合学科知识，进行学案的细化和补充。

### （二）过程有序开展

①明确活动主题：根据各年级学生的实际，学期初选定好高中综合实践活动的主题。

②制定活动计划、方案：根据活动主题，认真制订计划，对于每次活动都要制定详细的活动方案，明确目的、内容、方法、步骤、注意事项及预期成果等，做到活动前心中有数。

③组织活动：教师要根据计划和方案，和学生一起亲历实践，并给予学生及时、恰当的指导以解决实际困难，并注意生成专题以完善活动内涵。

④总结反思：帮助学生及时总结，积累经验，弥补不足，提出建议，展示成果，

发展能力。

**（三）实施有力保障**

为了确保活动的顺利开展，学校鼓励教师进行持续的专业理论学习，提高思想认识和业务水平，为活动的成功开展奠定基础。首都师大附中成立了综合实践活动课程教研组，积极参加校外的教研活动，及时地将最新的教学理念上传下达，做到有继承、有突破、有创新。相关教师及时制定各级各类实施计划和方案，做到有的放矢。综合实践活动课程本身就是一门综合性极强的课程，因而学科之间的合作就显得尤为重要。因此，在设计课程的过程中，强调不同学科之间的合作与融合。在资源保障方面，学校全面开放校图书馆、实验室、微机室等作为活动基地，以保证综合实践活动课程实施的科学性。落实责任制，强化过程管理，确保综合实践活动顺利开展，做到每一次活动都全程万无一失，不出事故。

**（四）形成自身特色**

**1. 注重综合能力的培养**

高中综合实践活动以全体学生全面发展为出发点，开展实践探究活动，初步形成首都师大附中研究特色。活动以问题和项目为中心，结合学生特点、学校特点、地域特点，将多学科知识整合，将个人与社会整合。教学过程中面向全体，使每一名学生的积极主动性都得到充分发挥，并能够充分认识自身的价值。在活动中，每一名学生都有收获，都能体验成功的喜悦。建立健全的评价体系，使学生的身心得到健康发展。在探究过程中，培养学生提出问题、分析问题、解决问题的能力，提高搜集、整理、运用信息的能力；锻炼学生与人交往的能力、社会实践的能力、抗挫折的能力，发展学生终身学习的能力。

**2. 为学生提供真实的科学体验**

在侧重理科的实践行程中，活动地点安排在中国科学院各分院及其科研机构。在当地专家的共同参与下，教师带领学生走进未知的科学世界，鼓励他们像科学家一样思考。在专家的指导之下，严谨的科学实验带给他们的不仅仅是一连串的科研数据，更是对未来选择科研专业方向的指导和鼓励。选题、开题、查阅文献、实验、数据处理、结题、成果提交，各个环节均由专业导师进行辅导，给予学生全过程的真实科研体验。活动同时注重学生自主性的培养，提升其自主学习的能力以及思考和解决问题的能力。教师通过充分发挥学生在实践活动中的主观能动性，来激发学生兴趣，锻炼技能，并且将这种实践体验内化为自身能力。

在总体规划的同时，首都师大附中注重对个性的尊重，力求让每个学生都能不虚此行。在合肥的考察过程中，教师在与一名学生交流的过程中，发现他对其他领域更感兴趣，于是及时作出调整，在这名学生擅长的学科专业单独安排了计算机建模方面的专家与其进行交流。这名学生立刻产生了浓厚的兴趣，状态发生了明显改变。

### 3. 注重学生人文底蕴的积淀

无论选择哪条研学线路，人文素养的培养都是必备的环节。即便是偏重科学探索的研学线路，也安排到博物馆或研究所听讲座、体验中华传统艺术等子活动，从人文历史角度对学生进行启发，引导学生全面发展，让学生在研学之旅中，学会"用脚步去丈量、用眼睛去观察、用心灵去思考"。在侧重人文线路的目的地的选择上，首先锁定中国的历史文化名城，让学生随时随地都能用眼睛"触摸"历史。在子活动主题的设计上，除了参观最具当地特色的自然历史和人文景观，在博物馆听专家讲座、走进知名大学感受高等学府气息、体验中华传统文化艺术也是必备的环节。

### 4. 培养有情感有温度的公民

成为高尚的人，不是来自书本或说教的间接习得，而是来自油然而生的直观感触。首都师大附中的综合实践活动，在注重知识性、能力性教育目标的同时，更注重对学生情感、态度、价值观领域的德育引导。活动中有一个环节是安排学生去相对贫困地区的学校，在交流中，让学生认识到国家还有很多地方需要去建设、去付出。我们希望通过综合实践活动，让责任担当意识在学生的心里自然生发。

例如，在实践活动四川行的某天，学生们前往成都附近的山村小学交流。在和山村孩子一起给打工在外的父母写信时，学生们默默流下了眼泪。"这次活动让我们感受到了山里孩子生活的艰辛和他们的坚强，更从他们身上学会了爱和感恩。"学生不禁发出了这样的感慨。

在南京，学生们完成科研主题的活动内容后，就前往侵华日军南京大屠杀遇难同胞纪念馆参观。令人触目惊心的史料、影像和刻满墙面的死难者名单，让他们静默不语。一名学生在笔记上写下这样的文字："正如古人所说，前事不忘，后事之师。

我们向往和平，因此这段历史可以宽恕却不能忘记。"在镇江，学生们在江苏大学上了一堂赛珍珠作品赏析的文学课并参观了她的故居，给他们带去了许多文学之外的感动。"我们敬仰她——一个拥有博爱精神的人，她的胸怀足以超越国籍。她传达给我们的思考，是如何成为一个正义的人、勇敢的人、丰富的人，一个悲天悯人而无所畏惧的高尚之士。"

综合实践过程中，学生亲历数学建模、社科研究、科技实践，联系自然、联系社会、联系自我，动手动脑，获得直接经验，有利于创造性智力的培养。学生深入科研院所，真实参与科研活动。学生还能徜徉社会之海，体验非物质文化遗产的魅力，也能感受到祖国的强大需要他们来建设，多方面促进其综合素质的提升，学以致用和素质教育水到渠成。

## 【高中综合实践活动案例】

上海线：

### 灯火眠淞沪 风华寄黄浦
#### ——首都师大附中 2018 年高中综合实践活动之上海篇

2018 年 4 月，高中年级综合实践活动如火如荼地展开。上海，作为高一 4 班、高一 7 班的主阵地，成为每个人记忆中的一部分。实验科研的细致严谨，走访调查的机变深刻，城隍庙美食的缤纷多彩，点点滴滴凝结成不一样的回忆。短短五天的经历，承载着满满的收获，然而比这更重要的是同学们彼此陪伴的充实……

### 第一天

灯火依旧通明，伴随着蒙蒙夜色、点点星光，4 班和 7 班师生整装待发。有序安检、顺利登车，怀着许久的期待，正式开启了这次旅行。

旅途中，大家虽有说有笑，但秩序井然。漫长的车程后，我们终于触摸到了上海的轮廓。

都说到上海，城隍庙不可不去。一是为了老上海的民俗古风，二是为了名满天下的小吃。大快朵颐之后，去感受城隍庙最妙的地方——园林格局。九曲桥东折西弯地盘旋在湖面上，青绿色的湖水中，天鹅游动嬉戏，何其悠哉畅快。金鱼簇拥求食，宛如红黄相间的彩绘。四周茶楼林立，人流往来。倘若偷得浮生半日闲，点一壶好茶，坐观市井，闹中有静，别有一番趣味。

小说里风云际会的上海滩，还有纸醉金迷的十里洋场，都充满了神秘感。我们晚饭后来到外滩观赏夜景。

缓游的轮渡、粼粼的波光。街边，几座典型的西式建筑悄然暗示着时间的痕迹。黄浦江对岸，高楼耸立入云天，绚烂的霓虹亮透夜空。那就是上海的颜色吧，比北京的更璀璨、更俏丽。笼在暖黄灯晕下的是分散成簇忙于自拍的同学。的确，黄浦江映照下的这座城市，它摩登现代的繁华，它轻歌曼舞的柔情，都荡漾在几不可闻的波浪声里，都弥漫在春风沉醉的夜色中……

**第二天**

一大早，大家精神抖擞地到达了中国科学院上海分院，随后分组进行课题实验。对于生物、化学的实验，其实我们在学校也进过实验室，但都是浅尝初探，跟科研院所的专业实验不可同日而语。光是服装防护的一套"行头"就让人肃然起敬了：白大褂、护目镜、口罩、两副手套……科研实验室更是令人大开眼界：脚底下、头顶上，四处都有各种各样的试剂瓶、反应管、通风装置，还有许许多多不知为何物的高级仪器。

真正做起实验，要小心翼翼地尝试操作。所谓差之毫厘，谬以千里。要是手轻轻一抖，一小撮粉末撒出，或是溅了几滴萃取液到桌子上，结果便是天上地下。看着最终的实验成果，同学们欣喜若狂，即使身心俱疲，也依然幸福满满，原来这就是价值的力量。

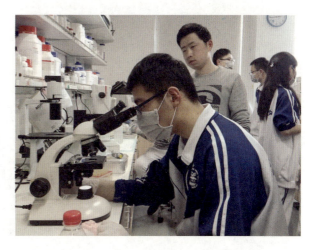

第三天

这一天的事情只有一件，那就是为黄昏后的答辩做好准备。时间紧迫，任务繁重，各组均积极准备。首先是对各种结果进行分析，然后把实验数据、图像落实到PPT上，最后合理安排答辩事宜。每个人有每个人的想法，每个人有每个人的志愿。这是团结的时刻，这是思想融合汇聚的时刻。

答辩环节开始，每一个站上讲台的人，无论讲的内容是多是少，都看得出是做足了功课的。面对一张张奇形怪状的核磁共振谱，面对一个个生僻的概念，面对一个个复杂的结构式、方程式，没有人退缩。同学们极为流利顺畅地把每一处都说得头头是道，令人赞叹。图表的趋势结论，氢谱的反馈意义，甚至包括有机化学的反应机理均有人涉猎。每个精心的设计和细节都让所展现出的效果超出了大家的预期。

最令人印象深刻的是，有一个组发现了一种全新的化合物。他们本来认为实验失败了，但是他们没有因此垂头丧气，更没有为了结果篡改实验记录，而是冷静、客观地面对事实，做出合理的分析，终于大获成功。他们这种尊重客观事实的精神，赢得了在场每一个学生、教师、评委的掌声与喝彩。

科学永无止境，它本就是一部不断改写的进化史。要想走在时代的前沿，需要的是最严谨的科学精神。用事实说话，是我们每一个人此行最大的收获。

"命定的局限尽可永在，不屈的挑战却不可须臾或缺。"

**第四天**

脱去已经沾了些颜色的实验服，我们来到了古镇周庄。此次来此的一大目的是调查此地的商业化现象，做一点小小的总结。

说起周庄镇，它给人印象最深刻的一点，大抵是绝非一般古镇所能比拟的先进、开化。哪里开化？村头通幽曲径和流水小桥上塞满了游客，最具淡然典雅江南韵味的小阁楼里传出一阵阵叫卖声。一双双手、一面面旗在小径边的旅馆、饭店、商店门口招摇着、晃动着，不放过任何一双可能被吸引住的眼睛……

其实说句实话，商业化并不是不可以，但要分地点。毕竟一个人文景区，最要不得的就是过度商业化，那样等于说选择了物质而放弃了精神。周庄镇那么多商铺，似无必要一窝蜂全挤到古镇里面，大可在古镇附近划出地方集中出售商品。这样既保全了人文古镇，也不会流失客源。至于古镇里面，还是应当以人文景观为主。毕竟商业机遇随时都会有，但是文化的生命只有一次。当文化死去，商业也必然不会幸存。

后来我们又到了田子坊，虽然称不上是古镇，但也算有一定历史了。这里现在也和周庄镇一样。

**第五天**

"天下万物生于有，有生于无。""万物万形，其归一也。"

宇宙起源于138亿年前的大爆炸，那么它从何而来？它有多大？最早的生命何时出现？我们在上海自然博物馆跟随着科学家们的足迹，寻找答案。感受完"起源之谜"和"生命长河"后，"未来之路"又以史为鉴，引发我们思考人类在走向未来时所面临的抉择。

列车徐徐入京，带着几多难忘，几多不舍，研学之旅在淅淅沥沥的小雨中圆满结束了。

每一次远行，都藏着不为人知的风景，每一座城市，都有着停步折花的柔情。希望在属于我们的小时光里，永远可以感受到生活的令人雀跃之处。

五天时间，说长不长，说短不短。每个人都会有各自的收获，这是属于个人的。而当每一个人的记忆系成一条长链，再一点一点画成一个圆，这个圆便是属于所有人的。也许青春岁月过去，沧海桑田归来，不论几多过往云烟，我们也许会蓦然发现，那短短五天，就是那梦里的画面。

【学生感言】

在进行学习与实验之前，各个小组都选择了不同的课题进行研究。研究利福霉素的发酵分离鉴定是我们组的课题。整个活动从了解抗生素开始，我们亲身体验了接种菌种，培养地中海拟无枝酸菌，提取抗生素，最终检测，整个过程都是由我们动手完成的。

——袁静琦

今天是两天中国科学院上海分院实验的第一天。我们一大早就来到了中国科学院上海分院，在简单的开营仪式后，我们跟随各自的导师到了实验室。我们是在有机化学三号楼。导师先给我们讲了有关色谱和质谱的基本知识，并带我们参观了相关仪器室。下午，我们正式开始实验。我们下楼采集样品，将花瓣、树叶等装入样品袋，回来后放进顶空瓶。今天的信息量很大，而且和我们在学校学的东西完全断层，但是在导师的耐心讲解和我们的认真学习下，我们对课题逐渐有了了解和认知。希望明天实验能顺利继续。

——付雨禾

苏杭线：

## 诗情画意得佳趣，姑苏夜半话古今
### ——首都师大附中 2019 年高中综合实践活动之苏杭篇

2019 年 1 月，首都师大附中美术班 36 名学生踏上了苏杭研学之旅。虽是寒冬，一路南下的我们感受着"冬景似春华"的风光，泛舟西湖，驻足于悠长的弄堂，与无数词人笔下的江南相会相逢。

### 第一天

结束了期末考试，我们终于迎来了期待已久的苏杭研学。

早上天还没亮，我们带着行李登上了奔向杭州的列车。一路上，窗外景色匆匆，窗内欢声笑语，映射的都是大家的喜悦之情。下了车，我们漫步西湖岸畔，携手穿越古今，去参观极具地域特色的浙江省博物馆。

一进门，空旷大厅浑厚的气氛和隐藏在暗处的服务台都给人以沉静的信号，让我们从外界的浮躁中迅速平复下来，转而沉浸在浓厚的历史气息中。博物馆内的第一站是文澜阁，通过讲解员精彩的介绍，我们深入了解了文澜阁及《四库全书》所创造的文化奇迹，不禁感叹前人延绵不绝的文化品质和人文精神。文澜阁内听逸事，别有一番风味。

随后，我们进入了雷峰塔文物展区。在那里，我们聆听了雷峰塔的历史沿革，一睹浙江省博物馆珍贵文物——鎏金银阿育王塔的风采。跟随着讲解员专业的介绍，我们仿佛身临雷峰塔考古发掘的现场，感受到挖掘过程中的惊喜和期盼。

今日杭州的天是白茫茫的，太阳只发出了微弱的光亮，9 摄氏度的温度不像是深处寒冬。漫步湖畔，仿佛人在画中行。水光相接，一碧万顷，清风拂面，眼帘映入的是西湖的微波，呼吸的是不同于北方的空气，潮湿而带着蜡梅的清香。红砖黛瓦，潺流涓溪，仿佛能洗去骨里的疲惫，醉在如天堂般的人间苏杭。

## 第二天

怀揣着对杭州美景的向往，我们起了个大早，来到西溪国家湿地公园。

西溪国家湿地公园坐落于浙江省杭州市区西部，分为东部湿地生态保护培育区、中部湿地生态旅游休闲区和西部湿地生态景观封育区。

南方的清晨，有些寒冷。古楼房梁上还有未飞走的乌鸦，不时向四处张望。四周一片寂静，除了叽叽喳喳的我们，湿地冷清极了。坐船漫游于芦苇间，水波粼粼。寻迹《非诚勿扰》的取景处，探访隐于林中的秋雪庵、梅竹山庄等古迹，观察鸟类的活动与湿地的水下生态面貌，收获颇丰。经过一上午的探寻，大家都意犹未尽。

"水光潋滟晴方好，山色空蒙雨亦奇。欲把西湖比西子，淡妆浓抹总相宜。"坐船游览于西湖之上，从曲院风荷到三潭印月，名中有诗，名中有画。我们的欢声笑语洒满了整个西湖湖面。更令大家欣喜的，是游览之后的一个小时的自由活动时间。在西湖边上的咖啡馆小憩，夕阳斜照湖面，勾勒出金色的雷峰塔影，真希望时光在此刻停留。

"最爱湖东行不足，绿杨阴里白沙堤。"明天的我们将启程前往苏州，杭州之旅终将印在脑海，成为每个人心中最美的梦。

## 第三天

今天，是我们在杭州的最后一天。

早晨集合完毕，我们坐车前往杭州工艺美术博物馆。说起杭州，人们往往会在脑海里浮现出一幅烟雨江南的景象和一个个撑着油纸伞的行人。今天我们在杭州也亲身体验了一次油纸伞的制作过程。我们用五颜六色的颜料在油纸伞上尽情挥毫，每个人都有不一样的创意，每把伞所表达出的情感也是不一样的。正如江南烟雨下，一个姑娘撑着一把伞，独自彷徨在悠长又寂寥的雨巷时，那油纸伞下，有着什么样的思绪？又是什么样的情怀？

结束了民俗文化的体验，我们步行通过拱宸桥，越过闻名于世界的京杭大运河，来到了中国唯一的有关运河文化的博物馆。志愿者带着我们进入序厅，首先映入眼帘的是一艘古朴沧桑的漕运船，脚下是玻璃钢铺设的仿真水面，我们有一种在运河上徜徉的感觉。两侧是古老的桥墩模型，天花板设计成灿烂星空，我们置身其中，如泛舟河上。志愿者带领我们了解了运河的开凿与变迁、大运河的利用、大运河杭州段的综合保护以及运河文化。结合展厅中的图片、实物、模型等，我们欣赏了大运河丰富的自然和人文景观。

京杭大运河贯穿南北，南越长江，流经江苏、浙江；北越黄河，流经鲁冀，烟波浩渺几千里。这是与横贯东西的万里长城并称于世的伟大奇迹。万里长城和京杭大运河，同是中国人民劳动和智慧的结晶，都是中华民族的光荣和骄傲。了解了这些历史，回程途中再一次站在京杭大运河在杭州的终点标志——拱宸桥上，望着两岸那些清晰可识的古迹、古老又具有现代气息的城池和在大运河上周而复始的一队队驳船，恰如赴一场跨越千年的约会……

下午，我们前往了下一个目的地——苏州。"君到姑苏见，人家尽枕河。古宫闲地少，水港小桥多。"苏州，四面环水，造就了这里的姑娘们温婉柔美，心灵手巧。"晚日金陵岸草平，落霞明，水无情。六代繁华，暗逐逝波声。空有姑苏台上月，如西子镜照江城。"苏州的美景堪比天堂。

**第四天**

今天我们参观了耦园，在这里，独特的不是风景，而是耦园的情怀。

耦园的前身名为"涉园"，为清初保宁知府陆锦所建，取陶渊明《归去来辞》中"园日涉以成趣"之意。到了清代同治年间1874年，当时病休在苏州的沈秉成购买此处，并重新扩建。沈秉成的夫人是江南才女严永华，夫妇俩决定于此成双隐居，便将"涉园"更名为"耦园"。

耦园的水乡特色浓郁，建于姑苏护城河内古城墙下，小巷深处，三面环水，一面临街，有南北两个河埠码头，是江南园林中独一无二的。粉墙黛瓦映衬着小桥流水，比较完美地表现了苏州古城的水乡风貌。别的园林只能在园内赏景，而耦园可以在园外赏景，尤其是泛舟小河，聆听吴歌，在粉墙人家下作清风碧波游。这样的意境，是游览其他苏州园林所没有的。

"耦"字的本意是二人并肩耕作，引申为夫妻、配偶之意，寓夫妇双双归隐林下之意。沈秉成夫妇琴棋书画样样精通，可谓佳偶天成。来到耦园，不是看荷花莲藕，而是到一对佳偶隐居的花园来游览。耦园，就是一座夫妻园、爱情的花园。

在耦园内游览，步移景变，就像漫步于诗情画意中。这里的每一座亭台都是一首诗，每一个水榭都是一幅画，每一个建筑都是文学和美学的完美结合。任取一处风景，按下快门，将这美的画面——定格。

第五天

今天，是苏杭研学的最后一天。我们来到了闻名中外的拙政园，在这里度过与苏杭在一起的最后且最美的时光。

大诗人陶渊明有这么一句诗词："采菊东篱下，悠然见南山。"短短十个字，却悠悠如天高云淡，幽幽如宁静致远。不过，拙政园楼虽名为见山，其景色却以水见长。亭台楼榭皆是临水而建，有的甚至直接架于碧波之上，好生妙意！穿过由太湖石做成的影壁，映入眼帘的是拙政园，它以楼为心，以水为局，三面环水，主面向北。倘若推窗外望，各处亭台，宛如碧人，清风拂面，与见山楼隔河相望。水岸垂柳依依，芙蓉送香，石板曲桥将游路和东面轩廊相连，又见竹林古树葱葱郁郁。正如："林气映天，竹阴在地；日长若岁，水静于人。"

我们随着导游向更远更深处探索。我们到了园中最为奇特的一景——在小桥流水之上，古木花草之间，有一座秀美玲珑的宝塔。这座宝塔并非园中景观，而是距离拙政园1.5千米的北寺塔。园主巧妙利用周围景观借景，使园外宝塔变成"园中景"，看着好似"园中塔"。

最后，我们来到了"补园"。这里有三十六鸳鸯馆，是当时园主人宴请宾客和听曲的场所，厅内陈设考究。在晴天，由室内透过蓝色玻璃窗观看室外景色犹如一片雪景。我们不禁发出对古人智慧的赞叹。三十六鸳鸯馆的水池呈曲尺形，其特点为台馆分峙装饰，华丽精美。回廊起伏，水波倒影，别有情趣。还有几对鸳鸯在池中戏水呢！

午饭后，我们不舍地结束了苏杭研学之旅，踏上了回北京的路。这几天的苏杭研学，我们不仅欣赏了美景，还看到了错落有致、意趣十足的建筑，忍不住惊叹古代能工巧匠的智慧和技艺。研学途中，我们学习了许多有趣的历史知识，亲眼见证了人们用一双巧手将普通的蚕茧变成织锦缎。苏杭再见，我们受益匪浅，满载而归。

【学生感言】

苏杭的美在于花草树木与亭台楼阁的结合。这里的园林完美地诠释了这一观点。青树翠蔓，粉墙黛瓦。苏派建筑的黑白撞色，别有一番典雅的韵味。树木的翠绿，带着清香被水汽永久地锁在这白墙上，宛若微醺的画家笔下的泼墨山水，又如徘徊在西湖边披纱的南方女子。初春的暖阳透过婆娑的树叶，经过雕花镂窗的琢磨，散射出如梦如幻的景致。

——叶佳骝

合肥线：

## 科学圣地立摘星之志，千年徽州寻古人遗风
### ——首都师大附中 2019 年高中综合实践活动之合肥篇

第一天

路贯庐江，学子启航。

2019 年 1 月 20 日，高一 7 班、8 班的学生一起远赴钟灵毓秀的安徽，开启了自己的游学之旅。高铁在轨道上飞驰，同学们或戴着耳机听着音乐，畅想着未来几天的奇幻之旅，或三三两两小声地、开心地聊着天，还有一些同学心情愉悦到小声哼起了歌曲，更有很多勤奋的同学珍惜宝贵的时光，或动笔完成寒假作业，或阅读自己喜欢的书籍。身着校服的首都师大附中学子们俨然成为列车上一道亮丽的风景线！

经过四个半小时的长途跋涉，全体师生顺利抵达合肥。下午，我们来到合肥科学岛进行参观。在中国核聚变研究的重要基地——中国科学院合肥物质科学研究院等离子体物理研究所，我们见到了世界上迄今为止最大的热核聚变实验项目——有"人造太阳"之称的全超导托卡马克核聚变实验装置（EAST）。通过讲解员的讲解，我们对利用核聚变产生的这种来源广泛、清洁、安全的新能源及我国能源现状有了更深入的了解。之后，我们又参观了中国科学院强合肥物质科学研究院磁场科学中心和合肥现代科技馆，切身体会到了科技的进步以及我国科研实力的强大。

**第二天**

走进科学岛，探索科学美。

研学之旅的第二日，我们踏着一路欢歌，开启了去往科学岛做实验的旅程。

刘静研究员，哈佛大学医学院博士后。作为合肥市科学岛的"哈佛八剑客"之一，她很清楚强磁场装置对一个国家的意义，也了解到国内急需优秀的人才加盟，于是她毅然决然放弃在美国的工作，选择回国。如今，她已在抗癌药物研发的领域做出了很多杰出的成就，为我国乃至全人类攻克癌症难题做出了巨大的贡献。

作为首都师大附中的优秀校友，对于我们的到来，她表示热烈欢迎，并且为我们进行了一场十分生动的讲座。她说："培养一个学霸很容易，但培养一个人才很难。"这句掷地有声的话语引起了我们的深思。终有一天，我们将不再只为学习成绩拼搏，也不会再为一个学位艰苦奋斗。更多的，是带着一份崇高的信念，一颗宽广的事业心，一份高雅的追求在自己的职位上奋力拼搏。相信同学们听过刘静研究员的讲座，一定会在思想上成长很多。

在简单动员后，各组同学在导师的带领下正式开始不同的课题研究。导师向我

们展示了许多精彩纷呈的实验，它们都和抗癌药物密切相关。导师细致的讲述、深刻生动的语言以及同学之间的互相讲解都让大家充分感受到了科学的魅力。

实验结束后，同学们聚集在一部部手机和笔记本电脑周围，开始编辑PPT，为明天的答辩做准备。

今天的研究之旅让我们切实增强了科学探究的能力，使我们领略到了科学的魅力，更重要的是让我们理解了科研的意义：以实际行动落实党和国家的科教兴国战略和创新驱动发展战略，为祖国的科技建设贡献力量。

**第三天**

传承科学精神，点燃青春梦想。

研学第三天的上午，同学们都在认真、忙碌地整理实验数据和实验结果，准备下午的答辩PPT。下午，同学们在答辩环节详细阐述了研究背景及意义、实验用具、实验操作步骤、实验结果以及展望与不足等，并对指导实验的教师表示真诚的感谢。各位专家对同学们的展示表示了一致的肯定，同时提出了中肯的意见和建议，并鼓励同学们努力学习，将来为我国的科研事业贡献自己的一份力量。

答辩结束后，刘静研究员为此次答辩会做了总结。她再次表扬了同学们勇于探索新知、敢于实践、不畏困难的精神，希望我们能够记住这次有意义的科学之旅，同时也告诫我们，做科学一定要秉承严谨的态度，容不得一丝含糊和懈怠。学生只有不懈努力、刻苦学习、奋勇前进，祖国才能有更加美好的明天。

探天地之美，悉万物之灵，科学的力量一直在指引人类的发展与前进。在被誉为中国科学院科研圣地的合肥科学岛度过的三天时间里，我们跟随科研人员进行最前沿的科学研究，在科学家们的言传身教中，懂得了严谨治学的科研精神，更感悟了一生为科研献身的勇气和信念。相信在未来的日子里，这种精神将一直激励着同学们，为科学、为祖国奉献，不忘初心，砥砺前行。

**第四天**

三河怀古，科大寻根。

第一站，中国科学技术大学。

时光荏苒，美好的研学之旅已经进行到第四天了。我们在著名学府——中国科学技术大学进行了一次简短却收获颇丰的参观学习。在开阔的广场上，我们怀着敬意瞻仰中国科大星纪念碑和郭沫若先生的塑像，第一次用心感受到了科大科研巨擘的地位和深厚的历史底蕴。

在校史馆中，我们看到了中国科学技术大学的发展与繁荣。其中不仅有一代代大师对学校的贡献，而且有一批批学子对科学的热爱。"创寰宇学府，育天下英才。"这是严济慈副校长给中国科学技术大学的题词，也是中国科学技术大学一直以来所秉承的信念。这种信念，贯穿中国科学技术大学的历史，也成了他们的精神。

名校之风，源远流长。对名校的向往，尤其是对名校之风的向往如同一盏明灯，将会在离开合肥后长存于我们的心中，指引着未来的方向。

第二站，地质博物馆。

地质学家的浪漫不在于一朵转瞬即逝的玫瑰花，而在于跨越千年的嶙峋怪石。在地质博物馆中，有漆黑深邃的黑曜岩、颜色各异的铁矿石，粒粒分明的灰岩、簇集成团的玫瑰石膏……熔岩喷出地壳，形成一座火山岛，这期间有多少地质变化；陨

石在38亿年前频频坠落，入海溶解，释放出代表生命的矿物质——碳以及氨基酸，与海水中的化学物质结合在一起，创造了生命——原始单细胞生物。观赏中，我们还发现了一块仙气十足的石头。它的底色白如玉尘，上面零零星星地点缀着红色晶石，好似一幅玲珑小巧的白雪落梅图。

第三站，三河古镇。

三河古镇，一个因丰乐河、杭埠河、小南河在境内汇合而得名的古香小镇。在

这里，我们欣赏了徽派建筑的唯美，感受了古代风俗的纯朴，怀古思今，回味无穷。静谧的风拂遍整个江南，激起涟漪圈圈。小桥流水人家的悠远，枯藤老树昏鸦的悲凉，弥漫在每一座拱起的石板桥上，渗透在每一条曲折的青石路旁。徜徉在街巷间，仿佛穿越了千年时光。白色的马头墙，黑漆的鎏金匾额，再加上梁檩橡柱雕花彩绘，徽派建筑风格尽显；八角玲珑的挂灯，爬满青藤的院落，无不透溢浓郁的古风神韵，激起游人的思古幽情。

古镇最有特点的，要数一人巷。巷口宽度比一般住房的房门还窄，只有75厘米，窄窄的小巷，大有曲径通幽之感。一人巷到如今已有四百多岁了，修修补补，还挺立着苍老的骨架，不愧是"人工一线天"。一人巷的由来尚不太清楚，不过它留给我们的，便是这朦胧的身世之谜和耐人寻味的古街古景。"天青色等烟雨，而我在等你……"江南的这一丝轻柔，被我们枕入梦中，悄然沉醉。

合肥的人也总是让人欢喜的。古镇里叫卖的大妈，坐在椅子上吹风的大爷，无处不渗透着自然的淳朴美。在这里，仿佛能将灵魂洗净。风，穿过大街小巷，吹起路边小店的风铃，清脆的风铃声在古巷中回荡，空灵而缥缈。沉沉的夜幕中点缀着几颗星。合肥是这样一座具有独特魅力的城市，我们知道，我们一定还会回来。

**第五天**

一生痴绝处，无梦到徽州。

徽州文化，是一段悠远而绵长的梦。它发源于新安江畔这片富饶的土地。它是云海中的黄山奇峰，是小桥流水旁的白墙黛瓦，是街道牌坊间的欢声笑语……徽州文化，是一段历史、一个故事、一首诗词、一份传奇。

安徽博物院集万千徽州之景于一体。它成立于1956年，至2019年已有63个年头，像一位花甲老人，长久伫立在城市一隅，用一件件展品诉说着民族的历史，展现着人们创造的力量。

早在 250 多万年前，安徽这片土地上已有人类活动的踪迹。随着我们在博物院中游览的逐渐深入，此地从古到今的发展脉络在我们眼前徐徐展开。

史前时期出土的玉器和陶瓷器朴素而圆润，其上的刻画符号比甲骨文早 400 多年，木骨泥墙的村落周围有围壕环绕，捧护着这方宝贵文明的发源地。

夏商周时期，少数民族在这里聚居，厚重的青铜礼器展示着曾经的辉煌，其上铭文记录下鲜为人知的历史。钟鸣鼎食，礼乐尊卑，管仲等著名政治家在这里诞生。

汉魏晋，到隋唐宋元，再到明清，每当北方战乱征伐不断，便有名士、百姓举家迁居，辗转车马来到这江淮大地，扎下根来。"历史仿佛风雨中飘来荡去的孤舟，而徽州就是港湾。"各族文化相互交融，催生出数不尽的灿烂文化硕果。栩栩如生的铁画，精美的砖雕、石雕、牙雕、木雕、竹雕，各色漆器、玉饰、金盏，独有的文房四宝……一件件陈列品映射着代代相传的文化传统，无一不是匠人们心血与智慧的宝贵结晶。

徽州的文化，更是在于人之生活。街旁民居白墙黛瓦，天井流光；屋内祀堂精雕细琢，气度非凡；道上牌坊高然耸立，威严厚重。徽州三绝，迎着那柔柳扶风，望着那青色苍穹。徽州三绝，给了徽州一个典雅润泽的灵魂，一段带着清香的情怀。

看一座城市，还需看一座博物馆，千年的文化精粹，都汇集于此了。可惜时间紧张，安徽博物院还有数不尽的瑰宝等待我们下一次探秘。

五天时间虽短，我们却已用自己的双脚走过了不同的地方，我们的心中已然装满了沉甸甸的收获。何为研学，为何研学，相信每个人心中都已有了答案。只有走出校园，我们才能看到路在何方，我们才知晓世界的广袤。来到合肥，走近中国科学院合肥物质科学研究院，走进中国科学技术大学，一次研学带给我们的不仅是旅行，更是无限的遐想与心灵的向往。

当看到中国科学技术大学"科教报国"的办学理念时，我们又一次思考自己的理想。或许正是有了摘一颗星星的愿望，我们才会努力走向太空，走向更广阔未知的领域。

【学生感言】

今天是研学旅行的第三天。上午，为期一天半的在导师指导下进行的课题研究告一段落，接踵而来的就是下午的答辩会。我们组的同学团结一致、分工合作，利用中午的空隙紧张而有序地准备着。负责答辩的同学抓紧熟悉材料，而其他人则负责完善PPT，为答辩做好一切准备工作。偌大的会议室里充盈着严肃紧张的氛围，同学们都忘我地投入工作中。

一点半，答辩会正式开始。在两个半小时的过程中，九个组的同学虽然展示内容、研究方向各不相同，但都展现了严谨、认真、细致的科研精神，获得了专家们的一致认可。专家们给每组指出了问题并提出了修改建议，同学们收益颇丰。两天来的辛苦付出结出了累累硕果。这次答辩不仅拓宽了我们的视野，使我们对其他组同学的研究有了详细的了解，还锻炼了表达能力和思辨能力，收获了专家们精彩而详细的点评，从而对课题内容和答辩程序有了进一步的理解。这真是一场让人受益匪浅的答辩会！

随着答辩会圆满结束，我们紧绷了两天的弦终于松了下来。下午结束后，有一小时的自由时间，一群人在夕阳下的岸边自由活动，走在泥路上终于放松了下来。草丛泥泞，我们虽然鞋上沾了些土，但心情是愉快的。在自由参观后，我们告别了导师，乘车离开了科学岛。相信每个人望向窗外时都充满了惆怅与不舍。晚上就餐后，返回酒店，研学又过了一天，每天都是匆忙而欢乐的。

——黄佳卉、田丞凯、李琳珊

## 三、处处花开满芬芳

### （一）实现学生综合素质的全面提升

博识课作为自主研修的"四修"课程体系中的重要组成部分，重点培养了学生的一种意识（责任担当意识）、两种精神（勇于探索精神、团队合作精神）、三种能力（自主学习能力、动手实践能力、创新思维能力）。

它让学生走出校园，不断接触祖国深厚的文化积淀和科技发展成果，用所学知识解决在社会中遇到的问题，培养与社会的关联意识，极大促进了"一种意识"的养成。

学生调动全部知识和身边的资源，发现、解决问题，独立思考确立新的探究问题，以小组的形式分工协作，全面参与，每个人都是小组不可缺少的一分子，为小组任务的完成贡献自己的力量，在博识课中全面培养"两种精神"。

博识课锻炼学生的"三种能力"，使学生成为活动的主人，逐渐养成了"我的课堂我做主"的自主学习的意识，动手实践将学到的知识运用到博识课中解决问题。在解决问题的过程中，没有可供参考的"标准答案"和"解题思路"，学生只能凭借自己的创新思维能力。

在承担教育部课题"初中校本化课程开发与研究"的过程中，课题组发现，首都师大附中初中 96% 的学生对博识课的开设表示有极大的兴趣、非常喜欢、是收获最大的一门课，几乎所有家长都对首都师大附中开展的博识课表示认同和肯定。在国家级教育体制改革基础教育项目"探索拔尖创新人才的培养模式"的课题研究过程中，多维度测试结果显示：首都师大附中参与博识课的学生在创新性思维和创新性人格特征多个维度的指标显著高于其他学生。

首都师大附中的综合实践课程内容包罗万象，知识、能力、体验三个维度有机整合，加强了学科有效整合和教师跨学科沟通，极大地丰富了学生的文化积累、社会实践，拓宽了学生的人文、科技视野，培养了学生的社会责任感、合作精神、创新精神，进而为提升学生核心素养打下坚实基础，真正做到在探索中求真知，在体验中共成长。

2001 级学生王肇宁高考后同时被国内外顶尖的名校录取，4 年后又同时被哈佛大学等十几所国际名校全额奖学金录取。在斯坦福大学面试时，被问及中学阶段受益最大的课程是什么，她毫不犹豫地回答是博识课。此外，诸多学生在丰富的综合实践课程中找到了适合自己的专业方向。"探索拔尖创新人才的培养模式"在研究过程中，针对高中一年级学生所做的创新性思维和创新性人格量表多维度测试的结果显示，参加过综合实践课程的学生的相关指标显著高于未参加过的。可以说，首都师大附中的综合实践课程成为培育学生素养与能力、成就学生个体未来发展的"金色桥梁"。

## （二）推动教师教学方式创新

综合实践课程推动了学科整合，各学科教师参与设计和实施，使其由最初的单一活动模式逐渐发展为多学科指导下的实践课程。教师课程开发能力得以提升，其成果提炼、资源整合和学科融合能力逐步提高，形成了独具特色的课程资源，如《博识课程教学设计案例》《博识学案集》《博识课手册·行走在北京》等，不少教师的教学课例获得北京市及全国奖励。首都师大附中的综合实践课程开发得到了上级教育部门的大力支持和指导，该课程被确定为教育部重点课题"初中校本化课程开发与研究"子课题。2011 年，学校承担了北京市海淀区"探究拔尖创新人才的培养模式"国家级教育体制改革基础教育项目研究任务，研究成果直接用于指导该课程的实施。

### （三）充分发挥辐射引领作用

首都师大附中的综合实践课程已日趋成熟，教育教学效果独特，充分发挥着示范辐射作用。首都师大附中教育集团各成员校均已借鉴先进经验，开设了博识课，并根据自身情况进行了特色延伸。总校从课程开发、课程实施、课程评价、成果展示、资源共享等方面向成员校及兄弟学校传送经验，提供支持。同时，首都师大附中的成功经验也获得了良好的社会反响，《人民日报》《中国教育报》《现代教育报》等媒体都对首都师大附中的教育改革、综合实践课程做过专题报道。

首都师大附中的综合实践课程具有学习内容的综合性与开放性、学习主体的参与性与自主性、学习过程的创造性与多样性、学习评价的多元性与社会性等特点。它为学生营造了民主、自由、宽松、向上的学习氛围，帮助其建立了开放型的知识结构体系，引导学生更理性地了解科学、更客观地认识世界，从而有助于学生实践能力的提升、创新精神的培养和完美人格的塑造，推动了学生全面而有个性地发展、自主发展和可持续发展，为学生的未来奠基。

二十余年的探索之路有力地证明，综合实践课程既具有先进课程理念又具有卓越教学效果，既具有超前的创新性又具有扎实的可行性，既面向未来，又关注学生的实际获得。面对新的改革挑战，首都师大附中仍在继续努力，呈现更多优质的实践课程。

# 第三章

# 以创新激发活力

## ——创新育人方式，培育创新人才

**校长手记**：创新是每个人与生俱来的潜在能力，并非少数人独有。创新性思维和创新性人格如同深埋的种子，只有在适宜的温度、湿度、空气和光照条件下才会破土而出。因此，创新人才的出现，有赖于发掘才俊的眼光、教育的培养，以及教育工作者为之提供适宜的环境和自由发展的空间。新时代的首都师大附中学子，应当时刻铭记"舍我青年，大任更谁肩"的历史使命与责任担当，将人生志向与中国梦、强国梦以及人类前途命运融于一体。希望在未来那些引领科技变革、改变世界的人中，能够看到闪闪发光的首都师大附中人，相信优秀的首都师大附中学子都能永葆好奇之心，扛起责任，勇于担当，尽自己所能把这个世界变得更加美好！

# / 一 / 让学校成为创新人才的沃土

2020 年，党的十九届五中全会定调"十四五"规划，提出了坚持创新在我国现代化建设全局中的核心地位，这也意味着对教育工作者提出了更高期待和要求。首都师大附中给传承百余年的"成德达才"教人理念注入新的内涵，在尊重和挖掘学生兴趣的基础上，十分重视创新人才的培养，并将"价值塑造、能力培养、知识运用"三位一体的创新人才培养模式贯穿全过程。

## 一、创新人才培养面临的挑战

### （一）时代之需

当今世界正处于百年未有之大变局，我们国家正面临改革开放以来前所未有的复杂的国内外局面。华为等科技公司遭封杀、5G 技术出口受限、高端芯片被垄断等事件，都引导着我们思考。这些事件表面上是贸易之争，实际上是以知识产权为核心的科技实力之争。我国面临的国际竞争压力激增，"卡脖子"现象已兵临城下。我们如何在对抗中崛起，在变局中抢占先机，完胜这样的"变局"呢？关键是靠一大批创新型人才实现从"中国制造"向"中国创造"的转型，因此创新人才培养刻不容缓。

### （二）未来之势

国以才立，政以才治，业以才兴。创新人才是推动社会进步和建设创新型国家的核心力量，是衡量一个国家综合国力的重要指标。只有拥有了一大批创新人才，一个国家的科技发展、社会发展和经济发展才具有强大的动力。因此，创新的问题是人类和教育发展永恒的命题，培养创新人才是每一个教育工作者的历史使命。

### （三）卡文迪许实验室之悟

英国剑桥大学的一个物理实验室叫卡文迪许实验室，这个实验室是近代科学史上第一个社会化和专业化的科学实验室。原子核结构、DNA 的双螺旋结构、脉冲星……无数人类历史上重大的科学发现都来自这个著名的实验室。一个多世纪的光辉历程中，让该实验室久负盛名的不仅在于其科研成果，而且在于其培养了 30 余名在物理、化学、医学等领域获得诺贝尔奖的科学家。我们赞叹卡文迪许实验室杰出贡献的同时，也在思考是什么让它取得如此巨大的成就。在学习和研究的过程中，我们认为以下几点值得我们借鉴。

①教研融合的管理制度。该实验室强调教学与研究的深度融合，首创了把教学孕育于科学研究中的新模式。学生在学习中研究，在研究中学习，才能始终位于科学的前沿。

②自由探究的学术氛围。该实验室认为，在自由民主的气氛中，从事自己感兴趣的研究，会有更高的成功概率。在研究过程中，该实验室会给予学生极大的自主权，让其在自己的领域自主发展。师生之间可以自由平等地讨论与交流研究问题。

③因材施教的培养理念。该实验室尊重学生自己的意愿和课题选择，根据学生情况和具体问题给予相应的帮助和指导。

④求真务实的品质传承。该实验室不仅要求学生有较高的学术水平，而且注重科学品质的培养，要求学生有高尚的道德品质和严谨踏实的学风。只有不为个人名利的人，才能登上科学的高峰。

这个大师云集、被称为"诺奖得主摇篮"的地方为真正热爱科学的人创造了一片自由研究的天地，其成功经验启发我们对创新人才培养的深入研究。

## 二、青少年时期创新人才的基本素质特征

为了深入思考和研究科技创新人才培养模式，首都师大附中曾参与国家级教育体制改革基础教育项目，并承担了重点研究任务——"探索拔尖创新人才中学阶段的基本素质与评价办法"。经过近三年的研究，结合国内外专家学者对创新人才培养的研究成果，首都师大附中得出的主要结论是：创新人才的基础是人的全面发展，同时具备创新性人格和创新性思维。我们将创新性的人格置于创新性思维之前，因为一流的人才必须以一流的品行为基础。

其中，创新性人格包括：

①具有强烈的好奇心、旺盛的求知欲以及兴趣保持能力。

②具有过人的独立性。

③敢于挑战权威，有自信与变革的勇气。

④高度的自觉性、对自我的高期许和适度的焦虑。

⑤很强的抗挫折力与坚持能力。

⑥自由往返于幻想与现实之间。

⑦交往沟通能力。

⑧致力于为社会服务的责任感。

创新性思维主要包括：

①善于联想和有丰富的想象力。

②批判性思维、求异思维与独创思维。

③思维的灵活性。

④偏好直觉。

⑤兼有理性思维与感性思维。

⑥发散思维与聚合思维共存。

⑦突出的领悟能力与探究欲望。

⑧拥有专项特长。

创新人才培养可以通过科学规划符合人才成长规律的培养路径来实现，首都师大附中在总结前期相关研究成果和成功经验的基础上，对创新人才培养进行了不懈探索和实践。

## 三、创新人才培养的探索和实践

### （一）固本开源，厚植创新的土壤——打造面向未来的创新生态园

在厚植创新的土壤方面，首都师大附中通过坚持观念现代化、内容现代化、技术现代化和管理现代化构建现代化发展链条，并通过系统思考、整体优化和协同育人构建可持续发展链条。具体而言，学校坚持成达教育创新文化，通过建设和营造能够激发学生科技热情的文化环境夯实硬件环境，构建和开发能够点燃学生创新火花的课程提升软件质量。

创新是每个人与生俱来的潜在能力，并非少数人独有。基于研究与思考，为了

能够培养更多的优秀创新人才、成就学生幸福人生，首都师大附中不断在继承中创新，将创新人才培养融入学校教育实践，从育人环境、平台搭建、课程建设、动手实践等多个角度出发，为学生提供适宜的生长环境、自由发展的空间和鼓励创新的氛围。

搭建广阔平台，集万千智慧。创新人才的培养离不开广阔的平台。2015年，首都师大附中率先开启中学创客教育的探索，并于2016年率先建成了前瞻与实用兼顾的青牛创客空间。青牛创客空间配备了先进实用的硬件设备，营造良好的创新实践的环境，在帮助学生实现创意的同时，让学生见识和体验到一些基本的加工技术，并由此延伸，对当前的新科技相关领域有更多的了解，很好地激发好奇心、求知欲，为有力量的创新奠定基础。学校不断推进书香校园建设，打造没有围墙的"街区制图书馆"，实现时时可阅读、处处能阅读、人人爱阅读。其中学校通过打造校园品牌文化活动——读书节，让学生将自己的创意通过读书节活动进行展示，深受学生喜爱。

此外，首都师大附中相继建成了一系列专业教室、高端实验室，为学生的学习提供沉浸式的体验。首都师大附中非遗教育博物馆是北京市首个非遗教育孵化基地，为学生汲取优秀传统文化的智慧、激发创造的灵感发挥了重要作用。

"四修"课程体系，求万象真知。在课程方面，首都师大附中构建了"四修"课程体系，为学生的创新发展奠定坚实基础。学校十分重视学科建设，各个学科分别建构起具有学科特色的"四修"课程体系。表3-1为首都师大附中信息技术学科"四修"课程。与之相适应，为了将课程高效实施，学校倡导打造成达思维发展课堂，不断提升学生的学科核心素养。以自主研修课程为例，为了让学生"博闻广见、卓有通识"，实现"内外兼修、知行合一"，首都师大附中已开设二十余年的博识课，带领学生走出校园，给学生提供灵动开放的社会课堂。初中三年，学生几乎走遍了北京的名胜古迹、名人故居、博物馆、科技馆。随着博识课的成熟，学校又与中国科学院合作，开发高中综合实践课程。学生深入中国科学院各分院，体验科研工作，感悟当地文化。在实践中，学生开始懂得求知与探索，培养科学精神。实践课程让学生带着问题去思考、去探索、去收获，在此基础上产生新的问题，不断取得螺旋式上升。

表 3-1 信息技术学科"四修"课程

| 四修 | 模块与方向 | 课程 |
|---|---|---|
| 基础通修 | 技术基础 | 信息技术基础 |
| | | 数据处理 |
| | | 图像处理 |
| | | 音视频处理 |
| | | 三视图的识图与绘制 |
| | 思维与策略 | 逻辑思维入门 |
| | | 思维可视化 |
| | 算法与程序设计 | 程序设计特点 |
| | | C++ 程序设计基础 |
| | 智能控制 | Python 编程基础 |
| | 结构与设计 | 设计草图的绘制 |
| | | Coreldraw 的使用 |
| | | 激光雕刻与切割 |
| | 人工智能 | 人工智能初步 |
| | 天文 | 天文学基础 |
| | | 天象观测 |
| 兴趣选修 | 思维与策略 | 成长思维及训练 |
| | | 高效学习与策略 |
| | | 数独与程序设计 |
| | 算法与程序设计 | 基本数据结构与算法 |
| | | Python 趣味编程 |
| | | Unity 游戏设计 |
| | | 学做微信小程序 |
| | 智能控制 | 电子焊接 |
| | | 创意小车制作 |
| | | 创意物流车 |
| | | 基于 Microbit 的 Python 编程 |
| | | 基于 Arduino 的开源硬件制作 |
| | 结构与设计 | 机器人初探 |
| | | 机械传动基础 |
| | | 创意造型 |
| | | 纸箱雕塑 |
| | | 基于 Rhino 的三维设计入门与 3D 打印 |
| | 天文 | 天文爱好者 |
| | | 天文探索者 |
| | 人工智能 | 手机 APP 开发 |
| | | 航模体验与开发 |
| | | 基于 Python 的语音识别与计算机视觉 |
| | | 航模体验与开发 |

续表

| 四修 | 模块与方向 | 课程 |
|---|---|---|
| 专业精修 | 思维与策略 | 创新思维训练 |
| | | 批判性思维探究 |
| | | 系统思维方法 |
| | 算法与程序设计 | 算法进阶 |
| | | 高级数据结构 |
| | 智能控制 | 传感与物联 |
| | | 树莓派应用开发 |
| | | 机器人制造 |
| | 结构与设计 | 木偶机设计与制作 |
| | | 机器人设计与制作 |
| | | 创意灯具设计与制作 |
| | | 木梁承重与结构设计 |
| | 天文 | 天上的国度 |
| | | 天文观测 |
| | 人工智能 | 传感与物联 |
| | | AI 项目实战 |
| | | 揭秘深度学习 |
| 自主研修 | 思维与策略 | 生涯规划与知识体系构建 |
| | | 心理与认知 |
| | 算法与程序设计 | 信息学竞赛 |
| | 智能控制 | 智能机器人制造 |
| | 结构与设计 | 纸板模型 |
| | | 结构强度与稳定 |
| | | VEX 机器人制作与控制 |
| | 天文 | 天文学奥赛 |
| | 人工智能 | 大数据分析与处理 |
| | | 机器学习与图像识别 |
| | | 人工智能产品设计 |
| | | 基于深度神经网络的音乐分类 |

　　此外，始于 2012 年的校园品牌活动"校长邀你听讲座"以课程形式不断将各个领域的专家、名家请进校园为学生开讲，里面既有科技前沿介绍，也有文化艺术赏析，还有交叉学科理论探究，深受学生喜爱。它从应用的领域推动了学生知识体系的融合，培养了跨学科思维，也促进了教师们对学科融合的思考。

### （二）汇聚众智，播撒创新的种子——孕育可持续发展的创新动力

创新人才培养离不开教育工作者的"精耕细作"。在厚植创新的土壤基础之上，首都师大附中便开始播撒创新的种子，孕育可持续发展的创新动力。

一是倡导开展项目式学习。项目式学习是以学生为中心，以项目为导向的一种跨学科探究式教育方式，学生通过对真实的、复杂的问题进行探究，学会用跨学科的思维去应对生活中所遇到的问题和挑战。在项目式学习过程中，教师通过引导学生主动探究和生活紧密相关的项目主题，进行跨学科综合学习，解决实际问题，唤醒创新潜能。同时，学校充分借鉴 STEAM（Science, Technology, Engineering, Art, Mathematics，即科学、技术、工程、艺术、数学）教育理念，鼓励学生把知识真正应用到实践活动中去、融入创新制作里去，并将项目式学习贯穿于多项科技创新实践中。

二是组织丰富的创客活动。例如：生动有趣的线上科普小实验由科学教师自主开发与设计，强调知识留白，激起学生探究欲；"寻找和解决生活中的不方便"类探源活动，发动师生与家长共寻创新源泉；"成达英才说•我来做科普"青牛智控社团公众号线上科普专栏、"青牛草场"主题科普演讲等，鼓励学生用科普的方式构建自身知识认知体系，实现学习效果外化表达；拆客活动、造物活动助力学生实现从"拆客""仿客"到"创客"的跃迁。在活动过程中，教师鼓励学生坚持问自己"是什么""为什么"，努力把学到的知识转化为智慧，深入思考问题本质，锻炼创新思维能力。

三是构建协同培养系统。首都师大附中积极探索中学和大学教育有机衔接，发挥家校社共同体的作用，加强学校之间、校企之间、学校与科研机构之间合作，并采用中外合作等多种联合培养方式，创建创新人才的协同培养模式。学校专门设立科技中心负责统筹协调学校科技教育工作，其中科技中心主任全面负责科技创新人才计划工作的组织与管理，科技中心教师每人负责一项人才计划并兼任校内指导教师。他们与实验室导师形成每位人才计划学员的双导师，参与管理、督促和培养每位学员。借助中国科学技术协会、北京市科学技术协会、北京市教育委员会以及北京市海淀区少年科学院等各类人才计划，学校每年选拔出近 30 名学有余力的初高中优秀学生进入高校或科研院所实验室开展课题学习与研究，为学生提供高端学习

与研究平台。在各类人才计划实施过程中，首都师大附中的教师从简单的组织、管理的桥梁深入发展为与大学实验室的导师融合一体地培养学生。每年学校参与人才计划的学生利用课余时间在数学、生物、化学、物理、计算机等学科领域进行深入探索，每届学员参与实验室培养时长为一年至一年半。2018—2020 年，人才计划学员获得北京市级以上项目比赛奖励的有 10 人次，在核心刊物发表论文 4 篇。

四是开展创新创业教育。首都师大附中政治学科组于 2017 年开始探索开发创业教育课程。该校本实践课程以教师开设"学生公司"选修课和辅导学生社团活动两种形式，通过联合校外优质资源，帮助学生对公司的运作进行理论学习和模拟演练，并参与相关竞赛等一系列教育实践活动。在相关教师的指导下，学校成立了聚创商社，给更多对创业教育感兴趣的学生提供了学习和活动的平台，增长了学生企业经营、项目管理、财务管理和市场营销等方面的知识，激发学生创新思维和商业意识，引导学生关注社会、学会合作，提高实践能力。在 2020 青年成就中国（JA 中国）学生公司大赛中，聚创商社的学生脱颖而出，代表北京地区仅有的两支队伍闯进全国决赛，其中一个公司取得了全国第一名的佳绩。

### （三）潜心育人，静待创新的果实——收获学生成德达才丰硕成果

作为北京市科学技术协会多个人才计划的基地校，在北京市科学技术协会积极搭建的人才计划平台的大力支持和各知名大学实验室的共同培养下，首都师大附中各项人才计划的学员取得了丰硕成果。2018—2020 年的三年里，2 名学员的论文在国内外期刊发表，2 名学员的论文入选英才计划全国优秀论文。在各类人才计划年度优秀评选中，4 人荣获全国优秀学员、1 人荣获北京市优秀学员称号。各类人才计划学员在科技比赛中屡获佳绩，如科创比赛中多人次荣获市级一等奖，2 人次入选参加全国比赛，1 人参加国际科学与工程大奖赛线上展评，"明天小小科学家"比赛中 3 人次荣获全国二等奖，创客国际交流展中 5 人次荣获市级一等奖。

2019—2021 年，首都师大附中参与过人才计划并陆续毕业的学生共 24 人，全部进入国内知名大学或国外大学就读。

## 四、创新人才培养的思考与展望

信息化时代，我们利用互联网可以学到许多知识，创新仍需建立在一定知识积累的基础之上。面对知识体量呈现爆炸式增长的现状，学习者已经无法学完所有知识。未来，传承知识的任务将越来越多地由智能机器人去承担，人类将专注于发展知识、创新知识。为创新而学习、在学习中创新、对学习的创新将成为对学习者的基本要求，创新思维、创客教育、创业教育等将从学校教育的边缘走向中心，培养创新人才将成为学校教育的首要目标。

就我国而言，国家历次推出的教育改革日益关注人的全面发展和综合素质培养，教育改革的终极目的就是促进学生的终身发展和满足社会发展对人才的需求。但是，由于我国人口多、生存压力大，以及陈旧的成才理念，以升学作为单一评价指标和价值取向的教育模式仍然具有强大的惯性，教育改革的有效落实依然任重而道远。

作为教育者，我们不应仅仅着眼于眼前的分数和升学率，而必须遵循教育规律，尊重人才成长规律，培养社会变革所需的，有创新意识、创新能力、创新精神和创新习惯的时代新人，做真正有生命力的教育、可持续发展的教育。正所谓"致天下之治者在人才，成天下之才者在教化"，我们不仅要思考这个时代的命题，更应有胸怀世界、着眼未来的使命与担当。

首先，在教学方式和育人方式方面，我们要思考能否激发学生好奇心、求知欲，保持持续的学习兴趣和探索欲望？教学是否有足够的挑战？学生是否具有批判性思维、创新性思维？是否有强劲学习动力？教育是否保持宽容，提供足够的支持？

其次，在教育体制机制方面，我们提倡：针对"怪才""偏才"建立灵活的选拔机制、开放的弹性学制，允许学生跳级或延迟毕业；建立多元的评价机制，鼓励学生不断扬长，做更好的自己；促进知识体系的重构，帮助学生掌握核心知识和能力；调整知识的难度，指导学生掌握学科思想方法；精简知识的总量，让学生有玩耍、运动、读书和思考的时间，营造创新和自由探索的氛围；大学实行宽进严出，以此撬动中小学的改革，扭转"玩命的中学、快乐的大学"局面；大力培养高素质的创新型教师。

最后，在教与学方面，倡导教师从学科教学转向学科教育，从输入为本转向输出为本，从知识本位转向能力素养，从传授知识转向创造知识。同时，鼓励学生从以教为主转向以学为主，从知识学习转向知识运用，从标准答案转向寻找问题，从单科学习转向多科融合。

创新是一个民族进步的灵魂，是一个国家兴旺发达的不竭动力。创新性思维和创新性人格如同深埋的种子，只有在适宜的温度、湿度、空气和光照条件下才会破土而出。因此，创新人才的出现，有赖于发掘才俊的眼光，有赖于教育的培养，有赖于教育工作者为之提供适宜的环境和自由发展的空间。

鲁迅先生有言："做土的功效，比要求天才还切近；否则，纵有成千成百的天才，也因为没有泥土，不能发达，要像一碟子绿豆芽。"[1]我们将从自身做起，做好引路人，甘当培育创新、鼓励创新的"泥土"！

# /二/国际视野下的育人路径创新

在经济全球化的今天，不同国家、地区、民族的相互交流、融合日益频繁。同时，新一轮网络和智能科技发展日新月异，让我们世代沿用的技术和习惯不断被颠覆，对创新的渴望也显得比以往任何时候都更加急切。党的十八大报告明确提出，"倡导

人类命运共同体意识"，其真谛就在于共建、共享、共赢，"万物并育而不相害，

---

[1] 鲁迅：《坟》，107页，北京，人民文学出版社，2006。

道并行而不相悖"，倡导坚持交流互鉴，建设一个开放包容的世界，追求共同发展，共同繁荣，这是时代发展潮流和历史发展趋势。

在此背景下，首都师大附中的成达教育坚持"守正、开放、创新"的理念，积极开展国际理解教育。学校在 20 世纪 80 年代开启了国际化教育进程，历经多年发展，国际合作与交流从最初对"量"的追求逐步上升到"质"的突破，培养了一大批具有"中国灵魂、世界胸怀"的"未来人"，并探索出一条具有国际化和本土基因特色的创新育人之路。

# 一、关注每一位学生一生的发展

## （一）项目性质和理念

顺应时代的开放和创新潮流，2008 年，首都师大附中经北京市教育委员会批准，开设了中美高中实验课程项目，成为北京市第一所与美国高中名校直接合作的公立普通高中。该项目凭借独特的教育教学模式与中西合璧的教育教学理念，成为首都师大附中国际部的主打品牌。自开办以来，为保证质量，首都师大附中每年只招收两个班，每班不超过 40 人，三个年级的在校生，人数稳定在 200 人左右。

以"关注每一位学生一生的发展"为理念，该项目旨在提供高品质课程，触心挖掘学生内在潜力，做适合学生一生发展的教育，致力于培养热爱祖国、善良有爱、遵守规则、刻苦勤奋、张扬个性、合作创新、超越自我、胸怀天下、学术水平一流、热爱体育运动、身心健康的国际一流优秀人才。

## （二）课程体系构建

该项目与具有 260 年历史的美国私立捷门棠学校 (Germantown Academy) 直接合作办学，学制三年，办学规范，课程严谨。为帮助学生从中学课程向大学课程扎实过渡，项目构建了独具特色的校本课程、普通高中必修课程、美国高中课程、美国大学先修（AP）课程相结合的"中美融合课程体系"，具体情况如下。

①中国普通高中必修课程、选择性必修课程。

②美国高中课程：英语文学、美国大学先修微积分预备课（Pre AP 微积分）、科学课（物理、化学、生物）等。需特别指出，英语文学课程由捷门棠学校英语组为本项目学生量身定制，学生在这里与美方高中生一起阅读英文经典文学，真正提

高学生的辩证思维及综合语言应用能力。

③美国大学先修（AP）课程：AP 宏观经济、AP 微观经济、AP 统计、AP 计算机科学、AP 微积分、AP 物理 1 和 2、AP 物理 C、AP 化学、AP 生物、AP 心理等。

④校本课程：标准化考试内容精讲[托福、学术能力评估测试（SAT）等]，英语高级听说、批判性阅读与写作、向量微积分、美国大学入学准备系列课程、小语种系列课程等。

### （三）课外活动设置

民族的，才是世界的。21 世纪的中国学生不仅要加深对世界多元文化的认识和了解，而且要加强对中华优秀传统文化的理解和认同。学生只有心中充满文化自信，才能更加自由自在地行走，更好地融入国际发展大潮流。在高质量的课程学习之外，学校推出了一系列丰富多彩的课外活动供学生自由选择，并注重在活动中增强中华优秀传统文化的教育和熏陶。

一方面，在教师指导下，学生们自发成立了众多社团，包括演讲社、模拟联合国、"光聚"英文报纸社 (Flashlight)、爱乐林、年册社、阿卡贝拉社、国际象棋社、中国传统文化 / 乐器社、观鸟社、出走社、辩论社和社会实践之锋献社（Beeline）等；另一方面，通过举办多彩的实践活动，如英语拼词大赛、辩论赛、演讲比赛、中华优秀传统文化与服饰节、新年舞会、纪念"一二·九"运动远足活动、"春之声"合唱比赛、科技节、艺术节和学生节等，学生的综合素质得到了提升，爱国情怀也得到了激发。

## （四）三维管理模式

融合国内和国外高中管理理念和优势，首都师大附中国际部实行中西合璧的管理模式，在传统的班级、年级管理模式中融入了美国的学苑制管理模式，形成了独具特色的"三维管理模式"，充分培养学生的综合素质。学苑制管理模式的优点在于有利于培养团结友爱的社群意识，具体表现为打破限制，将不同年级、班级的学生依照特长和兴趣编排为三个学苑，通过学苑间的比拼，让学生在活动中自主管理、合作创新、追求卓越、胸怀天下。项目内的公益、文体、学术等主题社团及俱乐部，则让学生通过多彩的成长经历展现出属于自己的魅力。在关注自我提升之外，学校希望学生能够互相引领，而不是孤军奋战，用自己擅长和热爱的事情，回馈帮助自己成长的环境，培养社会担当责任和组织领导能力。

## （五）师资队伍建设

在教师队伍建设方面，首都师大附中国际部组建了一支由本校骨干教师、优秀外籍教师、合作校升学指导教师、合作校教师共同组成的教师队伍，为学生提供全面的指导。高一至高三的学生课程规划、标准化考试安排、升学指导等由中美两所学校专职教师对学生进行个性化指导且独立完成，真正实现了与美国名校课程的无缝对接、学习过程的无缝衔接和中西课程的高度融合。面对项目中教育教学的新问题，参与项目的教师认真学习、积极实践，探索中美课程融合的方式与方法，同时以严谨的学术态度和高度的敬业精神，在教育教学上创造出骄人的业绩，受到各届毕业学生及其家长的高度认可和好评。

## （六）学生指导与评价系统

在学生的日常评价中，首都师大附中国际部使用了与美国高中相同的支持系统，不仅全面记录了学生的学习过程性数据，进行个性化分析，而且可以真正实现与美国的学分互认，让学生大学先修课的学习经历获得认可。每个月，年级组都会对每名学生的学习情况做出分析诊断。对存在薄弱项的学生，学校开展学术个性化辅导，每周固定时间安排学科教师提供有针对性的指导。对于毕业年级，学校则会增加升学指导，安排经验丰富的中外教师针对升学申请进行指导。

### （七）学生成绩硕果累累

首都师大附中中美高中实验课程项目至 2022 年已有 12 届毕业生，办学经验充足，校友资源丰富。升学结果整体优异，每年均有优秀学生升入美国排名前 10 的大学和文理学院，60% 的学生进入了排名前 30 的大学，96% 的学生进入了排名前 50 的大学。学生历年来升入的大学包括：西北大学、约翰斯·霍普金斯大学、杜克大学、康奈尔大学、范德堡大学、圣路易斯华盛顿大学、莱斯大学等美国综合性大学，牛津大学、帝国理工学院、伦敦大学学院等英国大学，多伦多大学、麦吉尔大学、英属哥伦比亚大学等加拿大大学，斯沃斯莫尔学院、波莫纳学院、卡尔顿学院、科尔比学院等美国的文理学院，罗得岛设计学院、纽约视觉艺术学院、伯克利音乐学院、芝加哥艺术学院等知名艺术院校。2011—2018 届诸多毕业生已顺利被哈佛大学、麻省理工学院、耶鲁大学、斯坦福大学、布朗大学、宾夕法尼亚大学等研究生院录取，有的已成功进入世界名企工作，成为社会的栋梁之材。

中美高中实验课程项目支持学生根据自己的兴趣选择合适的学科竞赛或者实验活动，积极参与，在教师们的指导下，切实通过学习和参与活动的过程获得自我提升。以下为该项目学生 2020—2022 年参加部分竞赛成绩：2020 年澳大利亚数学竞赛中，1 名学生获得全球卓越奖（全球排名前 0.3%），7 名学生获得一等奖（全球排名前 3%）；2021 年美国数学思维挑战赛（AMC）中，1 名学生获得全球卓越奖（全球排名前 1%）；2021 年澳大利亚数学竞赛中，3 名学生获得一等奖（全球排名前 3%）；2021 美国 AMC12 数学竞赛中，1 名学生获得一等奖（全球排名前 5%）；2021 年袋鼠数学思维挑战赛中，1 名学生获得全国超级金奖；2022 英国中级数学思维挑战赛中，2 名学生获得全国金奖；2021 年"物理杯"美国高中物理思维挑战赛中，2 名学生获得全国金奖；2021 加拿大初级化学奥林匹克竞赛中，2 名学生获得全国金奖；2021 北美高中生商科竞赛（FBLA）中，1 名学生获得组织领导力全国第 1 名。

## 二、让中国文化播撒世界

首都师大附中是中华人民共和国国家汉语国际推广领导小组办公室（现为教育部中外语言交流合作中心，以下简称国家汉办）认定的全国中学汉语国际推广基地校，一直以来积极贯彻第一次全国孔子学院工作会议提出的"要遵循教育规律，提高办学质量，坚持内涵发展，开创孔子学院和国际汉语教育与推广事业新局面"的要求，与美国捷门棠学校合作开办孔子课堂工作，大力推广中国文化及对外汉语教育。

2012年4月16日，首都师大附中驻捷门棠学校的孔子课堂隆重开幕。中国驻纽约教育参赞岑建华先生前来祝贺并宣读国家汉办许琳主任的贺信，宾夕法尼亚州官员致贺词并带来宾夕法尼亚州州长的贺信。参会的还有宾夕法尼亚州和纽约孔子学院的中方和外方院长、捷门棠学校的友好校——波兰最古老的一所高中校的校长以及捷门棠学校在费城周边的友好校的校长们。

自2012年开始，首都师大附中先后派出多名教育教学经验丰富的优秀教师作为全职汉语教师赴捷门棠学校任教，帮助建立、完善汉语课程，提供优质的汉语课堂教学，开展丰富的中国文化活动，并策划与周边公立学校开展汉语教学观摩及交流活动，不断扩大首都师大附中在美国孔子课堂的影响力。凭借出色的表现，首都师大附中与捷门棠学校合办的孔子课堂被国家汉办评为"先进孔子课堂"。

附：

### 首都师大附中英语组刘莉老师在美国捷门棠学校工作总结

本人2015—2016学年经过考试选拔被国家汉办派往位于美国宾夕法尼亚州费城的捷门棠学校任教。捷门棠学校是我在国内工作的首都师大附中的姊妹学校，每年学校派一名老师前往该校教授中文课程。今年我承担8年级中文C班9名学生、11年级中文3班及5班共两名学生的中文教学工作，同时担任小学中文教学助教，辅助教授从2年级到5年级的60名学生。在此期间，定期辅导需要额外帮助的一名8年级初中生和一名10年级高中生。从2016年2月10日起担任美国亚裔学生俱乐部（Asian students in America club）的指导老师，每周六活动一次。此外，担任初中部男子篮球队比赛记分员。

　　捷门棠学校为我们中文教师在生活和工作中提供尽可能多的支持与帮助，使我们能够尽一切所能努力工作。2015 年 8 月 17 日到达捷门棠学校之后，8 月 20—28 日，参加了学校组织的岗前培训，我很快熟悉了学校的教学环境和整个学年的教学安排以及工作所需的各种软件设施。在此期间，我还参加了新任职教师培训，清楚地意识到来美工作可能面对的问题及如何探讨有效的解决方式。

　　充分的准备和乐观的心态使我在 9 月开学后能够从容应对各种挑战，很快熟悉教材、学生及同事，认真学习上课所需要的多媒体教学设施以及网上系统的使用方法。并在日程中规划整个学年的考试安排。我认真学习美国同事的良好习惯，凡事做到事前有安排、做事有计划。在开学初的家长见面会上，我饱满的教学热情和翔实的课程描述令家长们非常满意。

　　在平时的教学中，我认真备课，查阅了大量的相关资料，做到教授内容精准、教学方法多样。我力求把教材教授的内容和学生的实际生活相联系，同时潜移默化地融入中国文化，效果很好。从自我介绍的海报制作到教师节、中秋节贺卡的绘制，从春节十二生肖的介绍、生肖的计算到书法和剪纸的练习等，学生们都充满了兴趣，在动手实践中加深了对语言的理解和中国文化的喜爱。他们在中美文化差异比较的辩论中加深了对双方文化的理解，在数数的游戏中认识并熟练运用数字，在知识抢答比赛中了解了中国的主要城市和风貌……8 年级的学生思维活跃、精力充沛，在课堂上，我不断调整教学方法激发他们学习中文的热情，设计不同的活动使学生高效参与到课堂学习中来。在遇到问题时，初中组负责人、语言部领导、年级负责老师、我的指导老师、中文项目负责老师以及身边的同事都给予了大力支持。很幸运在捷门棠学校有这么多有经验的老师随时给我出谋划策，帮我解决了各种问题。新校长听课、评课，老校长对我多方面的关心和爱护，使我对捷门棠学校充满了感激之情。感谢各位领导和老师的关怀，让我能够安心、积极、热情和高效地工作。

　　在制定中文项目的实施规划时，我积极献计献策，包括和中文部的同事们探讨教材的选取、从小学到初高中学生中文教学的连续性问题，以及学校中文项目的规划、中文资格考试、AP 考试的计划准备实施等具体问题。我的一些想法和建议得到了中文部负责老师的肯定。

　　为了提高自己的教学水平，除了参加岗前培训外，我还参加了 2016 年 1 月 16

日的中文教学研讨会，和与会的老师们探讨中文教学、教材及考试等的相关话题。在学校定期（每两周一次）参加初中部语言部教学研讨，主要进行 TPRS 教学模式的研讨和实施。同时参加学校自愿分组教研活动，主要探讨 21 世纪新的教法及存在的问题和局限性。参加学校相关教研活动，聆听了校长基于评估的课程开发（Assessment-Based Curriculum Development）的讲授和图书馆员关于的讨论。感谢同事们欢迎我去听课，使我能够把理论与实践相结合、观察课堂、学习授课方法和管理。我先后听了高中数学、历史，初中西班牙语、英语和中文等课程教学，听课之后和老师们的交流让我受益匪浅。我在课余阅读老师们推荐的教法书目，不断提高自己。每周三晚上 7:00—8:30，风雨无阻地参加在当地一所公共图书馆开设的英语会话类学习，由一名 90 多岁高龄的老师义务给大家开设。这位老师的课不仅让我学到了英语会话技巧，而且让我看到了她的敬业与对学生的热爱。

除了日常教学外，我还积极组织和参与校内外各种活动，如前往费城地区为无家可归者提供餐饮的机构发放午餐、在地区初中运动会和篮球赛中担当计时员、担任当地学校举办的中文诗词大奖赛评委、参加其他地区或学校的中文推广宣传活动以及组织学校新春联欢会等。

在美国捷门棠学校一个学年的工作中，我体验了不同的文化，开阔了自己的眼界，提高了自己的英文素养，更新了自己的教学理念，为传播中国文化贡献了自己的微薄之力。感谢国家汉办和学校给我这次机会，我要将所学运用到国内的工作中去，并继续为中美交流做贡献。

# 三、与世界对话

首都师大附中对外交流时间久，先后与法国、德国、美国、英国、日本、新加坡、泰国、马来西亚、澳大利亚、新西兰、瑞典、韩国等十多个国家的学校建立了友好交流关系，每年交流活动频繁，对外交流成果显著，不仅促进了中国文化在各国的传播，也大大推进了本校"国内领先，国际一流"建设目标的实现进程。通过充分利用国际友好城市和友好学校的资源平台，友好学校互访、学生海外研学、教师提升培训等教育国际合作与交流项目得到了有序开展。交流双方通过互访的方式，达到了互相学习、促进发展的目的。

首都师大附中多次出色地完成教育部国际合作与交流司、北京市人民政府外事办公室、北京市教育委员会、北京市海淀区教育委员会等上级单位下派的各种教育外事工作任务，同时与各友好校继续开展丰富多彩的交流活动。学校每年都要接待捷门棠学校师生、"国际学生夏令营"的美国师生、美国大学招生办的工作人员、"美国总统奖"优秀高中生代表团、马来西亚中文教师研修团以及泰国、日本、新加坡等友好校的教师代表。首都师大附中本着学习、推广中文和中国文化，推动文化交流的原则，为其安排适宜的日程，既有校长、教师间的高层研讨，也有为学生专门设计的中国语言和中国特色文化课程学习、体育锻炼与文化体验等。来访师生对首都师大附中的教育教学质量及学生有了深入了解，对学校的整体形象给予了高度评价。首都师大附中达到了对外交流、互相学习、促进发展的目的，成达教育的国际影响力日益提升。2012年，首都师大附中被中国对外友好合作服务中心评为"对外友好交流示范校"。

站在新时代的新起点上，成达教育将以培养学生家国情怀为核心，以国际化视野为导向，更加充分地发挥优质教育资源的优势。首都师大附中将依托不断发展的对外合作交流平台，促进国际化的办学模式不断完善，提高教育质量，培养更多具有"国际视野、中国心"的优秀学子。

## 【案例】

### 荷兰姐妹校在首都师大附中友好交流项目圆满结束

首都师大附中荷兰姐妹校豪达安东尼斯学院师生20人于2019年10月13—20日访问首都师大附中，受到师生的热烈欢迎。18名荷兰学生与来自首都师大附中的18名学生结成了对子，他们住进学生家庭体验中式生活，同时在首都师大附中走入不同课堂，学习中文、艺术、体育等课程。在校期间，中荷两校的学生还各自介绍了本国的文化，展示了不同风格的中荷舞蹈。

八天的日程紧凑务实、丰富多彩，荷兰师生深切感受到了我国优秀的民族文化魅力和快速发展的中国新貌。中荷小伙伴们在共同的学习、生活中建立了深厚的友谊，增强了国际理解力。荷兰师生回程之际，首都师大附中师生及家长依依送别。荷兰师生亦难掩对首都师大附中及中国家庭的眷恋之情，挥泪拥抱，相约再见。

【学生感言】

我很喜欢这次活动，不仅因为和学友有一些在兴趣爱好上的相似之处，也因为在课余生活里有了一个陪伴的人，更因为能认识远在海外的一位朋友，了解了荷兰这个我从未详细了解过的国度，开阔了视野。千里一线牵，珍惜这段缘。

——王昱绚

小姐姐自理能力很强，很有礼貌，和我及我的家人相处愉快。我们带她感受了中国文化。荷兰中学生展现出来的自由与开放令我印象颇深。我在此次活动中和一个外国小女孩有了深入的交流，对不同的文化有了一些了解，这是很愉快、特殊的体验。

——吕欣阳

【家长感言】

我们和孩子提前查了荷兰的基本情况，准备了日程表，将主要内容译为英文。在家期间，全程记录，并在荷兰学生返程前赠给了他一本属于他自己的独特的北京全程记录册。荷兰孩子非常感动。若昂在接待荷兰学生时收获很多，知道了如何待人接物，也意识到自己知识层面的短板等，感谢学校给予他这样的机会。

——晋若昂家长

送别时一起吃饺子，感觉有点像自家的孩子，有点不舍。

——胡羽杉家长

# 第四章

# 以管理凝聚合力

## ——创新管理模式，打造卓越队伍

　　**校长手记**：学校的高质量发展离不开一支高素质、高效率的卓越团队。首都师大附中坚持文化治校，不断推动学校管理专业化，推进学校治理体系和治理能力的现代化。在干部管理方面，学校不断优化组织结构，提升组织能力，提高组织效率，实行首遇负责制、首问答复制、末位发言制、民主集中制，做到凡事有人负责、凡事有章可循、凡事有据可查、凡事有人监督。在教师管理方面，学校打造成达卓越教师工程，重视师德师风建设，引导教师以德立身、以德立学、以德施教、以德育德，倡导教师不能只做传授书本知识的教书匠，要坚定信仰有志气、追求卓越有正气、敢闯实干有锐气、学养深厚有才气、淡泊明志有静气，成为新时代塑造学生品格、品行、品味的"大先生"。

# / 一 / "三高"铸就教师团队

2014年9月9日，习近平总书记到北京师范大学慰问和看望教师，并再次强调"百年大计，教育为本；教育大计，教师为本"。2018年1月，中共中央、国务院印发了《关于全面深化新时代教师队伍建设改革的意见》。它充分体现了以习近平同志为核心的党中央对教师队伍的高度重视、热切关心和殷切希望，描绘了全面深化新时代教师队伍改革的宏伟蓝图，指明了加强教师队伍建设的根本方向，也确定了建设党和人民满意的高素质创新型教师队伍的核心举措。

"教师是立教之本、兴教之源。"成达教育的品牌靠一代代教师开创和传承打造。百年学府首都师大附中在创建之初就是名人贤达办学，在办学过程中十分重视名师培养，鼓励教师在教学中改革创新，创造自己的教学特色，形成教法流派。同时，鼓励发挥优秀教师的传、帮、带作用，使青年教师迅速成长，不辱使命，故而不断涌现出一批批学界名师。首都师大附中以加强师德师风建设为抓手，不断提升教师的职业素养，力争做到以事业凝聚人、以创新吸引人、以爱心团结人、以机制稳定人。

## 一、我们的队伍不一般

首都师大附中拥有一支师德高尚、业务精湛、团结协作、勇于创新的教师队伍。总校拥有教职工400余人，包括一大批全国模范教师、全国优秀教师、国家级骨干教师、正高级教师和特级教师，青年教师全部具有硕士及以上学历。

首都师大附中坚持将思想政治建设、师德师风建设、业务能力建设等统筹发展、协同推进，建设高质量的教师队伍，不断健全教师发展培养体系（表4-1）。

表 4-1 首都师大附中教师发展培养体系

| 指标 | 内容 |
| --- | --- |
| 一个中心 | 一切以教师发展为中心 |
| 两个机制 | 鼓励激励机制、考核评价机制 |
| 三大工程 | 青蓝工程、领军工程、卓越工程 |
| 四个维度 | 理念先进、师德高尚、业务精湛、科研创新 |

其中，"一个中心"指的是一切以教师发展为中心。学校以教师梯队建设为突破口，基于教师发展需求搭建培训、交流、科研、展示等平台，优化教师的品格结构、知识结构和能力结构，完善教师专业发展档案，促进教师个性化发展和团队共同发展的有机结合。

"两个机制"分别是鼓励激励机制和考核评价机制。学校坚持"按需设岗、以岗定薪、按岗聘用、竞争上岗、合同管理"的聘用原则，加快推进以教师聘任制为核心的全员聘任制改革，逐步形成人员能出能进、职务能上能下、待遇能高能低的局面；坚持进一步完善教师考核评价标准，建立以业绩和能力为导向、科学合理的教师考核评价机制；坚持分配制度向教学科研第一线教师倾斜，鼓励优秀人才脱颖而出。

"三大工程"为青蓝工程、领军工程和卓越工程。青蓝工程旨在充分发挥名师的示范引领作用，通过经验传承和帮扶指导，不断提高青年教师的核心竞争力，促进青年教师迅速成长。领军工程旨在建设一支在北京市和海淀区有影响、学科教育有地位、具有引领和辐射作用的骨干团队，推进学校健康、协调、可持续发展。卓越工程的目的在于造就一批基础教育各学段、各学科的领军人物和有广泛影响的名师，引领全国、全市中学教师朝着铸就更加优质均衡的基础教育的目标努力探索和前行。

"四个维度"分别围绕教育理念、职业道德、业务能力、科研水平四个角度，提出了明确要求：理念先进、师德高尚、业务精湛、科研创新。首都师大附中一向重视教师队伍的建设工作，不断加强和改进师德建设，将社会主义核心价值观融入教育教学全过程，进一步凝聚起师生员工的思想共识，使之成为共同的价值追求。与此同时，学校坚持以校本培训促进教师专业发展，以课题研究提升教师科研能力，鼓励教师"教有特色"，搭建平台帮助教师成名、成家。

## 二、欲为人师，先立师德

学校教育是学生世界观、人生观、价值观的形成期，教师在学生的理想、信念、价值和道德方面具有十分重要的引领与示范作用。加强和改进师德建设是全面贯彻党的教育方针，坚持社会主义办学方向，落实立德树人根本任务，培养德智体美劳全面发展的社会主义建设者和接班人的根本保证，是进一步加强和改进青少年学生思想道德建设和思想政治教育的迫切要求。2018 年 5 月 2 日，习近平总书记在北京大学师生座谈会上指出"要引导教师把教书育人和自我修养结合起来，做到以德立身、以德立学、以德施教"，并强调，"评价教师队伍素质的第一标准应该是师德师风"。

首都师大附中充分认识到，办好新时代的成达教育必须坚持突出师德建设。为此，学校站在立德铸魂的高度，聚焦师德建设，在实践与创新上下功夫。

## （一）融入教师队伍建设，以德立身

学校立足时代要求，将师德建设实践与创新融入制度规范、价值引领、榜样示范、文化滋养等教师队伍建设中，教育、引导教师以德立身。

### 1. 制度规范

制度规范，促进师德建设。2018 年 11 月，教育部印发《新时代中小学教师职业行为十项准则》，立足新时代，对中小学教师的职业行为作出明确规定。首都师大附中高度重视，第一时间组织全体教师认真学习贯彻，确保每位教师知准则、守底线。首都师大附中严格落实学校主体责任，用标准正面引导，同时树牢负面底线。首都师大附中制定了《首都师大附中日常教学行为规范》，设定正面标准，引导教师为人师表；制定了《首都师大附中师德"一票否决"实施细则》划出"负面底线"，纳入师德一票否决，在全校教师中树牢师德底线意识。

学校定期对教师进行师德考核和各级别的评优评先，考核评价结果与教职工新学年聘任、绩效工资、年终奖励等挂钩，在职称评聘、岗位评聘、推优评先、表彰奖励等环节中突出师德把关作用，严格执行"师德一票否决制"，切实做到以"评"促改、促提升，不断激发教师工作的进取心。

### 2. 价值引领

师德不仅事关学生的健康成长，而且事关国家和民族的未来。为此，首都师大附中坚持价值引领，以培养"正志笃行，成德达才，国家担当，胸怀天下"的创新人才为教育的使命，引导教师树立远大职业理想，争做"四有"好教师，推动教师做学生锤炼品格、学习知识、创新思维、奉献祖国的引路人；以"做高品位、高质量、高素质的成达教育"为愿景，引导、教育教师不断加强自我修养，自觉追求高尚，以德立身、以德立学、以德施教、以德育德。

学校把社会主义核心价值观贯穿到师德建设实践与创新中，围绕首都师大附中"正志笃行，成德达才"的育人理念，形成了教师认同与遵循的核心价值观："以学生发展为中心，关爱尊重；以敬业奉献为根本，责任担当；以团队合作为依托，律己宽人；以追求卓越为动力，开放创新。"学校通过价值引领，为师德注入经久不息的内在价值动力，注入理想与追求的内在精神动力。

### 3. 榜样示范

学校实施杰出青年、领军人才培养计划。通过大力发掘、培养一大批师德素养高、专业能力强的优秀教师，学校打造"名师榜"，激励更多的教师做学生敬仰爱戴的品行之师、学问之师。

①学校积极树立榜样，开展表彰先进的活动。首都师大附中坚持每年评选师德先进集体和个人，每年评选"四有"好教师，每两年评选"感动校园十佳优秀教职工"和"成达杯"优秀教师。特别是"感动校园十佳优秀教职工"，他们敬业奉献、甘于付出、德高为范。学校充分发挥教师榜样的引领作用，在全体教师中倡导见贤思齐、向榜样学习。

②学校积极创新挖掘榜样方式。在每年的"五·四表彰庆典"中，让被表彰的优秀学生选出自己敬重的教师，一起走红地毯、登上领奖台。首都师大附中用这种陪伴优秀学生领奖的方式，挖掘出不少受到优秀学生认可的师德高尚的教师。这些在平凡中见伟大、在辛苦中见境界的陪伴者，无声地传递着师德的珍贵。

### 4. 文化滋养

①以先进人物事迹为滋养。首都师大附中校长挑选先进人物事迹，由学校信息中心专门剪辑做成视频，在全体教职工大会上播放。学校通过观看先进人物以德立身的事迹，激励教师自觉加强个人道德修养，崇德修身、铸牢师魂。首都师大附中人心中深深地印下了新中国核武器理论研究工作的开拓者和奠基人之一的邓稼先、第一代飞机设计师程不时院士、我国肝脏外科医学奠基人吴孟超院士、港珠澳大桥岛隧工程项目总经理林鸣院士等多名先进人物的典型事迹，以德立身的精神文化滋养着教师们的精神世界。

②以中华优秀传统文化为滋养。以传承为抓手，依托校内建成的非遗教育博物馆，首都师大附中通过多种方式，让文化滋养、丰富师德建设的内涵。立足长远，学校将"非遗"为核心内容的馆藏、展陈作为教育资源，使教师的受教内容和方式多元化，坚定中华民族文化自信。学校通过让教师开设非遗社团公开课，邀请文化

名家、非物质文化遗产传承人进校园等，引导教师传承中华优秀传统文化，凸显传统文化"教人以德"的功能；加大教师自创传统文化艺术作品的展出力度，提高教师参与传统文化艺术创作的参与度，使教师体验到中华优秀传统文化中为师者的品性与"德者，才之帅也"的深刻内涵。

③以书香校园文化为滋养。学校不仅把书香校园作为校园文化建设的重要载体，还依托书香校园推进师德建设。校园中的多个全开放式书架，摆满了种类齐全的图书。书籍触手可及，让教师浸润在书海中。每周，图书馆的教师会精选有关教育教学的优秀文章放在校园网上，供大家自主阅读；每学期，学校为每一位教职工提供教育名著。除此之外，教师之间还互相推荐好文章、好书籍，共同探讨，形成了勤学向上的好风气。这种处处可阅读、时时可阅读的文化滋养源，无声地熏陶着、影响着教师，让读书成为教师职业生涯的一种习惯，校园中处处有"书伴为师者"的雅景。

**（二）融入主题研修实践，以德立学**

首都师大附中立足学校发展，将师德建设实践与创新融入专题研修、同伴互学、学习提升等教师研修实践中，教育、引导教师以德立学。

**1. 专题研修**

以师德为先，开展专题研修。学校利用专题研修，将"为师必须以德为先"的信念植入教师心底。

①学校历史专题研修。学校高度重视挖掘校史工作，专门建有校史馆。该馆已经成为教师体验和感悟师德的教育基地，他们利用校史馆的厚重积淀开展教育研修。校长在每学期开学典礼上的讲话中都要谈到校史，为的是让每一位教师铭记首都师大附中创造了百余年辉煌教育历史的根本原因是有一支政治过硬、师德高尚、业务精湛的教职工队伍。

②名师经历专题研修。学校举办以"青年使命，责任担当"为主题的"成达教育论坛"，通过挑选名师、优秀中青年教师作为主发言人，将主发言与研修相结合。主发言人根据自己的教育实践经历，从职业价值、育人意识、敬业精神、为人师表等师德实践谈师德感悟。之后，全体教师围绕主发言人的师德感悟开展讨论、自省、互学、交流等研修活动。

此外，学校编制印发《教学工作手册》《班主任工作手册》《导师工作手册》《导师制学生手册》，指导教师在岗位上规范教育工作，倡导教师在自己的岗位上做到品高德重、使人信服、以身作则、不违说教。

### 2.同伴互学

以师德浸润，实现同伴互学。学校坚持用身边教师群体的师德浸润、引导与教育教师个体，实现同伴互学共进。

①学校为新教师配备导师。学校为每位新入职的教师分别配备一位德才兼备的名师或骨干业务教师担任导师，通过听评课、专题研讨等方式，实现传、帮、带，帮助新入职教师更快、更好地成长。学校倡导新入职教师与老教师互相学习、互相帮助、共同成长。

②学校精心开设师德课程。每年3—6月，学校开设系列师德课程，由师德高尚、专业能力强的优秀教师组成讲师团，对新教师进行岗前培训。通过优秀教师经验分享，新教师学习教育教学智慧，感受身为人师的责任与使命感；通过同伴交流分享，找到发展动力，明确入职前三年的机遇和挑战；在跟班实习中，挑选德才兼备的教师担任指导教师，为新教师上好师德第一课，让其在入职前近距离感受优秀教师的人格魅力。师德课程的开设，使新教师在潜移默化中提高了师德水平和教书育人的能力。

### 3.学习提升

学校围绕师德主题，从不同角度开展教师学习提升活动，构建起学校、教学处、教育处、年级组、教研组齐抓共管的学习提升共同体。学校充分利用教师会、班主任会、教研组会等方式，搭建师德师风教育专题活动平台，开展一系列师德学习教育活动。例如，学校邀请首都师范大学政法学院教授开展"师德的核心"主题讲座，请优秀班主任分享对社会主义核心价值观的理解，组织35岁以下教师进行师德问题讨论问答，邀请教育界有影响力的专家、学者为教职工开设讲座。以师德内容为重点的学习提升，使全体教职工在耳濡目染中汲取道德智慧，强化道德修养，不断夯实了学校的师德建设实践。

### （三）融入递进课程体系，以德施教

学校立足学生发展，将师德建设实践与创新工作融入精心设计与实施的学校"四

修"课程体系中，教育、引导教师以德施教。

### 1. 理解与认识，突出师德

学校"四修"课程体系从设计到实施，每一门课程中都包含着教师的价值取向、思想境界、态度情感等多种因素。学校结合学习贯彻《中学教师专业标准（试行）》的要求，教育、引导教师对教师职业有准确理解与认识。将《中学教师专业标准（试行）》中"贯彻党和国家教育方针政策，遵守教育法律法规"等对教师职业的理解与认识，融入学校"四修"课程体系建设中，使所有参与课程设计与实施的教师筑牢职业理想和敬业精神，切实认同教师的专业性和独特性，在注重自身专业发展的同时具有良好的职业道德修养，充分发扬团队合作精神，积极开展协作与交流。正是因为在完成该项艰巨任务的过程中突出师德建设，才让教师们在理解教育工作的意义的基础上使"四修"课程体系构建得到强有力的保障。

### 2. 实践与体验，以德施教

为提高师德建设实效，学校不断创新师德师风建设工作思路，让教师在教育教学实践与体验中，认真落实以德施教。

①学校注重教师情境体验。首都师大附中组织开展了如下活动："我的教育故事""我的教育梦""至善为师，真情爱生"等师德师风演讲大赛，"师德践诺，铭我信念"集体宣誓，"一路书香，一生阳光"师生共读，"爱生心语卡"设计大赛。这些情境体验活动，生动地诠释了师德内涵；引导教职员工爱岗敬业、乐于奉献，为学校事业发展贡献智慧和力量；引导教师提高师德修养、践守承诺，激发活力与创造力，提升师德素养。与此同时，学校注重强化教师社会实践体验，倡导积极参与社会各类志愿服务活动，推动教师充分了解党情、国情、社情、民情，引导教师树立正确的历史观、民族观、国家观、文化观，增强"四个意识"，坚定"四个自信"，做到"两个维护"，为以德施教固本强基。

②学校不断激励教师成长。讲好课是最大的师德。首都师大附中认真开展教育教学基本功大赛，不断激励教师在教育教学实践中历练成长。针对不同入职年限的教师，学校积极组织教师开展和参与"正志杯""启航杯""风采杯""京教杯"等教学基本功大赛和"成达杯""风华杯"等班主任基本功大赛。教研组、年级组教师们与其共同备课，以校内外赛课等方式，让入职不同年限的教师在竞争中切磋磨

练，不断提高其业务能力和师德水平。

## （四）融入"三全"育人实践，以德育德

学校立足育人要求，将师德建设实践与创新工作融入全员、全程、全方位的"三全"育人实践中，引导教师以德育德。

如果长期以高考为指挥棒，学科教学与学生教育就会脱节，教师就会更注重知识的传递，忽视学生情感、态度、价值观的发展。然而，学生遇到的困难不只局限于学业上的，更有精神上、生活上、德行修养中的。教师担负培养人才的职责，除传授知识外，还应注重学生人格完善、德行发展，成为学生的精神导师。

双导师制，全员育人。在新课程改革、实施走班教学的背景下，班主任对班级学生发展指导不到位等是改革中普遍存在的育人难题。作为班级管理的重要补充，首都师大附中实行了全员育人双导师制，对学生进行有针对性的细致指导。双导师制以学生发展为核心，引导教师由学科教师转向学生导师，注重因材施教。导师凭借自身知识、专长、修养、生活态度、人格魅力等对学生进行潜移默化的影响，实现"教""育"融合，智育、德育并举，促进学生学业和个性双重发展。在这一管理创新中，教师真正成为学生成长和发展的指导者，其自身的师德水平也得到相应提升。

实践课程，全程育人。以首都师大附中特色校本课程初中博识课和高中综合实践课为例，这两大系列课程的开发与实施具有全过程育人的特点，这对于开展未成年人综合实践课程教学的教师来说，是全新的挑战与考验。他们明大德，迎难而上，不仅开发出了课程，还形成了一整套课程实施流程与办法。教师指导学生开展综合实践活动，走在了教改的前列，帮助学生实现了分数与素质的双提高，育人效果显著。

现代学校教育是一种开放式的全方位教育。在实现全方位育人方面，首都师大附中充分发挥学校、家庭、社会三者的不同优势，积极开展家校共育工作，利用社会提供的优质资源为学生提供实践的广阔平台，不断凝聚教育合力，提升育人实效。

学校"三全"育人效果显著。全校学生给教师评分，平均满意率连续多年保持在95%以上。在教师的教育实践引领下，许多典型教育经验不仅使得学生终身受益，而且成为学校的教育品牌，使学校走在教育改革前列。

2015年10月，中国伦理学会教育伦理学专业委员会倡导启动了第一批"全国

师德实践与创新基地"建设工作。在建设单位主动申请的基础上,按照学会关于"全国师德实践与创新基地"建设的指导意见和要求,首都师大附中成功入选第一批"全国师德实践与创新基地"。2019年9月,经建设单位总结、自评和申请,组织专家考察评估和推荐,中国伦理学会教育伦理学专业委员会常务理事会集体讨论通过,全国共有6家单位被评为第一批"全国优秀师德实践与创新基地",首都师大附中位列其中。

总之,首都师大附中将师德建设融入学校教师队伍建设、教师研修实践、递进课程体系、"三全"育人实践中,做了大量务实的探索,形成了全面有效的师德建设实践与创新机制,在师德建设实践与创新上取得了突出的成效。

## 【典型案例】

### 择善而从 守心而行

#### ——首都师大附中 2019 年度"感动校园"十佳教职工颁奖典礼举行

2019年7月11日上午,"择善而从 守心而行——首都师大附中2019年度'感动校园'十佳教职工颁奖典礼"于成达厅举行,首都师大附中全体教职工参加。颁奖典礼由物理组朱星昨与数学教研组张剑雄两位教师主持。

本次评选经全体教职员工推选、工会委员会讨论研究、党委委员会商议通过产生。首都师大附中物理组王永、英语组徐小燕、体育组张利、语文组殷海云、英语组李军华、物理组任伟然、地理组王文鹏、信息中心图书馆部门薛冰、化学组王冬松、地理组王佳共10位优秀教职工荣获2019年度"感动校园"十佳教职工称号。此外,英语组外教马库斯（Marcus J. Vanderjack）与首都师大附中保安队队长张光明获得2019年度"感动校园"十佳教职工特别提名奖。

王永老师颁奖词:返璞归真寻物理之源,以身作则授生活真谛。对物理的钟情,对学生的钟爱,是他二十多年辛勤耕耘的不竭动力。芳兰振蕙叶,澄清有片心,一声声"永哥",是学生们对他最亲切的肯定。

徐小燕老师颁奖词:"阳春布德泽,万物生光辉。""做一名有温度的教师",是她的职业追求。语言是鲜活的,所以,她以恒心教学,学生是鲜活的,所以,她用心灵灌溉。她是首都师大附中的一泓温泉,暖暖流淌,滋养青春与智慧。

张利老师颁奖词:执教几十年,荆棘与鲜花一路,坎坷同欢歌齐飞。整躬率物,深入浅出，他创造了首都师大附中篮球的辉煌，创造了如艺术般的课堂。他把人生的坐标定位在为教育献身的轨迹上。以身作则，率先垂范，桃李不言，下自成蹊。

殷海云老师颁奖词："海"色澄清，飞"云"冉冉。金声玉振，蕙质兰心，腹有诗书气自华。她的课堂，如同一首诗，暗香浮动；她的教导，好似一杯茶，回味悠长。三十二载耕耘，她甘愿吃苦、乐于奉献，终获满园桃李芬芳！

李军华老师颁奖词：三寸舌、三寸笔，培育三千桃李才俊；一片真心，一腔热血，筑梦一双双渴望的眼睛。她用心灵感染学生，用理想激励学生，用品格熏陶学生。德高为师，身正为范，春风化雨，润物无声！

任伟然老师颁奖词：挺秀出其中，"伟然"才且雄。组织备课，践行四"必"原则，高效严谨；参与教研，形成分析报告，认真细致。斗转星移，他守望春华秋实；丹心日月，他肩挑数载风雨；桃李春风，他助力好梦成真！

王文鹏老师颁奖词：种得桃李满天下，心唯大我育青禾。他罹患重病，却不忘肩上责任；他辗转病榻，仍情系一校师生。病魔无法将他打倒，他就像一座灯塔，无论疾风骤雨，或是风和日丽，始终屹立。

薛冰老师颁奖词：卷卷书册，是他躬耕不辍的田野；悠悠书香，是他辛勤收获的芬芳。是他，在图书馆这一亩方塘之上，建造动人的天光云影，引来清澈的源头活水。他牵动着首都师大附中图书馆的建设与运转，在平凡又非凡的岗位上，熠熠生辉。

王冬松老师颁奖词："冬"晴正佳时，劲"松"真君子。面对高考改革，他守正创新，砥砺前行；立足一线教学，他博采众长，精益求精。他重视每一个学生，用人格培养人格，用上进带动上进，引领千帆竞发，百舸争流！

王佳老师颁奖词：兰芷芬芳，"佳"木葱茏。仰望星空，她让孩子的视野开阔起来；春风化雨，她让孩子的心灵丰盈起来。不论是地理课堂，还是天文社团，她都交出了令人满意的答卷。心中有梦，眼里有光，未来可期！

（特别提名奖）马库斯老师颁奖词：他是一位爱的使者，乘着心的舟楫，与首都师大附中结缘。他关注教育在学生生活中扮演的重要角色；致力于通过教育实践，为每个学生撑起一方自由发展的晴空。为中国教育助力，为中外交流架桥！

（特别提名奖）张光明老师颁奖词：他的足迹，遍布了首都师大附中的每个角落；

他的目光，凝视过校园的每寸土地。他是学校的卫士，用坚挺的脊背，扛起校园安全重责。他宛若一棵挺立的白杨，守护黄昏，守护晨曦，默默无语，走过四季。

这些获奖的教师们当中，有在各学科领域默默耕耘、业务精湛、师德高尚并获得不凡成就的学科教师，也有在图书馆、保安队等学校教辅职能部门发光发热的职工。无论是措置裕如的老教师、未来可期的新教师，抑或是在幕后为教育教学工作顺利开展默默提供保障的教辅工作人员，都因对教育的爱、对首都师大附中的爱，而在这片热土上挥洒真心、躬耕不辍。

但行好事，莫问前程；前路有光，莫忘初心。百年附中，正因有这样一批批优秀教职工的不断涌现，才能在教育之路上披荆斩棘、传继薪火、勇攀高峰、再创辉煌！

# 三、"专业化"缔造名师

早在 20 世纪 80 年代，首都师大附中就要求每位教师争做研究型、学者型教师，不做单纯经验型教师，并提出名师工程，创造条件帮助优秀教师脱颖而出，成长为学界名师。经过多年努力，首都师大附中涌现出一批享誉教育界的名师。如今的首都师大附中人在继承优良传统经验的基础上，注重师资队伍的培养，为教师专业发展搭建广阔的平台。

## （一）师徒结对共成长

1997 年，学校以"桥梁工程"为载体，开展对青年教师的培养，1998 年又确定青年教师培养的三级目标：①青年教师以拜师为主要形式、以课堂为主渠道跟学三年，取得教育教学好成绩；②又三年，潜心研究教育教学规律，在实践中提高，形成教学特长，成为教育教学骨干；③再三年，积极开展教学研究和实验，在学科教学上做到有建树、有影响。三级目标即三年有成绩、六年成骨干、九年出名师。采取的培养措施主要是建立以老带新的拜师制度。以特级教师、各科优秀教师为核心，采取师徒帮带方式，以老带新。

青年教师的拜师制度一直沿用至今。随着首都师大附中集团办学规模的不断扩大，每年新任教师和新调入的教师数量较多，学校的拜师活动分成三个系列，分别为教学部门新教师拜师活动、德育部门新任班主任拜师活动和集团各成员校新任教师拜师活动。这样做主要是为了提高工作的针对性和部门之间工作的协调性，师徒之间的义务和责任更加分明。每年的拜师活动都是对新任教师的一次很好的入校、入教培训，在优秀教师的带领下，他们迈出了踏实稳健的教学第一步。

对于每一位新进入首都师大附中工作的教师（即应届毕业生入校任教或调入本校前任教不满三年的青年教师），学校都要配备一位师德高尚、教育教学经验丰富的教师作为其师，并举行隆重的拜师会。拜师后的第一年（教中考、高考科目的教师要持续三年），青年教师在执教每节新课之前都必须听师父的课，消化后再上课。每周至少要请师父听课一次，共同备课一次，请师父看一次教案（即三个"一"），每学期青年教师至少要上一节公开课。

拜师活动为教师成长保驾护航。在师父们的引领下，青年教师迅速成长起来。2016—2018 年，新教师在区级以上比赛中获奖数十次（表 4-2 和表 4-3）。

表 4-2 教学成果及比赛获奖

| 姓名 | 奖项级别 | 名称 | 等级 |
|---|---|---|---|
| 乔楠 | 市级 | 北京市首届"启航杯"新任教师教学风采展示活动 | 一等奖 |
| 赵梦琪 | 市级 | 北京市首届"启航杯"新任教师教学风采展示活动 | 一等奖 |
| | 区级 | 2016—2017 学年北京市海淀区"风采杯"教学成果展示活动 | 一等奖 |
| 吴冰 | 市级 | 北京市首届"启航杯"新任教师教学风采展示活动 | 二等奖 |
| 赵晨轩 | 市级 | 北京市首届"启航杯"新任教师教学风采展示活动 | 二等奖 |
| 李拓圮 | 市级 | 北京市高中生物教师实验技能培训与展示活动 | 二等奖 |
| | 区级 | 2016—2017 学年北京市海淀区"风采杯"教学成果展示活动 | 一等奖 |

续表

| 姓名 | 奖项级别 | 名称 | 等级 |
|---|---|---|---|
| 李硕 | 市级 | 北京市高中生物教师实验技能培训与展示活动 | 二等奖 |
| 杨光 | 市级 | 2017 年北京市基础教育优秀课堂教学设计评选活动 | 三等奖 |
| 梁诗 | 市级 | 2017 年北京市中小学心理健康教育优秀成果评选活动 | 三等奖 |
| | 区级 | 2017 年北京市海淀区学生发展指导成果征集活动 | 一等奖 |
| 李政 | 区级 | 2016—2017 学年北京市海淀区"风采杯"教学成果展示活动 | 一等奖 |
| 席芊涵 | 区级 | 2016—2017 学年北京市海淀区"风采杯"教学成果展示活动 | 二等奖 |
| 侯婷婷 | 区级 | 2016—2017 学年北京市海淀区"风采杯"教学成果展示活动 | 三等奖 |

表 4-3 科研获奖

| 姓名 | 奖项级别 | 名称 | 等级 |
|---|---|---|---|
| 单迪 | 市级 | 北京市首届"启航杯"新任教师教学风采展示活动 | 一等奖 |
| 霍毓 | 市级 | 北京市首届"启航杯"新任教师教学风采展示活动 | 一等奖 |
| 董阳 | 区级 | 2016—2017 学年北京市海淀区"风采杯"教学成果展示活动 | 一等奖 |
| 李天天 | 市级 | 北京市首届"启航杯"新任教师教学风采展示活动 | 二等奖 |
| 李政 | 市级 | 北京市高中生物教师实验技能培训与展示活动 | 二等奖 |

## （二）校本培训明方向

首都师大附中在重视师德建设和教育教学的同时，强化对教师的专业培训。有针对性的校本培训，更新了教师教育教学理念，为骨干教师和优秀教师搭建了平台，促进教师的专业化发展。

为了保障校本培训工作的顺利开展，学校专门成立了校本培训领导小组，校长任组长，党委副书记负责实施，组员由教育教学负责人组成，并将教师队伍建设工作实施方案和青年教师培训制度纳入《首都师大附中发展章程》《首都师大附中五年发展规划（2016—2020 年）》和《首都师大附中规章制度》中。

教师校本培训已形成规律化、系列化发展特色，即新教师入职前实习培训—开学初全员培训—每周一次备课组或学科组校本教研活动—每月一次德育队伍建设或师德培训—每月一次青年教师培训活动—每学期两次教学理念或专业技能培训—每学期一次心理健康培训—每学年一次计算机或其他培训—寒暑假前全员培训—暑假前新老初三和高三教育教学研讨活动。

从整体上看，首都师大附中对教师的校本培训具有分层次、多角度、多元化的特点，内容丰富、形式多样、层级清晰。

**1. 学科组教研活动特色化、成果化**

为了加强学科教研，学校以教研组为单位安排教师办公室，初三和高三毕业年级按备课组安排，保证了学科教研的开展。每学年，学校确定校本培训或教学主题，并固定每周教研时间，指导并检查各教研组开展针对本学科的校本培训。

一方面，围绕学科核心素养，在学校"四修"课程体系的思想指导下，各教研组纷纷建构起相应学科的"四修"课程体系；另一方面，在专业研究人员和教学骨干的引领下，各教研组开展形式多样、内容丰富、各具特色的校本教研活动，营造良好的教研氛围，为教师专业发展起到了重要作用，同时收获了丰硕的教学研究成果。以数学、语文和地理学科为例：

首都师大附中数学教研组是北京市海淀区中学数学学科教研基地，也是首都师范大学"数学英才培养基地"。组内教师坚持以科研促教研、以教研促教学、以课堂为立足点，促进学生数学素养的形成。数学教研组培养了大批优秀青年教师，取得了骄人的成绩。首都师大附中高考理科数学六次获北京市海淀区第二名，文科数学曾获得第一名，数学高考满分层出不穷。数学教研组连续两届被评为首都师大附中"师德先进集体"和"优秀党支部"；连续两届获得北京市海淀区解题大赛集体优秀奖；在北京市海淀区实践"新课标"数学论文评比中，数学教研组获先进集体奖。十余名北京市海淀区兼职教研员为全区进行教材教法分析和试题研磨，为北京市海淀区数学学科建设作出了重要贡献。

首都师大附中语文教研组是北京市海淀区中学语文学科教研基地，组内50%以上的教师为市/区级学科带头人、骨干教师。组内教师教研氛围浓厚，他们针对中高考改革新变化，积极钻研、勇于探索、精益求精，完成了语文学科课程整合方案，帮助学生构建起特色的知识网络，并结合戏剧、讲座等形式不断开创课堂学习新模式。教师们十分重视学生阅读和写作能力的培养，学生在"叶圣陶杯""希望杯"等比赛中屡获大奖，撰写的文章在刊物上发表。语文中考和高考成绩稳居北京市海淀区前列。

首都师大附中地理教研组获评北京市海淀区首批唯一的地理学科教研基地，组内教师年轻、有活力，专业各有所长，通用技术基础好，关注学科核心能力的校本培训实践。依托高端的地理信息与空间技术创新应用实验室，组内教师开设了多门深受学生喜爱的选修课，并带领学生开展多种多样的地球科学实验探究项目。他们凝心聚力，创特色课程，积极探索建立提升学科核心能力的地理校本课程体系。地理学科中考和高考成绩突出，始终位居北京市海淀区前列。2017—2022年，学生在全国中学生天文知识竞赛活动中共斩获3枚金牌、5枚铜牌，1名学生入选国际天文奥赛国家队。此外，学生还有多项成果进入"明天小小科学家"奖励活动终评或获得北京市青少年科技创新大赛一等奖等荣誉。

### 2. 青年教师培训系列化

鲁迅先生曾说："青年所多的是生力，遇见深林，可以辟成平地的，遇见旷野，可以栽种树木的，遇见沙漠，可以开掘井泉的。"[1]青年兴则国家兴，青年强则国家强，首都师大附中的未来在众多年富力强的青年教师身上。为了更好地促进青年教师快速成长，提高教学业务水平，首都师大附中开展了对青年教师的系列化培训活动。

（1）入职前教师系列培训活动

为了提升新教师的教育教学能力，使其尽快了解学校的教育理念和教学特色，学校针对新入职教师特点进行职前培训，为其教育生涯奠定良好的基础。首都师大附中新教师培训的理念是"参与—学习—分享—提升"，培训分为启动仪式、学习提升、内化展示和结业典礼四个阶段。学校依据新教师特点，结合新教师培训需求，从学校理念、教育、教学、综合素养等方面开展多种培训活动。在注重"输入"的同时，参与式的培训模式强化了新教师的"输出"环节，形成有效的"输入—输出"闭环。经过培训，新教师能够尽快融入学校工作环境，教育教学水平和综合素质有所提高。此外，每年新教师培训后，每期的培训讲义和新教师的培训成果都会结集成册，如《薪火弦歌》《扶摇纪》《成蹊集》《青云集》等。表4-4为首都师大附中新教师培训研修内容。

---

[1] 鲁迅：《鲁迅全集》第3卷，59页，北京，人民文学出版社，2005。

表 4-4 新教师培训研修内容

| 序号 | 研修模块 | 研修专题 | 研修内容 | 研修形式 | 研修目的 |
|---|---|---|---|---|---|
| 1 | 通识课程 | 环境融入 | 启动仪式 | 启动仪式 | 启动新教师培训课程，帮助新教师彼此熟悉。 |
| | | | 了解校史 | 参观学习 | 参观校园及校史馆，了解首都师大附中的历史与今天。 |
| | | 角色转化 | 心理健康 | 专题讲座 | 通过首都师范大学心理学教授的分享，新教师及时缓冲工作压力，关注学生心理状况并给予正确的心理疏导。 |
| | | | 结业典礼 | 结业典礼 | 结业典礼通过表彰优秀典型，使教师完成角色转换。 |
| 2 | 教学课程 | 教学分享 | 教学设计 | 专题座谈 | 通过资深教师经验分享，新教师规范教学流程、掌握一定的教学方法。 |
| | | | 教学实施 | 专题座谈 | 通过经验交流分享，新教师找到发展动力，明确入职前三年的机遇和挑战。 |
| | | 教学实践 | 教学反思 | 交流分享 | 通过走进课堂，新教师熟悉教学流程并关注学生、学习常规课和公开课的规范。 |
| | | | 观摩听课 | 交流分享 | |
| 3 | 教育课程 | 教育感悟 | 班级管理 | 专题座谈 | 通过资深优秀教师经验分享，新教师掌握班主任工作流程，学习班级管理、师生关系和家校沟通的方法。 |
| | | | 师生关系 | 专题座谈 | |
| | | | 家校沟通 | 专题座谈 | 通过走进班级，新教师熟悉班主任日常工作流程，掌握教育方法。 |
| | | 教育体验 | 教育实践 | 跟班实习 | |
| 4 | 职业发展 | 人生展望 | 生涯规划 | 演讲比赛 | 通过生涯规划、读书交流和微格教学等内容学习，新教师切实提高教学素养，尽快完成从学生到教师角色的转变，树立崇高理想，尽早制定职业规划，锻炼口头表达和临场应变能力。学校为每一位新教师配备一名资深优秀教师作为师父，鼓励新教师继续学习，助力其快速成长。 |
| | | | 读书交流 | 交流分享 | |
| | | 专业提升 | 微格教学 | 讲课比赛 | |
| | | | 拜师仪式 | 拜师仪式 | |

（2）青教研活动

为了充分调动青年教师这一最具活力和创造力的群体的积极性，学校于2012年6月成立了首都师大附中青年教师教育教学研究会，成员为33岁以下的青年教师，设立理事长1人，副理事长2人，理事4人，每年组织2~3次研讨活动。他们在摸索中践行研究会成立誓言：在快乐中学习、思考。每次活动设立一位主要负责人，集体出谋划策，分工协作，活动结束后及时反思，发现不足，及时调整。研究会开展了从"魅力教师培训系列活动"到"提升教育技巧—化解教育尴尬"，再到"教育教学专题培训"和"读书节系列活动"等数十次内容丰富、形式多样的活动，深受青年教师欢迎。

### 3. 专题培训制度化

（1）提升教育理念，改革教育方法，抓好班主任培训

首都师大附中坚持全员育人的理念，逐步完善学校教育处、年级组、班主任"三位一体"的德育管理机制，通过系列化的扎实举措，不断促进德育骨干力量的壮大。

学校德育部门每月精心组织年级组长或班主任参加主题培训，学习先进教育理念，分享教育智慧。同时，学校通过定期召开年级组长、班主任会议，明确其工作职责，着眼大局，贯彻总体要求，协调解决困难，指导年级和班级开展具体工作。学校的德育队伍素质得到了提高，教育工作上下一致、顺畅有序。

班主任工作和教学工作既相互交织又相互区别，特别是青年教师在班主任工作方面经验相对匮乏，学校通过三种途径解决这一问题：一是"内请"，即请本校老班主任指导、教育新班主任；二是"外请"，即外请班主任工作研究专家和模范班主任开讲座；三是"正副交流"，即正班主任和副班主任沟通和交流，以增长带班经验。

副班主任队伍的建设是首都师大附中德育队伍建设的亮点。学校制定了《首都师大附中副班主任工作管理条例》，全校多位青年教师担任了副班主任，学校德育队伍空前壮大，教育和管理层次得以提升。

（2）直面中高考与教学改革，提升教学实效性

第一，协作体年会在延续中创新。一年一度的全国部分大学附中教学协作体教学年会，既是各校教育教学水平的一次全方位展示，也是促进各校工作再提高的难得机会。进入21世纪以来，围绕新形势下的教育教学主题，来自八所学校各个学科的优秀教师在课堂上阐释他们对教育教学的理解。师生在互动过程中不断碰撞出思维的火花，在有限的时间内取得了很好的效果。课程结束后，各个学科的教学专家与对应学科的任课教师进行了深入交流。每届年会都是一次教育教学的可贵探索，既有理论高度，又有实践价值，为不同学校的教风展示、各校的经验交流搭建了一

个高端平台。

第二，"引进来"和"走出去"相结合，开拓教师视野。首都师大附中每学期都会持续开展系列化、多主题的培训活动，从三个方面入手帮助教师拓宽视野。其一，为更好地利用身边的优质资源，促进教师之间的沟通和相互学习，首都师大附中在全体教职工培训活动中开设了"教师大讲堂"专题活动，为学校优秀教师提供了展示专业风采的舞台。其二，首都师大附中不断引进优质资源，邀请不同领域的专家学者进入校园给教职工开展专题讲座，内容涵盖教育、教学、心理和礼仪等。其三，外出学习交流。学校轮流安排各个年级的教师外出参加培训，学习其他学校的先进理念和方法，并力求将其借鉴和应用到本校的教学实践中。教师们在返校后会进行及时的总结和反思，取得了良好的培训效果。同时，学校积极主办或参与承办不同学科、不同层级的学术交流活动，不仅展示出首都师大附中骨干教师的风采，进一步推动了学科组建设，同时发挥出很好的示范带动作用。

## （三）学术研究见成效

### 1. 将学术理论依据作为发展和建设的基本框架

教研组的学术建设目标是以教学现状为起点，在结合上位理论和实际需求的条件下，建立起一套可以不断促进整体教学水平提高的系统化的学问。上位理论指两个方面：一是学科本身的核心理论，如物理学科的普通物理体系，这是纯学科理论；二是教育学的核心理论，这是教研组在开展学术建设前必须弄清楚的问题。实际需求包括两个方面：一是考试的需求；二是为了满足现代社会发展需要，人才应该具备的学科核心素养。两者本应是统一的，但由于考试技术的局限性，在实践中，后者的范畴往往要远远大于前者。一个高水平的教研组除可以很好地满足前者的需求外，更重要的是，他们能在后者的方向上前进。

### 2. 依托鼓励创新的评价方式，激发教研组的活力

教研组是学校内部的重要单元，每个教研组自身构成了一个相对独立的系统，这个系统有遗传功能（老带少的传承方式），有新陈代谢功能（新教师的补入、老教师的退休），有自我修正的功能（学校的评价和校外的交流）。学校评价本是这个系统最重要的信息反馈方式，但从实际情况来看，这种评价并未起到应有的作用。因为一个教研组的发展是多元的，涉及各个不同的方面，但学校评价往往只停留在

考试成绩这一单一指标上，而且由于学校对考试成绩的评价是年级负责制，因此真正落实在教研组上的评价微乎其微。所以，建立有效的评价机制对学校来说至关重要。

为了激发教研组的活力，首都师大附中尝试建立了一套鼓励创新的评价方式。该评价方式的特点是：除了评价教研组的常规活动外，还特别将教研组的创新工作作为一个很重要的评价指标。首都师大附中优秀教研组评选方案见表4-5。

表4-5 优秀教研组评选方案

| 项目（分数） | 内容 | 得分 |
|---|---|---|
| 综合（30分） | 教学常规、论文、公开课、承担任务、学科竞赛、班主任工作、第二课堂、个人获奖、承担国家级课题，共9项。 | |
| 成绩（20分）（中考、高考、团体获奖等） | | |
| 队伍建设（20分） | 现有 ×× 名教师、×× 名实验员。其中特级教师 × 人（×%）、区级学科带头人或骨干教师 × 人（×%）、区进修学校兼职教研员 × 人（×%）、高级教师 × 人（×%）。 | |
| 配合学校工作（骨干教师、青年教师、班主任工作、社团工作等）（10分） | | |
| 创新活动及教研组特色（20分） | | |
| 总分 | | |

这种评价还有一个较大的改变：在过去，学校的领导是评价者，但为了增强所有教研组的参与感，学校让每位学科主任也参与打分。在将来，首都师大附中还会利用项目申报的方式来进一步激发教研组的活力，即教研组根据学科建设的需要以项目的方式来完成未来工作的开发。如此，教研组就真正成了学校的建设者。

（1）依靠大学的力量，构建开放性和理论性的教研体系

教研组学术建设最重要的一关就是理论框架的搭建。中学的优势在于有充足的一线经验，但上位理论研究不足，而大学在这两点上恰恰相反。两者的配合恰恰都能满足各自发展的需要。

教研组的学术建设，只有将大学理论内化在实际行动中，才能真正摆脱过去经验主义的束缚。这一过程对中学往往是痛苦的，但一旦迈出这一步，取得的成绩一

定是不可估量的。

问题的关键在于大学和中学的合作模式。仅仅是听听课、开几次研讨会，并不会产生什么本质性的影响，关键在于真正深入合作，时间、空间都必须得到保障，让双方实际参与，才能建设起教研的理论体系。

（2）部分教研组学术建设举例

①语文教研组建设。

多年来语文教研组注重青年教师的选拔和培养，注重师徒之间的传帮带，注重学术建设。语文教研组总结、提炼、升华百年来注重传统、学以致用的风格特色，发扬长期积淀形成的科学、严谨、踏实的教研风气。语文教研组教师在教学过程中尊重语文教学的规律，注重对传统语文教学优秀资源的吸收，稳扎稳打，在教学过程中将语文基础落到实处。

语文教研组有自己独特的教学系列程序："精读—导读—自读"。书声琅琅是语文课的突出特色。自编的校本读物，是教研组教师多年教学实践与摸索的结晶，是语文教学宝贵的资源与财富。课上课下，教室内外，形成浓重的国学文化氛围，在文化的氛围中熏陶渐染，铸造品格灵魂。注重教室环境建设，注重贯彻导引教育走向人性化教育的理念；注重基础教学，夯实教学基础知识、培养基本能力，在此基础上培养创新意识和创新能力。语文教研组教师的整体教学，体现注重基础、培养学生语文学习基本能力的教学思路，充分利用课本资源，在此基础上注重培养学生阅读及作文的能力。

在学术建设方面，语文教研组以"教师引领精读—教师指导学生阅读—学生自读"为线，整合现用教材，突出方法的总结、过程的训练和能力的提升，满足学生发展的个性需求，为学生提供和创设有利于自主能力培养的课程学习环境。语文教研组形成了具有本校特色的《高中语文学科必修课程整合方案》和《高中语文学科选修课程整合方案》，建设以读书为中心活动的课堂教学模式，以阅读为基础、以阅读为中心线索设计课堂教学环节，突出语文课特色和学生的主体地位，形成具有本校特色的语文阅读教材和阅读课程。

语文教研组引导学生进行系统的课外阅读，开展系列活动督促提升课下阅读的水平，控制并引导提升阅读"质"和"量"，形成了以年级为系列的阅读推荐书目和多种形式的课外阅读比赛、读书报告会、辩论会等交流活动。每位教师开设一门特色选修课，使学生的学习选择多元化，也使其学习更有针对性。语文教研组力求在两年内整理编写成系统的校本读物。他们建国学教室，开设国学课堂，打造"优秀传统文化研修"特色课程。国学课堂的设计注重环境对学生的影响，这在一定程度上辅助了首都师大附中"优秀传统文化研修"特色课程的教学，有助于教育教学的改进。

②数学教研组建设。

数学教研组教师坚持以科研促教研，以教研促教学，教育教学、教育科研、数学竞赛及高考都取得了显著的成绩。在国家基础教育课程改革实验和实施过程中，数学教研组各位教师不甘落后，积极学习、探索、研究、实践、参与，取得了一定的成效。

数学教研组全体教师团结一心、密切合作，工作上相互支持，生活上相互关照，大事讲原则，小事讲风格。老教师把自己的经验毫无保留地贡献出来，年轻教师虚心地向老教师学习；老教师认真学习现代教育教学技术并应用于教学实践，年轻教师主动给自己压担子，积极主动地承担教育教学任务。学术上资源共享、优势互补、思想互动，常为一个有争议的问题讨论到忘记时间；治学上严肃认真、一丝不苟、细心耐心，能把学生的问题和思维分析到位。浓厚热烈的学术气氛、和谐舒心的工作环境、开明和美的人际关系，把教师们凝聚到一起，苦和累都忘到了一边。

转变教育观念，增强现代教学意识，使教师和学生都成为教学的主体，使教室成为实验室，所有这些的实现，都离不开学习和研究。首都师大附中数学教研组现有的科研课题有："数学思想方法对培养学生创新能力影响的实践及机理性研究""高中数学课程教材与信息技术整合的研究""信息技术与中学数学课程整合""课程资源开发与学生发展""几何画板在数学中的应用""课堂教学与现代教育技术的整合""中学数学应用的教学设计与实践"等。

教师的研究得到了学校的支持和鼓励，学校领导承担课题的指导工作。两位教师参加了在北京大学举行的全国中学教师论坛并宣读了论文，数学教研组承担的研究课题都取得了显著成果。数学教研组的教师在省级以上刊物发表教育科研论文共计百余篇，由数学教研组主编的《高考数学复习与指导》由中学生数学杂志社出版发行，受到广泛赞誉。组内每位教师都撰写了教育科研论文参与学校评选，有 20 余篇获国家或北京市一、二等奖；课题组教师开发区级、市级、国家级研究课 20 余节，体现了教改意识；数学教研组每位教师每学年至少要上一次校级公开课，相互观摩、研讨、改进、提高……所有这些，都体现了数学教研组教师力争上游的心态和战胜困难的勇气。

数学教研组教师悉心指导学生参加学科竞赛，努力培养学生的数学素养和学习能力，所指导的学生中多人次在中国数学奥林匹克（CMO）、全国数学联赛、北京市中学生数学竞赛、北京数学知识应用竞赛、美国数学邀请赛（AIME）、国际数学建模挑战赛（IMMC）获奖。

在合作交流方面，2019 年首都师大附中与首都师范大学数学学院签署合作协议，正式成为"数学英才培养基地"。随着大学优势学科和首都师大附中学科教学合作的全面开展，首都师大附中将为更多有兴趣、有特长的学生提供广阔的平台，同时也将继续深入探索人才培养的跨学段合作新模式。

## 四、为教师的幸福发展领航

科学合理、灵活高效的管理制度对于提高学校教师队伍的素质，凝聚全体教师的力量，推动学校的提升发展具有十分重要的作用。

一方面，首都师大附中通过设置科学规范的评价机制多角度、全方位地保障教师权益。学校制定《教职工综合评价管理办法》《教师年度考核细则》《绩效工资分配方案》《职称评聘工作积分细则》等考核办法，率先开始并实施了教职工聘任制和结构工资改革制度，将工资待遇和教学质量指标、职务、职称、岗位直接挂钩；建立骨干教师队伍，以特级教师、各科教研组组长、优秀教师为核心，设置师徒帮带体系的以老带新制度；完善干部听课制度；完善教学、教师评价体系，让学生评价教师、填报教学日志，评出学期、年度学生最满意的教师；规定和限制作业量；检查教师教案与展示优秀教案。这些考核管理制度，大幅提高了教师的工作质量和工资待遇。一系列改革措施大大激发了教师爱教、爱生的工作积极性和责任心。

另一方面，着眼于教学工作的重心，在课程建设的过程中，学校将课程管理逐步规范化和科学化，形成了系列规章制度。其中包括《首都师大附中科研工作管理方案》《首都师大附中科研课题管理方案》《首都师大附中校本课程开发指南》《校本选修课程开发与管理方案》《选修课、活动课等课酬及加分规定》《选修课评比与奖励方案》《精品课程评比与奖励方案》《学科竞赛奖励办法及细则》《学科竞赛和科研课题论文部分教师综合评价加分细则》《教学科研活动奖励办法》《外教课程管理方案》《自主研修管理规定》《新教师拜师制度》《优秀教研组评选条例》《骨干教师管理办法》《校级骨干评选方案》《新课改系统培训方案》等。这些制度文件内容完备、可操作性强，有利于激励教师参与教学、科研工作的积极性。

教师团队建设是一个系统持续的工程，不能操之过急，更不能"毕其功于一役"。首都师大附中高度重视教师队伍建设和改革，在加强师德师风建设的同时，通过特色多元的培训促进教师专业发展，设置科学合理的制度安定人心，用真心、真情关照和凝聚人心，充分彰显成达教育办负责任、有内涵、有温度的教育的初衷和承诺。

## 【校长观点】

### 校长应给予教师三种尊重

校长只有尊重教师才能赢得教师的尊重，尊重教师就要尊重教师的独特性，同时要给教师自由的空间，也要鼓励教师去创造与时俱进的教育。

要尊重教师的独特性。每位教师因为生活阅历、教育背景、传统习惯、资质禀赋的不同，而拥有自己独特的个性、气质、情感以及为人处世的方式。我们鼓励教师发挥自己的爱好特长，积极搭建舞台让他们展示自己的才华，并得到应有的承认、支持和尊重。为了鼓励教师把自己擅长的东西展示出来，同时为了使学生全面而有个性地发展，学校开设了很多特色选修课。当每个教师都成为一个不可替代的教师的时候，学校教育才会丰富，教育营养才会全面均衡，我们才会迎来百花齐放的教育春天，才会促成和而不同的教育境界。

要尊重教师的创造自由度。有自由才有创造的空间，才凸显教师的真实力，才生成教学的高效力。首都师大附中特别强调教师教育的本色、教学的特色。在遵循教育规律的前提条件下，首都师大附中提倡构建"我的课堂我做主"的自由的教学环境。学生是学习的主体，教师是教育的主体。在双主体的前提下，学校只是提出宏观的要求，教师自己可以灵活地采用多样的方法、途径、方式进行教学。学校把教学自由还给教师，让教师在自己的天地中带着学生自由翱翔。

要尊重教师的创造力。教师不应是应试教育试题的搬运工。有追求的教师都是心怀教育梦想、超越现实、追求卓越、有创造力的教师，教师的创造力是学校的高级生产力。尊重教师的创造力不仅是对教师价值的高度认可，而且是对学校可持续发展的保驾护航。首都师大附中根据教师的兴趣、特长与创造力，建设了很多专业教室，有音乐制作教室、报话教室、国学历史考古教室、航空模拟飞行教室等。我们尊重教师的创造力，就是希望每位有梦想、有创意的教师都能找到发挥自己才艺的舞台，充分实现自己的价值，同时也促进教育的新发展。

尊重教师，给予教师个性保留、发扬的空间，让他们在自由、包容的氛围中成长和发展，最大程度实现个人的价值。

# ／二／矩阵式学校管理模式创新

## 一、与卓越同行：永葆教育的赤子之心

自 2011 年以来，在首都师范大学党委的正确领导和指导下，在各院系兄弟党委的支持下，首都师大附中党委书记认真履行基层党建第一责任人职责，与党委委员共同努力，通过下支部、抓支部，带动党员领导干部紧紧围绕学校中心工作，充分发挥党建引领作用，赋能学校高质量发展。

### （一）顶层设计：构建"一二三四成达党建"工作体系

首都师大附中党委加强顶层设计，构建了"一二三四成达党建"工作体系（表4-6）。具体而言：学校党委以为党育人、为国育才为核心开展党建工作，紧紧围绕学校中心工作落实立德树人根本任务；通过推行党政融合共建、党建引领赋能两项机制，全体党员同下一盘棋、拧成一股劲、干成立德树人这件大事，做好政治建设、思想建设、组织建设、作风建设和纪律建设；在实际工作中始终坚持问题导向、目标导向和效果导向；把准政治方向，以师生发展为中心，保持风清气正、一心为公，谋大事、干大事、成大事，努力交好政治答卷、民心答卷、形象答卷和发展答卷。

表4-6 "一二三四成达党建"工作体系

| 项目 | 内容 |
| --- | --- |
| 一个核心 | 为党育人、为国育才 |
| 两项机制 | 党政融合共建机制、党建引领赋能机制 |
| 三个导向 | 问题导向、目标导向、效果导向 |
| 四个答卷 | 政治答卷、民心答卷、形象答卷、发展答卷 |

## （二）具体实践：高质量党建赋能学校高质量发展

### 1. 注重思想建设高站位，坚定信念筑牢信仰

一是创建学习型党组织。首都师大附中党委创建学习型党组织，全体党员严格执行学校党委"七个一"的理论长效学习制度，实现了理论中心组、党支部、教职工理论学习的制度化、规范化和常态化。

二是建好阵地压实责任。认真贯彻上级党委关于意识形态工作的决策部署，牢牢掌握意识形态工作主导权，坚持党管意识形态工作的原则，建立党委统一领导、党政齐抓共管的意识形态工作格局。加强意识形态阵地管理，采取"三建三制"抓好意识形态工作。

"三建"为建设好思想阵地、组织阵地和宣传文化阵地。为筑牢思想教育阵地，学校在醒目处公开设有"每周思齐"的名言警句，组织党员教师开设"思齐讲堂"，党委书记率先为全体教师宣讲两弹元勋邓稼先、肝胆外科专家吴孟超、中国民航英雄机长等先进人物事迹，引导师生见贤思齐，向榜样学习，提升境界，促使首都师大附中党员更好地用实际行动践行"一名党员就是一面旗帜"。

"三制"为责任制、承诺制和防控制。明确责任分工和责任追究细则，成立意识形态工作领导小组，党委书记是第一责任人，与党委委员、领导班子成员及学科主任、年级主任和支部书记分别签署意识形态工作责任书、党风廉政和师德师风建设责任书，实行党委、学科组和年级组"三覆盖"管理体系，层层压实责任。

三是课程思政与学科教学有机融合。学校党委高度重视思想政治课的教学工作。通过思政课程积极推动习近平新时代中国特色社会主义思想进头脑、进课堂，以延展阅读来丰富思政学科的教学内容，如阅读毛泽东《民众的大联合》《新民主主义

论》（节选）配上备课组精心命制的问题，告别简单的说教和理论灌输，让学生在阅读中增强"四个自信"，不断提高政治认同的素养，引导学生树立正确的历史观、民族观、国家观、文化观。同时，校党委积极推进课程思政与学科教学的有机融合，牢牢把握学科课堂这个主阵地，积极推动教师从学科教学走向学科教育，将价值导向和知识传授相结合，将思想价值引领贯穿于课堂教学，增强各学科课程育人功能，提升课程育人效果，进而扎实推进"三全育人"，即全员育人、全程育人、全方位育人的思想政治工作，全面提升立德树人成效。

**2. 注重党建引领强队伍，凝心聚力风清气正**

一是重视党支部建设，建强基层党组织。学校校党委采取"把支部建在连上"的措施，并建立严格、科学的组织生活制度考评办法，增强组织生活的严肃性、规范性和针对性，确保党的路线、方针、政策在基层的贯彻落实。各支部紧紧围绕立德树人根本任务，通过组织好"三会一课"、主题党日等活动，加强党性锻炼，提高政治觉悟，各支部逐步形成了自己的品牌特色。例如：数学支部连续7年开展"党员示范课"活动，连续8年坚持走进集团成员校进行交流和指导；英语支部连续6年为贵州省遵义市偏远小学进行教育扶贫，连续多年走进北京市平谷区大华山镇挂甲峪村敬老院慰问孤寡老人。这些支部活动注重实效、丰富多彩，提升了党员队伍素质，增强了党支部的创造力、凝聚力和战斗力，也为学校高质量发展提供了重要的组织保障。

二是抓好党员队伍建设，发挥先锋模范作用。学校坚持以党建带团建，以党风建设引领校风、教风、学风建设。书记负责进行师德师风、警示教育等专项培训，引导教师远离法律法规和意识形态的安全红线，坚守教书育人底线，筑牢拒腐防变的思想道德防线，树立教师就是先生的高线，用先生的标准做教师。达成先生是责任、是修为、是学识、是仁爱的共识，要求教师们：红线不能触碰、底线不能逾越、防线必须坚守、高线永远追求，做有理想信念、有道德情操、有扎实学识、有仁爱之心的"四有"好老师，做新时代的大先生。在各级重要岗位中，党员占比高，党员在教育教学和学校发展中很好地发挥了先锋模范作用，将党的组织优势、作风优势转化为推动培育英才的强大力量，也为高质量教育的实现提供了队伍保证和力量支持。

三是抓实党风廉政建设，完善责任体系。首都师大附中党委严格落实全面从严治党的主体责任，健全党风廉政建设责任制，建立了有利于干部敢抓敢管、有利于党委担负主体责任的制度，做到凡事有人负责、凡事有章可循、凡事有据可查、凡事有人监督。学校党委通过细化责任、以上率下，层层传导压力，级级落实责任，切实履行"一岗双责"，已形成主体责任融入履职尽责的全过程。同时，学校党委不断健全科学民主依法管理机制，完善廉政风险防控体系，认真执行"三重一大"事项集体决策，贯彻民主集中制，提议首问答复制，倡导首遇负责制，实行（党委书记、校长）末位发言制，确保党的先进性、纯洁性。

### 3. 注重开拓创新谋大局，科学赋能提质增效

一是系统思考，构建成达教育体系。首都师大附中的党建工作始终围绕学校中心工作开展。在新时代，学校倡导办负责任、有内涵、有温度的成达教育，已初步形成独具特色的成达教育体系，其中包括五育并举的学生维度。首都师大附中首创通过培养具有仁爱之心、睿智之脑、健康之体、发现之眼、创造之手的学生，进行五育融合育人，以此促进学生全面而有个性地发展、自主发展和可持续发展，开创了新时代育人的新局面。

二是整体优化，综合改革稳中求进。首都师大附中"正志笃行，成德达才"的育人理念传承了百年，特色综合改革符合国情校情。学校始终以人为本，以学生发展为中心，面向教育和学生的未来，把立德树人融入教育的各环节、全过程，造就了负责任、有内涵、有温度的成达教育。

历经十余年的探索，首都师大附中成功实践了"四三二一"教育教学综合改革。改革实验综合性强，内容涉及课程设置、管理体制、育人模式、运行机制等多个方面，这也是学校育人理念和办学特色的集中体现。为使每个学生都能适得其所地发展，学校在改革过程中增设"双导师制"的精细化指导，为学生"量身定制"成长计划，通过同伴的带动、学长的引领、师长的教诲，努力让每一个学生都能够在首都师大附中成德达才。改革稳中求进并向纵深发展，接受了实践的检验和现实的考验，实现了分数与素质的双赢，得到了师生和家长的认可，被很多学校借鉴。综合改革并不是高考改革倒逼的产物，而是超前新高考改革 6 年并可以复制的成功实践，也恰好与北京市教育委员会倡导的"行政班和分层走班相结合、班主任和导师制并

存"的改革思路相一致。近几年，首都师大附中中高考成绩、学科竞赛成绩始终稳居北京市前列。

首都师大附中坚持走质量兴校、科研强校之路，创建了"矩阵式"管理组织架构，不仅有横向的管理部门，还创设了纵向的六大研究中心，成为学校的智库，以此推动学校内涵发展。为更加密切地联系群众，学校通过领导"全面下沉"扁平化的管理机制，将思想、理念、经验传递到基层，并及时破解一线的实际问题。这些开拓创新、锐意进取，再创了首都师大附中的辉煌。

三是协同育人，守正创新优质发展。面向未来，首都师大附中对人才培养有着深刻的思考和广泛的实践。育人环境方面，学校各建筑中开放书架随处可见，优质书籍触手可及，全校师生形成了时时可读书、处处能读书、人人爱读书的局面。平台搭建方面，学校建成了青牛创客空间，积极探索创客教育和STEAM教育及课程建设，组建专业科技教师团队开发系列课程，举办诸多科普讲座、科技活动，培养学生创新精神。课程建设方面，特色博识课已成系列，每周半天，带领学生走遍京城博物馆、故居古迹，通过内外兼修、知行合一的教学活动来开阔学生眼界、增长见识，提升学生实践能力。综合实践方面，首都师大附中与中国科学院合作，开发了高中综合实践课程，培养学生动手实践能力和创新思维能力。拔尖人才培养方面，首都师大附中将与首都师范大学的拔尖人才2.0项目联合，开设大中小衔接人才培养一体化课程，为国家培养英才进行探索。首都师大附中已初步形成"价值塑造、素养培育、知识运用、能力培养"四位一体的人才培养模式。

示范辐射方面，为了努力让每一名学生都能享有公平而有质量的教育，促进教育的优质均衡发展，首都师大附中充分发挥示范辐射作用，坚持"资源共享、集中优势、保留特色、科学整合、协同创新、优质发展"六条基本原则，在教育发展相对薄弱区域开办分校，承办学校，采用集团化办学模式，努力办人民满意的教育。2023年，首都师大附中教育集团已经包含分布在北京市7个城区的12所学校，是紧密型的教育集团。通过文化理念深度融合、管理制度有效延伸、课程建设创新引领、教师培养科学赋能、学生成长统筹培养、教育资源交流共享等各项举措的落实，集团化办学的优势突出。集团各校教育教学质量和教师专业化水平显著提升，多所分校已由薄弱校变为优质学校，办学口碑和影响力不断提升。集团各校实现多元特色发展，也带动了区域教育的快速发展，让更多首都学子从中受益，受到上级领导和学生家长的充分肯定，社会影响力不断扩大。

### （三）展望未来：创新卓越发展，坚持党建赋能成达教育高位发展

在首都师范大学党委的坚强领导和首都师大附中全体党员的积极努力下，首都师大附中党建工作扎实有效，但与上级党委的期待和学校高质量发展需求尚有差距。首都师大附中还要进一步加强学习，提升能力，交好政治答卷；进一步做好表率，凝心聚力，交好民心答卷；进一步严于律己，强化责任，交好形象答卷；进一步开拓创新，勇于担当，交好发展答卷，交好全方位推动学校高质量发展长效答卷。

在首都师大附中发展的新阶段，学校党委将在上级党委的领导下，统筹党建与学校业务发展、"十四五"发展、内涵发展的深度融合，多措并举齐发力，纵深推进提质增效，并致力于将党建工作做深做精做细做实（理论学习要深、研究部署要精、制定措施要细、工作效果要实），以高质量党建赋能成达教育高质量发展，奋力书写新时代首都师大附中教育事业发展的新篇章！

## 二、不拘一格降人才

人才是学校发展的"细胞"，是教育可持续发展的关键力量，人才队伍的建设关系到教育发展的未来。在人才队伍建设的长期探索与实践中，首都师大附中在引进和培养专业人才方面做了很多工作，积累了丰富经验。在人才引进过程中，学校设计了科学严格的标准化招聘流程。每一位入职学校的教师都需要通过简历筛选、学科面试、学科笔试、进班试讲和领导面试等环节。在选人的过程中，学校不仅关注应聘教师的学科背景和专业素养，而且注重师德师风和综合素质。

为进一步深化人才培育实践，不断完善学校的教师人才队伍建设，首都师大附中勇于接纳高端人才，构建培育的体制机制。首都师大附中善于剖析学校目前队伍建设的短板，并有针对性地进行人才引进来满足学生培养的需求。国家对于教育的投入持续加大，吸引着更多有志从事教育的青年投身教育事业，为教育发展注入新鲜血液。从首都师大附中近些年入职的新任教师（应届毕业生）来看，综合性院校毕业生比例提高，皆具有硕士研究生及以上学历，高素质人才的引进为成达教育的发展提供了创新动力。与此同时，学校清晰地看到此类新任教师由于求学期间师范

教育不足，往往有着初登讲台的局促，但是他们有着深厚学术底蕴和科研素养，思想活跃，眼界开阔，开拓创新意识强。首都师大附中善于通过职前的"参与式"新教师培训和参与学校活动等方式挖掘其潜力，鼓励其发展特长，让他们在各自擅长的领域为学生的多元发展提供助力，更让学校的人才类型丰富、结构日趋合理，为推进教育的高质量发展奠定了坚实的人才基础。

同时，为了能够全方位挖掘教师潜能，帮助教师发现职业生涯的成长点，学校通过恳谈、活动等方式搭建沟通交流的桥梁。在交流过程中，首都师大附中及时捕捉教师的个人特色和技能专长，并以此为出发点进行深度培养，真正实现用人所长。在这样的人才引进和培育模式下，首都师大附中的教师队伍始终保持旺盛的生机和活力。

## 三、营造民主和谐的管理氛围

首都师大附中始终致力于营造民主和谐的管理氛围。学校每年都要召开教职工代表大会及工会代表大会，事关学校建设发展的重要事项均在提交会议讨论通过后实施。学校的中长期规划、各项制度、教育教学管理的重大事务，由全体教职工代表共同商议决定。同时，教职工代表还积极发挥建言献策的作用，每年均以提案的形式，向学校提交相关建议。校领导班子需要针对学校教职工提出的各项提案，进行口头或者书面的正式答复，并将答复结果在学校网站上公示。

平时，学校设立校长接待日、校长信箱，教师可以通过直接与校长沟通的形式，多种渠道地向领导班子提意见。校领导也会定期与不同群体的教师进行谈话交流，与退休教师、民主党派、党支部书记、教研组长、年级组长方面的代表进行座谈，鼓励他们对学校各项工作发表看法，广泛听取基层意见，营造民主氛围。

在干部管理方面，学校不断优化组织结构，提升组织能力，提高组织效率，坚持凡事有人负责、凡事有章可循、凡事有据可查、凡事有人监督。首都师大附中要求领导干部做到首遇负责制、首问答复制、末位发言制、民主集中制。首遇责任制是指无论是否在干部的分工范围内，学校的任何事务，只要本人首先遇到，就要及时处理，积极响应；首问答复制，是指针对教师咨询或反映的相关问题，无论是否在自己的分工范围内，都要积极帮助协调，最终给予教师准确的答复；末位发言制是指在商讨问题或者表态时，校长（书记）最后发言，旨在广泛听取大家的意见，也让大家能够根据自己的想法畅所欲言；民主集中制是指坚持集体领导，厘清党务与行政、个人与集体、民主与集中的关系，决策前领导干部进行充分讨论、集思广益，保障过程的科学性和决定的正确性。

## 四、构建有温度的校园

人们还常说，教育是一份良心活，干教育要有情怀。好的教育应该是有温度、有情怀的。教师教书育人需要情怀，学校更要有情怀，有一种时刻温暖教师的情怀。因此，校长不仅要倾心营造有温度的育人环境，还要着力打造有温度的管理，构建有温度的校园。

无规矩不成方圆，学校的有序运转离不开一系列的规章制度。但教育不是冰冷的规则，制度也不能缺温情。在推动学校各项工作有序开展的同时，为了切实帮助教职工消除后顾之忧，学校努力为教职工在团购住房、子女入学等方面开辟绿色通道。为了给教师们提供一个温馨的工作和生活环境，学校不仅注重打造绿色校园，还在教职工办公区域有序摆放了多种绿植花卉，让教师们在舒心、愉悦的环境中工作。此外，学校还特意设置了咖啡厅供教师们自主取用咖啡，以保持精神饱满的工作状态。教职工宿舍为单身教师提供了安全、舒适的生活空间，教职工休息室则为教师提供了午间休息的场所。"每天锻炼一小时，快乐工作每一天，幸福生活一辈子"是首都师大附中一直坚持倡导的理念。学校健身房为教师们提供了健身场所，帮助大家有效缓解压力和疲劳。"要暖心先暖胃"，学校重视提高教职工的就餐体验，不断提升食堂菜品质量。在教职工食堂，学校特意配备了微波炉，供自带饭菜的教职工加热使用。每逢下雨天，学校还会在大门口附近放置一定数量的雨衣以及雨伞供教师借用。首都师大附中校园里种植着若干杏树、柿子树、山楂树等果树，每当果实成熟之际，学校便将果子分发给师生们食用，共同分享收获的喜悦，品尝产自校园的独特美味。

在以关爱教职工为核心的关怀文化中，学校工会积极为建设有温度的校园贡献力量。一是合力构建温暖和谐的校园。每学期，工会按照规定及时发放慰问品，本着实用原则，为教职工的生活送温暖。抗击新冠肺炎疫情期间，工会还配合学校多个部门为复课做好安全保障，向全体教师发放防疫物资，助力抗击疫情工作的开展。二是倾心关注教职工身心健康。为帮助广大教职工缓解压力、调适身心，工会将健康教育有机地融入工作中，用科学的方式帮助教职工释放身心压力、增强健康保健意识。校工会积极组织教职工参加北京市总工会在职职工（综合）互助保障活动，包括"在职职工重大疾病互助保障活动""在职职工住院医疗互助保障活动""在职职工意外伤害互助保障活动""在职职工附加身故互助保障活动"和"在职女职工特殊疾病互助保障活动"五项互助保障活动，每年组织包括退休教职工在内的全体教职工进行体检，把对教职工的关爱落到实处。校工会还积极提倡科学、文明、健康的生活和行为方式，组织教职工健步走和教职工趣味运动会等活动，使其增强身体素质、养成运动习惯，在健康、和谐、积极向上的氛围中进一步提升教职工爱岗敬业、乐于奉献的工作热情。三是积极开展丰富多彩的教职工文体活动。为了满足全校教职工的精神文化需求，校工会积极开展各种健康向上、丰富多彩的教职工文体活动。新年联欢会、教师节庆祝大会和退休教师欢送会等活动，给教职工带去了诚挚的祝福和问候；美食交流、新年手工艺术之旅等活动，为教职工搭建了提升自我、展示风采的平台；教职工趣味运动会，在健康运动的同时点燃了教职工的生活和工作热情；"多肉联盟"绿植讲座、生活收纳讲座，为教职工的生活带去了活力和实用技巧。

服务无止境，细节暖人心。便利教师工作、生活的点滴举措，让教师内心充满温暖、感动，增强了对首都师大附中的归属感、认同感，很好地激发了工作的热情和动力。

## 五、推进扁平化管理模式

学校管理者必须提升系统规划能力和决策能力，构建最简约的决策模式，降低决策成本，跟上改革发展的步伐，对外部形势的变化做到快速响应。同时，缩短决策路径，可以避免时间和资源的消耗，将人力、物力快速投入现实工作中，快速释放能量发挥作用，大大提升工作运行的效率。

首都师大附中始终在探索科学的扁平化管理模式，在削减中间层级的基础上，实现了领导干部的全面下沉。为了提升管理效率，首都师大附中实施了下沉式管理

创新模式，校长、书记下沉到承担学校教育教学重要工作的教研组和年级组，教学干部下沉到年级，党委委员下沉到党支部，其他校领导下沉深入各部门。领导干部通过下沉到一线，直接参与教育、教学、学生管理工作。一方面，将学校的育人理念要求第一时间传递给一线的各位教师；另一方面，深入了解一线实际工作中存在的问题和面临的困难，第一时间破解问题，同时快速向学校反映并及时做出工作调整。这项制度实行一段时间之后，取得了显著的效果，得到了一线教师的充分肯定和大力支持。一系列的下沉措施，推动了学校扁平化管理的实现，同时推动了学校管理工作的深入开展，切实促进了学校高质量发展。

## 六、守住学术的阵地

"科研兴校"在首都师大附中从来不是一句空口号。首都师大附中从多个层面、多个角度设计了学校教育教学的科研体系。不同于大多数学校的年级组办公模式，首都师大附中为了能够形成更好的学科学术氛围，采取了学科组办公模式。相同学科、不同年级的教师在相同的地点办公，既可以相互请教和切磋学科专业知识，促进学科组的学术化发展，也可以在教研过程中了解其他年级的教学情况，为中学阶段的一贯制培养、学生学科素养的科学养成规划奠定坚实基础。同时，学校每个学期为备课组会、年级组会规定好固定时间，强化年级内部的教育教学和科研工作，让每一位教师都能具有科研意识并拥有固定的科研时间。在良好的学术氛围下，首都师大附中语文、数学、英语、化学、历史、地理、政治、体育、信息技术九大教研组成为北京市海淀区中学学科教研基地，走在学科专业发展前列，激发了教师专业潜能。

为进一步凝聚智慧，深化教育改革，深入开展成达教育相关研究工作，鼓励教师发挥专业特长，提升教师科研创新能力，推动学校教育高质量、内涵式发展，首都师大附中以"出思想，出成果，出人才"为目标，探索"智库＋教育"的管理优势，于2020年成立了成达教育发展研究院，由首都师大附中校长担任院长，副校级领导担任副院长。成达教育发展研究院下设六个中心，分别为：

①学校发展改革中心，主要研究方向为学校总体发展目标、改革总体规划、学校改革创新方案、宏观管理政策制定、学校中长期发展规划等。

②教育教学研究中心，主要研究方向为优化教育教学过程、优化人才培养体系、提升教育教学质量、班主任管理等。

③教师发展中心，主要研究方向为教师校本研修、教师职业发展、教师专业化发展等。

④学生发展指导中心，主要研究方向为学生身心发展规律、学生学法指导、学业发展指导、生涯规划、家校社共育等。

⑤课程建设中心，主要研究方向为学校课程建设规划、校本课程开发、课程体系建设、跨学科融合等。

⑥数据研究中心，主要研究方向为教学质量评测、学生综合评价、学校数据资源整合等。

成达教育发展研究院是首都师大附中下设学术研究机构，是学校的智库，不仅充实了学校的科研力量，也让研究行为的产生变得更加灵活、独立。同时，它创造了新的管理模式——矩阵式管理模式（表4-7），将横向行政管理与纵向的学术研究有效结合。首都师大附中的矩阵式管理，横向管理单元是各个行政部门，主要承担日常行政管理职能，并负责学校建设的日常事务；纵向管理单元为成达教育研究院的各个中心，通过对专题项目的深入研究，主要起到专业研究、业务指导的作用，带动学校在各个方面取得发展和进步。纵横交错的方式，一定程度上打破了原有的领域界限和行政壁垒，提升了管理效率，促进了学校高质量发展。

表 4-7 首都师大附中矩阵式管理模式

| 业务部门 | 教学处 | 教育处 | 综合办公室 | 科技信息处 | 后勤处 |
|---|---|---|---|---|---|
| 学校发展改革中心 | 部门建设、学校规划 | 部门建设、学校规划 | 部门建设、学校规划 | 部门建设、学校规划 | 部门建设、学校规划 |
| 教育教学研究中心 | 教学研究 | 德育研究 | 成果申报、对外宣传 | 数据研究 | 活动支持 |
| 教师发展中心 | 教师发展指导 | 德育队伍培养 | 新教师培训 | 教学辅助 | 活动支持 |
| 学生发展指导中心 | 教学安排 | 学生活动设计 | 对外宣传 | 活动支持 | 活动支持、安全教育 |
| 课程建设中心 | 课程体系建设 | 德育课程 | 课程宣传 | 课程平台 | 活动支持 |
| 数据研究中心 | 教学数据研究 | 学情数据研究 | 数据研究 | 数据获取 | 教学辅助研究 |
| 创新学院 | 教学配套 | 创新人才培养 | 对外宣传 | 教学辅助 | 活动支持 |
| 学校发展专家督导团 | 教学管理指导 | 综合指导 | 综合指导、集团校联络 | 信息化指导 | 活动支持、后勤保障 |
| 学科发展专家指导团 | 学科建设 | 德育课程指导 | 集团校联络 | 信息化指导 | 活动支持、后勤保障 |

# 第五章

# 以变革成就未来
## ——办促进公平的、面向未来的教育

  **校长手记**：好的教育是不狭隘的，优秀的教育理念、模式、做法应该互相交流分享，让更多的学生享受到优质教育，让家门口的好学校多起来。首都师大附中积极承担社会责任，不断扩大优质教育资源的辐射范围，较早开启了集团化办学的探索实践。在多举措保证总校高速、高位、高质量发展的前提下，教育集团采取深化集团内部认同感、提升集团校造血能力、发挥集团校各自特色等方式，为集团校科学赋能，让优质教育资源迅速转化成为提升区域教育水平的强大动力，形成了从"我"到"我们"，从"输血"到"造血"，从"一面"到"多元"的发展新格局。

君子博学于文 约之以礼 亦可以……

人能弘道 非道弘人

为政以德 譬如北辰 居其所而众星……

使民以时 《论语·学而》

道千乘之国 敬事而信 节用而爱……

三军可夺帅也 匹夫不可夺志也

益矣 乐骄乐 乐佚……

损者三友 友便辟 友善柔 友……

益者三友 损者三友 友直 友谅 友多闻

其不善者而改之 《论语·述而》

三人行 必有我师焉 择其善者而……

温故而知新 可以为师矣 《论语·述而》

学而不思则罔 思而不学则……

亦乐乎 人不知而不愠 不亦君子乎

学而不思则罔

# / 一 / 集团化的探索和实践

"努力让每个孩子都享有公平而有质量的教育"，是党的十九大发出的时代强音，也是全社会共同的期待。作为学校间关系发展变革的新的组织形态，集团化办学能够创造性地发挥其优势，促使优质资源在一定程度上实现跨区域、规模化的高效运作，带动区域基础教育的发展。

2018年9月，北京市教育委员会发布了《关于推进中小学集团化办学的指导意见》，为集团化办学指明了前进与发展的方向，也是办人民满意教育的重要保障。在首都师范大学的高度重视、北京市教育委员会的领导、所在区的大力支持和协同推进，以及全体师生的共同努力下，首都师大附中教育集团积极探索名校教育集团本质及运行规律，不断提高将资源转化成在整个集团层面能够共享的核心能力，形成了以核心文化为灵魂，以制度体系为框架，以双向互动为纽带的运行机制。总校在不断优化成达教育体系的基础上，对各成员校进行科学赋能，致力于构建具有一体化、融合化、优质化和特色化特征的教育发展共同体，探索出具有成达教育特色的典型发展模式。

## 一、筚路蓝缕：集团化办学探索之路

### （一）集团化办学实践探索历程

随着首都基础教育改革的不断深化，首都师大附中积极承担社会责任，在教育资源相对薄弱的区域开办分校、承办学校，不断扩大优质教育资源的辐射范围。首都师大附中教育集团的探索历程，大致可分为三个阶段。

第一阶段是起步阶段（2008—2009 年）：派出法人，资源共享。2008 年承办北京市门头沟区永定分校，法人由首都师大附中派出干部担任，开始集团化办学探索之路。该校已从一所农村薄弱学校发展为优质高中校，具备"自己造血"的功能，成为独立法人学校，由门头沟区教育委员会任命校长。

第二阶段是探索阶段（2010—2014 年）：同一法人，深度融合。2010 年承办首都师大附中第一分校、2012 年承办大兴南校区、2013 年创办大兴北校区、2014 年承办首都师大二附中和昌平学校，这些学校的法人均由总校校长担任。

第三阶段是深化阶段（2015—2019 年）：多种模式，优质发展。2015 年创办通州校区，其人、财、物与总校是部分一体化管理（校内一校两制）；2018 年创办北校区，其人、财、物与总校是完全一体化管理；2018 年创办了位于北京市房山区的实验学校，与总校仍是同一法人；2019 年协办位于北京市朝阳区的首都师范大学附属实验学校。

第四阶段是共生阶段（2020 年至今）：多向融合，特色创新。自 2020 年起，教育集团呈现出从单中心向多中心发展的态势。学校发展较好的分校区的执行校长兼任两个分校区执行校长，优秀教师在各成员校之间流动，集团化办学过程中积累的先进经验在成员校之间有效地传播，各成员校的特色在逐渐生成并强化。集团内新建校实现了"名校＋新校"的高起点发展，承办校则实现了"强校＋弱校"的新起点重生。以名校办分校、强校带弱校、城区学校帮农村学校等不同模式呈现了首都师大附中的集团化办学新样态。

经历多年发展，首都师大附中教育集团已经形成以总校为核心，辐射门头沟、海淀、大兴、昌平、通州、房山、朝阳的"七区十二校"格局。集团成员校涵盖小学、初中、高中各个学段，有新建校也有老校，各校历史基础不同，发展程度不一，组织关系也呈现多样化。首都师大附中教育集团是北京市具有广泛影响力和良好社会口碑的优质教育集团。

**（二）教育集团成员校发展迅速**

纵观发展历程，首都师大附中教育集团中的新建校和承办校都实现了优质发展。其中永定分校被承办后发生了翻天覆地的变化，从一所农村薄弱校跻身于北京市优质中学行列。特级教师、市区级骨干教师人数增加，在市区级业务比赛中荣获一等

首都师大附中永定分校

首都师大附中一分校

首都师大附中大兴南校区

首都师大附中大兴北校区

首都师大二附中

首都师大附中昌平学校

首都师大附中北校区

首都师大附中通州校区

首都师大附中实验学校（房山）

首都师大附属实验学校（朝阳）

首都师大附中育鸿学校

奖者有 100 余人。中考和高考成绩连年攀升，学校教师先后荣获 2017 年北京市基础教育教学成果奖一等奖和 2018 年国家级教育教学成果奖二等奖。

首都师大附中第一分校原为北京市海淀区育强中学，是一所学生不愿意去的学校。被承办后教学水平持续提高，特级教师、骨干教师、北京市优秀教师、"紫禁杯"优秀班主任人数均取得了突破，学校的教学质量和学生的综合素养均有了大幅度提升。学生获得市、区级以上奖项者从 2010 年的 100 余人次增加到 330 余人次，教职工获得市、区级以上奖项者从 2010 年的 20 余人次增加到 300 余人次。

首都师大二附中自 2014 年被承办以来，取得了长足的进步。学校中考成绩近年来稳定保持在北京市海淀区公办学校前 10 名。学校高考成绩连续三年不断刷新历史新高。依托距离优势，首都师大二附中先后有 110 多名学生到总校学习，50 多名学生实现了跨校选课，近 20 名学生在总校参加了竞赛辅导课程。2021—2022 年首都师大二附中高中部 11 名学生在北京市学科奥林匹克竞赛中获一、二等奖。

大兴南校区地处北臧村，原有基础十分薄弱，被承办后，学校结合区域特点，打造高效课堂、加强德育品牌建设，办学成绩逐年攀升。特别是 2020 年以来，中考总成绩在全区排名持续提升，高分段学生比例持续增长，高中录取率持续提高。三年三个台阶，三年三个跨越，三年三个层级。一批又一批学子，乘风破浪，出彩成长。

大兴北校区办学规模迅速扩大，不断实现自身的超越。学校中小学教师在国家级课堂教学、论文评比等活动中累计获奖 50 余次，在市级评选活动中获奖 100余项。

昌平学校先进的育人理念深入人心，优异的办学成绩得到社会各界的广泛认可和好评，学校也收获了诸多荣誉，集体获奖 100 余项。有 45 位教师被评为北京市昌平区教学质量监控与评价学科优秀教师，学校连续三年被评为区教育教学综合质量评价优秀学校。

通州校区结合副中心发展规划，与北京市教育改革进程紧密结合，努力打造面向未来的现代化学校。

北校区在充分整合了市、区教育资源的基础上，开创了一种全新的办学模式。有别于首都师大附中的任何一所分校，北校区除办学地点与总校不同外，其他方面与总校完全一致。学校教职员工 80% 为硕士及以上学历，毕业于著名高等院校及海外著名学府。学校涌现出一批市级、区级优秀班主任、骨干教师等中坚力量，在市级课题研究及各类教育教学论文评比、教学竞赛中均获得优异成绩。

首都师大附中实验学校是北京市房山区教育委员会与首都师大附中联合创办、北京市教育委员会正式批准的一所十二年一贯制的公办学校，于 2018 年 9 月 1 日正式开学。在"用心做教育，做心中有人的教育"的教育理念指引下，学校致力于打造一支"师德高尚、业务精湛、理念先进、研教俱能"的高素质教师队伍，多措并举扎实推进师资队伍建设。奋斗中的首都师大附中实验学校先后获得"全国青少年校园篮球特色学校""全国青少年人工智能创新人才培养基地""北京市第五批中小学文明校园""北京市第二批奥林匹克教育示范校"等荣誉称号。

首都师范大学附属实验学校于 2019 年加入首都师大附中集团，正在加强与总校优质教育资源的对接和融合，着力打造以体育、艺术、科技、国际教育为特色品牌的优质资源学校。该校践行最美教育理念，不断挖掘其核心："尊重"内涵，助力学生全面成长与个性发展，培养胸怀祖国、具有国际视野的美德少年。该校现已成为北京市朝阳区素质教育示范学校、科技示范校、体育传统校、艺术教育示范校。

## 二、聚力共享：集中优势快速发展

为了实现"办优学校，建强集团"的集团成员目标，如何带动集团成员校快速发展、让优质的教育资源迅速转化为提升区域教育水平的强大动力是首都师大附中教育集团在集团化办学过程中着重关注的两大问题。经过实践经验总结，以下六大举措被认为带动了成员校的快速发展。

### （一）文化深度认同，构建教育发展共同体

#### 1. 成达教育历久弥新

首都师大附中始建于1914年，是首批北京市重点中学、首批北京市示范性普通高中校，被人事部、教育部授予"全国教育系统先进集体"荣誉称号。首都师大附中传承百年的"成德达才"育人理念是成达教育的灵魂，与国家近年来倡导的立德树人人才培养指导思想高度契合。它得到了各成员校的情感共鸣和深度认同，发挥着卓著的影响力。成达教育的本质就是将"人"的培养放在核心位置，遵循教育规律和人才成长规律，培养品德优秀、才能通达的创新人才，让每个学生实现全面而有个性的发展、自主发展和可持续发展。在集团化办学的新征程中，植根于百年沃土的成达教育再次焕发出时代的魅力。

#### 2. 教育理念深度融合

首都师大附中教育集团始终坚持理念为先、文化融合，促进总校和各成员校文化的深度认同、价值的有效共识，形成教育集团共同体。首都师大附中教育集团的成员校中，除永定分校和首都师范大学附属实验学校外，法人均由总校校长担任。这种极为紧密的关系便于统一办学思想，同时增强了总校在集团建设中的责任感。集团统一选派优秀领导干部和骨干教师到各成员校工作，他们的率先垂范和"不用扬鞭自奋蹄"的敬业精神，以及民主和谐的工作文化氛围都迅速传递到了各个成员校。每学期不定期组织成员校的干部和教师走进总校参观学习，共享总校文化、课程等资源，开放课堂、讲座，开展面向未来的教育教学综合改革。首都师大附中"正志笃行，成德达才"的育人理念，"守正、开放、创新"的发展理念，深入人心，每位教师都把对"人"的培养作为教育的终极目标。

## （二）制度创新驱动，凝聚人心激发内驱力

### 1. 制定章程明确原则

为进一步加强成员校之间的交流与合作，优化资源配置，集团制定了《首都师大附中教育集团章程》，成立了集团管理委员会、集团管理中心，确定了"各美其美，美美与共"的发展愿景和"办优学校，办强集团"的共同目标。首都师大附中教育集团明确坚持"资源共享、集中优势、科学整合、保留特色、协同创新、优质发展"六条基本原则，经历"植入""融合""创生""可持续发展"的实施策略四部曲，逐步实现各成员校在办学理念、课程体系、教研培训、管理模式等方面的深度融合，凸显集团化办学优势。

### 2. 激励机制有效延伸

集团将首都师大附中规范的学校管理、鼓励创新的激励和奖励制度以及完善的绩效考核制度在各个成员校推行，破除了原有体制机制的束缚，充分调动了人员的积极性，带动学校步入了发展的快车道。成员校根据自身实际，都已构建起高效的矩阵式管理模式。在总校的统一安排部署以及执行校长的扎实工作、稳步推进下，改革最终顺利完成，改革效果得到了各成员校教职工的一致认可，实现了充分凝聚人心、激发学校内驱力的目标。

首都师大附中教育集团还制定了"教育集团'成达杯'优秀教师奖"评选奖励办法等规章制度。通过各类制度的保障，各成员校充分调动了干部教师的工作积极性，凝聚了人心，激活了教师队伍，激发了学校的内驱力。

## （三）专业科学赋能，提升学校核心发展力

集团在向外输出优质资源和师资的同时，还注重提升各成员校自身的"造血"机能，因此集团尤为重视各成员校的队伍建设。

### 1. 组织建设强化责任

在集团化办学的过程中，首都师大附中一直把加强干部、教师的思想政治建设放在首位。首都师大附中教育集团牢牢把握立德树人这一根本任务，全面推进党建工作，强化理论武装，打牢思想基础。根据上级党委的要求，首都师大附中党委为推进党风廉政建设责任制、强化领导班子主体责任，与各成员校党总支、支部书记

签订了党风廉政建设责任书，与各成员校执行校长签订了协议书。

## 2. 干部培训点面结合

集团通过全员培训和重点培养等方式加强各成员校干部队伍建设。全员培训面向集团所有中层以上干部，线上、线下培训相结合；重点培养是根据各成员校发展需求，提供干部跟岗实习机会，或者选派总校中层干部到各成员校开展传帮带。干部队伍管理水平的提升，为各成员校发展奠定了坚实的基础。

## 3. 交流学习智慧碰撞

集团不仅加强各成员校管理干部的交流学习，还定期组织"校长论坛""德育论坛""教学论坛"等，结合集团发展过程中的重点、热点、难点问题，进行交流研讨、智慧碰撞，共同提高。

## 4. 名师引领专业发展

为了加强各成员校的教师队伍建设，集团为各成员校培养骨干教师，同时为他们提供到总校学习和交流的机会。部分新建成员校教师队伍组建由集团统一安排。在条件允许的情况下，新招聘的成员校教师都安排"一对一"的名师进行"师徒结对"指导，或在总校任教一段时间后再派往成员校执行教学任务。

集团充分发挥成员校自有教师的主导作用，帮助成员校打造具有核心竞争力的教师队伍。对于区域内位置较近的成员校，集团定期组织以大教研组为单位的专题教研和以备课组为单位的集体备课，积极整合骨干力量，切实提升教学和科研水平，为教师搭建了学习和交流的平台。在联合教研的基础上，集团在期中、期末考试时统一命题、统一阅卷，这样可以检验教学和科研的效果，也可实现数据共享、精准指导、共同提高，对学生学业发展水平的评定更为准确和客观。

## 5. 专家督导深度提升

为提升各成员校教学质量，促进学科课程建设和特色发展，集团成立了学科发展专家指导团，制定了《首都师范大学附属中学教育集团学科发展专家指导团管理及实施办法》，对各成员校的学科建设进行专项指导。名师专家组成的学科发展专家指导团，根据各成员校需要选派学科专家通过下校听评课、集体备课、专家示范课、学科教研活动指导、专家讲座等多种方式，对教学秩序、教学质量、教学管理和课程体系等进行规划设计或审议指导，针对教师的需求，解决实际问题，帮助各成员校教师迅速提高教研水平。与此同时，为加强对各成员校教育教学质量的针对性指导，集团成立了学校发展专家督导团，制定了《首都师范大学附属中学教育集团学校发展专家督导团管理及实施办法》，对各成员校的教育教学工作进行全面的监督、检查和指导，确保相关政策的贯彻执行和办学水平的提升。由总校校级领导、教学干部和资深优秀教师等组成的学校发展专家督导团，通过深入细致地调研，定期对集团成员校进行综合或专项诊断式评估指导，帮助其完善发展策略，培植发展特色。

## （四）资源协同创生，挖掘各成员校生长点

### 1. 课程建设融合创新

课程是学校教学活动的载体，课程资源也是集团输出资源的重要部分。首都师大附中递进式的"四修"课程体系包含夯实学科基础的基础通修课程、激发潜能志趣的兴趣选修课程、促进个性发展的专业精修课程和形成自主能力的自主研修课程，既满足学生对学业水平提升的需求，也为学生的个性化发展提供了足够的空间。

在首都师大附中教育集团承办之前，大部分成员校没有能力开展应对新中考和新高考的教育改革，几乎都没有建立自己的课程体系。总校不仅将既不用增加教室，也不用增加教师，就可以实现分类分层走班的综合改革带到了各分校，而且将"四修"课程体系在各分校进行了推广和延伸。经过消化吸收，结合区位特色与优势，各成员校形成了具有自身特色的课程体系。例如，永定分校形成了五个维度的幸福课程体系，大兴南校区形成了"原色+"课程体系，第一分校在吸收、融合的基础上，形成了"三四五"课程体系，首都师大二附中则将课程体系进行了重组，构建了"弘美"课程体系。

### 2. 品牌课程特色推广

总校的一些品牌课程，也通过首都师大附中教育集团得到了迅速推广，如开设了20余年的博识课，让无数学子在走出校园，走进博物馆、科技馆、名人故居的同时，提升了"博闻广见，卓有通识"的能力。依托总校的实践资源，首都师大附中教育集团各成员校纷纷将博识课等实践课程纳入自身课程体系当中。例如，大兴北校区首次将博识课延伸至小学，首都师大二附中尝试了博识"双师授课"。基于学情分析和区域实际，各成员校的实践课程各具特色，深受学生和家长的喜爱。首都师大

附中的高中综合实践课程，带动了通州校区、首都师大二附中等教育集团成员校的积极参与。他们带领学生深入科研院所，真实参与科研活动，多方面促进了学生综合素质的提升；通过空间的变化、学习环境的开放，引领学生学习方式的变革。

### 3. 高端课程集中共享

对于一些成员校开设难度较大的课程，总校将资源毫无保留地提供给成员校，让首都师大附中集团内的学生都能够有机会享受到高端的课程和专业化的培训。总校的高端实验室、专业设备在合理安排的前提下，面向成员校学生开放。总校的许多教师主动承担起培养学生和指导成员校教师的双重任务。

### （五）学生统筹培养，助力成德达才结硕果

### 1. 跨校"留学"助力成长

教育的核心是促进人的发展，真正的教育应该能够满足每一个学生个性发展的需求，为每一个学生的终身发展奠基。首都师大附中始终以培养品德优秀、才能通达的创新人才为目标，实现全员、全过程、全方位育人。

为了让各成员校学生感受到原汁原味的名校教育理念，首都师大附中教育集团开通了总校初高中联合培养"留学"直通车，让各成员校学生有机会享有优质教育资源，强化特色培养。各成员校数百名学生从在总校学习、跨校选课中获益，取得了优异的成绩；集团统筹安排成员校学有余力的学生与总校学生共同学习专业精修课程，接受总校学科竞赛金牌教练的指导，成员校在竞赛方面实现成绩的迅速提升。

### 2. 活动育人有效传播

首都师大附中在中学开展创客教育，并于2016年建成了青牛创客空间。总校的创客场所、师资、课程、活动对集团成员校开放共享，为激发和提升学生的创造力搭建了广阔的平台。在集团的引领下，各成员校的创客教育、科技人才培养迈上了一个新的台阶。

首都师大附中的传统德育课程和文化活动，也在各成员校实现了"校本化"。首都师大附中坚持开展30余年的纪念"一二·九"运动远足活动作为新生的必修课在多个成员校开展，书香校园的建设也让成员校的学生都享受到了轻松阅读的乐趣，合唱节、"振兴杯"足球赛和篮球赛等深受学生喜爱的传统活动也在各成员校得到传播。

### （六）鼓励特色发展，形成多元优质新格局

#### 1.因校制宜培植特色

集团化办学不是总校的简单复制，更不是总校资源的单向输出，其根本目的是结合集团各成员校所在区域特点，根据自身的校情、学情制定具体的发展目标，精准指导、重点帮扶，鼓励特色发展，不断提高集团各成员校的核心竞争力，真正实现可持续发展。

#### 2.内生动力多元发展

集团化办学最主要的是激发学校的办学活力，促进学校主动发展。首都师大附中永定分校依托区域特点，打造文化艺术教育与地质科学教育的特色品牌；首都师大二附中梳理办学历史，形成了广泛认同的"弘美教育"文化体系；首都师大附中一分校以科研活动为抓手，提升教师业务水平，整合科研资源，带动学校迅速发展；首都师大附中大兴北校区以跨学段课程为切入点，形成"一体化九年贯通发展"的路线；首都师大附中通州校区结合副中心发展规划，与北京市教育改革进程紧密结合，努力将正在建设的新校区打造成面向未来的现代化学校；首都师大附中北校区尝试全新的一体化办学新模式，与总校保持高度一致，实现了高效的资源共享。

## 三、实践成效：促进区域优质均衡发展

开办分校，承办薄弱校，初衷就是实现教育的公平优质发展。首都师大附中教育集团成功与否，就在于是否真正增加了优质教育资源的供给，是否围绕立德树人的根本任务助力学生成长、成才，能否用最合理的投入做到产出最大化，能否真正催生集团成员校的内生动力。

### （一）薄弱变优质，区域教育发展水平快速提高

回顾首都师大附中教育集团发展之路，集团中诸多薄弱学校一跃成为极具实力的优质学校。集团所有成员校教育教学质量不断攀升，许多优秀学子在优质教育的滋养下脱颖而出。教师的专业化水平显著提升，一批优秀的教师得到了快速成长。十余年来，首都师大附中教育集团不忘初心，守正创新，不功利、不浮躁，关注师生的实际获得，走出了自身特色发展之路，也带动和提升了教育薄弱区域的发展，同时有效化解了部分"择校之痛"的问题。

**（二）理念再辐射，成达教育思想获得广泛传播**

首都师大附中的教育理念传承了百年，在很长一段时间里，学校处于自我完善、追求自身卓越的过程中。首都师大附中教育集团的发展与壮大，让"有教无类、因材施教、人尽其才"的成达教育内涵有了更广泛的共识。"成德达才"的育人理念不仅在各成员校开花结果，而且得到了所在区教育主管部门、兄弟学校的广泛关注与普遍认可。

**（三）经验可借鉴，让"优质均衡"可持续发展**

百年名校办负责任的教育的生动实践，为未来的教育优质均衡发展之路探索出了一种较为可行的操作模式，为集团化办学的成功实践提供了重要参考。各成员校虽然背景和发展之路不同，但都找到了自身的特色，取得了长足的进步。同时，首都师大附中总校在这个过程中办学质量并没有受到影响，而是有着不同的收获：学校的管理能力、资源管理和调配能力迅速提升，管理人员的思维被激活，教师的视野更加开阔，人才队伍得到了充分锻炼，集团化办学真正实现了优质均衡的可持续发展。

## 四、发展思考：深入探索行稳致远

经历多年的实践探索，首都师大附中教育集团对集团化办学的优势的认识日益深刻。从功能来看，集团化办学能够集中优质教育资源，同时能够有效实现资源的跨区域、跨学段调配，将优质教育资源的覆盖面和受益面发挥到最大；从效率来看，集团化办学能够带动薄弱学校实现快速发展，使先进的办学理念高效传递，在较短时间内能实现教育教学质量的提高；从质量来看，集团总校的优质资源得到了有效的传承，成员校教育质量、区域教育质量都有显著提升，集团化办学不是削峰填谷，而是填谷造峰；从信心来看，集团化办学提振了成员校领导、师生、家长的信心，以及归属地教育委员会的信心；从动力来看，集团化办学激发了学校发展的内生动力，给骨干教师带来了成就感，激活了教师群体动力，同时助推了学校的可持续发展；从影响力看，集团化办学促进了不同区域的教育交流和文化交流，带动了区域基础教育的发展，也切实有效地缓解了人民群众"上好学"难的矛盾。

当然，在推进集团化办学的过程中，还有一些问题值得我们深入思考：一是部分资源的流动性仍然受限，一些资源受到区域和距离的限制无法实现全面共享；二是集团成员校的差异化管理仍不成熟，对于成员校的精准施策、精细化指导需要进一步加强；三是集团各成员校之间的交流和资源整合力度不足，多向融合作用没有充分发挥；四是集团的退出机制尚未建立，成员校进入稳定期以后的发展走向仍待探讨。这些问题都需要我们脚踏实地地去研究、勇敢创新、深入探索，来推动集团化办学的科学发展。

科学赋能促均衡，优质发展谱华章。只有通过先进理念引领、完善机制建设、优化资源配置、培植发展特色等一系列科学赋能的举措，首都师大附中教育集团才能真正实现优质、可持续发展。同时，也只有与时俱进、不断提升核心竞争力、彰显"集团化+"的独特优势、充分发挥集团化办学的规模效应，新时代的成达教育才能行稳致远，未来才更值得期待！

# / 二 / 向未来教育砥砺前进

百舸争流，奋楫者先。在深化改革的近十年，学校始终坚守"成德达才"的百年育人理念，潜心立德树人，着力完善和优化成达教育体系，不断打造成达教育品牌，各项工作取得了长足的进步和发展。站在新时代、新起点上，首都师大附中人更需要直面学校发展的机遇和挑战的勇气，认真规划其未来和前进方向，通过"质量、效率、动力"三大变革，不断提质增效，实现教育的高质量发展。

## 一、在挑战中觅得机遇

高质量教育的本质是人才培养的高质量，具体目标是成就每一名学生，让每一名学生都做最好的自己。高质量教育的内涵应该是起点的有教无类、过程的因材施教、结果的人尽其才。在国家空前重视教育发展的背景下，建设高质量教育体系，要做好基础教育的顶层设计，进行系统化思维，坚持整体质量观，不断深化评价体系改革，更好地促进相关政策的落地、落实、落细。

"实现教育过程的整体优化"是著名教育家陶西平先生教育思想的核心主张。所谓实现教育过程的整体优化，就是要使教育过程各环节、各领域协调发展，并始

终处在持续向好的过程之中。作为基础教育工作者，我们一直在思考：如何更好地进行教育的整体优化？"教育的整体优化"并不是"教育的理想化"，教育过程离不开具体的环境条件，因此谈教育的整体优化一定要考虑环境因素。显而易见，当前的外部环境正在深刻地影响着教育，教育改革势在必行。

一是世界变局：在经济全球化时代，世界上出现了毫不掩饰的单边保护主义、毫无顾忌的民粹主义，以及无视法则的跨国干预等，导致全球秩序出现了混乱，出现了一些乱象。二是社会迭变：在信息化、数字化时代，规模不再是优势。去规模化和个性化定制逐步赢得社会青睐，微型生产和精细定位市场才能夺得先机。三是科技巨变：在科技创新时代，人工智能、量子计算、无人化等科技发展日新月异，更新迭代、跨界融合、质变突破势头迅猛，大国科技战空前激烈。科技浪潮给人类生活带来了颠覆，其中也包含教育。四是需求变化："从吃不饱到吃饱"相对容易解决，但"从吃饱到吃好"就增加了问题的难度。现在教育也面临着这样的问题，从"有学上"转变为要"上好学"的需要，个性化教育、集团化办学都应运而生。"让每一个孩子都能享有公平而有质量的教育"，正在从梦想变为现实。

这四个"变"是世界现状，也是我们每一个人正在面对的生存挑战，更是我们的教育发展要面临的环境。这种局面短期不会改变，变化的速度会越来越快，步幅会越来越大。我们遇上了百年未有之大变局，世界教育也遇上了百年未有之大变局。但无论世界怎么变化，始终不变的是：学习者仍是教育的中心。所以，应对世界复杂局面，我们必须从人才培养做起，对教育进行整体优化，以此加快推进教育现代化的进程。

## 二、推动教育过程的整体优化

### （一）认识整体优化的本质内涵

整体是指一个由有内在关系的部分所组成的体系对象，优化则是持续变好，整体优化就是以整体为主，局部服从整体，使事物整体全面持续变好。要实现教育过程的整体优化，就是要使教育过程各环节、各领域协调发展，并始终处在持续向好的过程之中。整体优化思想是从系统论中借鉴、迁移过来的，整体观念是系统论的核心思想。实际上，随着社会变化和社会科学领域的纵深发展，人们研究问题的方法和视角同样发生了改变。

以往，我们采取的传统研究方法是笛卡儿分析法，遵循单项因果决定论，将事物分解成若干部分，通过研究部分进而得出整体属性，这是我们最为熟悉的思维方法。但"破镜"无法"重圆"，这种分析方法不能说明部分之间的联系和相互作用，不能如实地说明事物的整体，更不能胜任复杂问题的分析研究。面对规模巨大、关系复杂、参数众多的问题，系统分析方法为问题解决提供了行之有效的思维方式。它强调要素之间的连接，系统是由一个共同目标连接起来的、相互作用的、协调共存的有机整体。整体中的部分、连接、目标，是系统分析法的三个关键点。系统论中的整体优化观念正渗透于社会政治、经济、军事、文化等各个领域，同样也适用于教育的研究。

对于整体优化思想，我们需要掌握以下几个要点。

一是整体不是部分之和。整体不是部分的机械相加，一个沙坑和一盘散沙，如果只看部分，都是一粒粒沙子，但它们却是不同的整体。教育这个整体，绝不是德智体美劳的简单组合，而是"你中有我，我中有你"的。

二是部分之间相互连接。整体中的部分不是孤立存在的，而是相互关联、不可分割的整体。例如，如果片面追求 GDP 增长，忽视社会建设和环境保护、人与自然的和谐共生，会造成许多社会问题、环境问题。同样，五育不仅要全面发展，而且要融合发展。

三是在整体中理解部分。部分是整体中的部分，如果将部分从系统整体中割离出来，它将失去部分所起的作用。就像方向盘只有在汽车上才能调控方向一样，一旦离开汽车则无法控制方向。

四是局部好未必整体好。只顾"金山银山"，忽视"绿水青山"，片面发展的代价是沉重的。教育亦是如此，片面追求分数不利于学生成长。

五是整体大于部分之和。木板本身不能装水，但多块木板围成桶便可以装水，而装水多少由最短木板决定，当每块木板一样长时，装水有可能最多。这体现出从部分到整体、从无序到有序再到整体优化的过程，说明整体大于部分之和，这恰好是整体优化的追求。这告诉我们，分析系统不能只分析部分，还要分析它们的连接和连接指向的目标。研究整体的目的在于调整结构及各部分之间的关系，使整体达到优化的目标。

正所谓"火车跑得快，全靠车头带"，传统列车动力来源于机车，通过机车牵引列车运行，不易高速运行。动车组则是将列车的动力单元由一个变为多个，每一节车厢都有动力，形成合力，使得列车在运行稳定的同时速度大幅提升。我们的教育事业是一列完整的"动车"，而社会各界是各个被赋能的自带动力的"车厢"。在党和国家这样的车头的引领下，各级管理部门、学校、学生、家长以及社会各方力量充分挖掘自身的内驱力，探索家校社共育的有效机制，步调和方向保持一致，形成凝聚力，实现教育又好又快发展。

### （二）明确教育过程的构成要素

要实现教育过程的整体优化，第一，要明确教育过程的构成要素是什么，教育管理的构成要素是什么，教学过程的构成要素是什么。第二，要明白教育过程不是各要素的简单组合，而是组合时的科学、合理融通和升华的过程。第三，要明确教育过程整体优化的目标是实现人才培养效益最大化，培养全面而有个性的人，助力每名学生都成为更好的自己。第四，要明确教育过程整体优化针对不同内容，其优化的方式和路径是不完全一样的，但必须实现整体协同与同频共振。第五，要明确教育过程整体优化必须从制度入手，做好顶层设计，减少或避免不同阶段教育的脱节现象，构建起教育过程整体优化的工作体制和机制，以及相应的人、财、物保障，逐步提升治理体系、治理能力的现代化水平。

### （三）以整体思维促进教育过程的整体优化

从完整的人的发展对教育的需求角度来看，教育本来就是一个整体，人本身更是一个整体。我们的教育应该从培养一个完整的人的视角进行整体设计、整体考虑。但实际上到目前为止，正规教育各个阶段仍然是分别设计的，而且在每一个阶段都试图把下一个阶段的内容加进来。结果青少年学的东西越来越多、越来越杂，却未必符合他们成长的需要。最显著的问题在于，当前的整个教育体系的改革仍是基于每个阶段过去已有的内容做出改进，而不是从培养一个未来人才的角度进行整体优化。新时代的教育不应从它已有的资源和惯例出发，而一定要从教育自身的目标出发，从人才的全面发展出发，培养能满足社会需要、推动社会发展的人才。

因此，教育的变革需要整体思维，缺乏整体思维不仅会导致发展失衡、结构失调，而且会导致发展没有后劲、不可持续。教育过程的整体优化要站位高、视野广、考虑全、设计好，过程中应注意具备这六大特征：观整体而不只是局部，避免只见树木不见森林；观本质而不只是表象，避免只看现象不看规律；观发展而不只是现状，避免只看眼前不看长远；观大局而不只是本位，避免只见知识不见育人；观联系而不只是片面，避免头疼医头脚痛医脚；观差异而不只是共性，避免一人生病集体吃药。

## 三、从现实出发

在成达教育的顶层设计指导下，首都师大附中牢牢把握教育发展的客观规律，以动力变革、效率变革和质量变革不断推进学校高质量创新发展。

首先，动力变革是高质量发展的基础和关键。学校不断激发师生内驱力，倡导追求卓越的校园文化，并以此推动效率变革，促进质量变革，形成可持续的高质量发展的新格局。其次，效率变革是高质量发展的重点和主线。学校管理团队不断提升系统规划能力和决策能力，构建最简约的决策模式，缩短决策路径，以一系列下沉措施和扁平化的管理模式提升工作运行效率。与此同时，教师教学不断减去课堂中无效或低效问题、信息和环节，增加课堂厚度、高度和宽度，并促进信息技术与学科教学深度融合，助推育人方式变革。最后，质量变革是学校高质量发展的主体和核心。学校不断优化课堂、开展创意研究、坚持创新管理，成效显著。但是，受制于校内外各种现实条件，成达教育体系的优化提升依然任重而道远。

在学生培养方面，新课程改革已经全面铺开，全国各个省市的中高考改革也正在持续推进。与此同时，"双减"工作正在全面落地实施，推动着基础教育生态的重塑和更深层次的革命。面对新一轮教育格局的大调整，以落实和提升学生学科核心素养为目标，首都师大附中着力做好如下工作：一线教师要更加关注学生的个体发展需求，促进课堂教学组织方式的创新变革；各学科"四修"课程结构需要得到更科学的整合，积极打造成达思维课堂；分层走班模式下全员育人的意识需进一步增强，充分发挥好导师制的补充和协调作用；六年一贯制培养实施方案、拔尖创新人才的培养方案也需要进一步成熟和完善。

在教师队伍建设方面，高质量教育的根本和保证是有高素质的教师团队。首都师大附中需要不断完善激励和保障机制，将更多优秀的人才吸引到学校建设发展之中。此外，针对教师教研、师德等方面的培训还需进一步系统化，加强教师专业素养和师德师风建设，推进成达卓越教师工程建设。

在办学影响力方面，如何更好地促进优质教育资源有效输出、进一步提升集团化办学的整体实效、培植成员校的特色发展方面还需要进一步研究并付诸实践，以推进优质教育资源的均衡发展。在国际交流与合作中，如何更好地结合国情校情，传播中华优秀传统文化值得深入交流和探讨，以培养更多具有"国际视野、中国心"的创新高素质人才。

在后勤保障方面，受制于办学空间的不足，学校的办学承载能力受到影响，还需要进一步提升资源的统筹利用率。令人欣慰的是，2021 年 5 月 12 日，在北京市高级人民法院、北京市海淀区人民政府、北京市海淀区人民法院、北京市海淀区公安局、北京市海淀区住房和城乡建设委员会、北京市海淀区教育委员会、北京市海淀区八里庄街道办事处等各级部门的大力支持和帮助下，首都师大附中初中部建设项目完成了房屋征收各个环节，并启动了地面所有建筑的拆除工作。此次扩校工程可新增教学用地面积 7827 平方米，预计将新增建筑面积 13446 平方米，会极大改善学校办学条件。此次扩校将成为首都师大附中百年发展史上具有里程碑意义的一次重大突破，必然会对学校发展产生深远的影响。

## 四、与未来对接

改革开放的总设计师邓小平同志在 20 世纪即高瞻远瞩地提出"教育要面向世界、面向未来、面向现代化"。党的十八大以来，以习近平同志为核心的党中央坚定不移地实施科教兴国战略和人才强国战

略，坚持优先发展教育，大力推进教育领域综合改革。党的十九大明确提出建设教育强国是中华民族伟大复兴的基础工程。2018 年召开的全国教育大会上，习近平总书记发表重要讲话，系统回答了关于教育现代化的重大理论和实践问题，对加快教育现代化、建设教育强国、办好人民满意的教育作出了全面部署。2019 年，中共中央和国务院印发《中国教育现代化 2035》，提出了推进教育现代化的十大战略任务，为新时代开启教育现代化建设新征程指明了方向。

在改革与发展过程中，首都师大附中深切地感受到，教育现代化的实现，其本质是人的现代化，也是教育体系全方位更新的过程，包括教育理念、教育内容、教学方式、教育科技、教育环境等方面都发展到适应现代社会发展的水平，最终培养出国家未来需要的新型建设者和高素质创新人才。《首都教育现代化 2035》的出台，进一步坚定了我们深化改革、推进教育现代化的信心，首都师大附中将会进一步深入理解与把握学校教育现代化的本质，精心设计、精准施策，实现新的发展。

对标《中国教育现代化 2035》，重新审视发展历程和现状，首都师大附中明确了发展愿景和使命，即"做高品位、高质量、高素质的成达教育"和培养"正志笃行，成德达才，家国担当，胸怀天下"的创新人才。在此基础上，首都师大附中将通过不懈的努力，加快实现教育现代化的目标。

### （一）实现学校治理体系和治理能力现代化

首都师大附中将坚持先进理念的科学指引，构建多元主体的新型关系。学校落实立德树人根本任务，秉承民主、共享、法治等原则，在明确自身办学价值和目标

的基础上，构建学校教育规范体系，完善法人治理结构，让教育治理于法有据，规范办事流程，优化组织结构，提高办公效率，快速推进各项工作的开展，同时加强承担校园服务单位的科学管理，更好地服务广大师生，实现依规治校。在教育决策过程中，首都师大附中将兼顾多方的合理意见和建议，努力协调好政府、学校和社会三者的关系。学校将进一步通过集团化办学等方式推动教育资源的合理分配，发挥优质教育资源的辐射和引领作用，让教育现代化的建设成果惠及更多普通百姓。

## （二）建设面向新时代的高质量人才队伍

优秀团队是学校未来发展的主力军。学校将继续推进成达卓越教师工程建设，建立起"特级教师队伍建设—领军人才计划—杰出青年计划—学校骨干教师队伍建设"的人才培养体系，营造教学相长的高效成长体系。学校将充分发挥特级教师、骨干教师的示范引领作用，壮大充实优秀教师队伍。同时，加强思想宣传工作，倡导师德建设新风尚，鼓励更多的师德榜样脱颖而出，展示首都师大附中教师美好形象。

## （三）倡导教育教学理念创新转变

首都师大附中将进一步深化教育教学改革，适应未来人才需求；转变教育观念，建设家校社共育体系；立足校情、学情，创新教学组织形式及教学模式，落实各学科的核心素养，打造高效课堂，使课堂从以讲授为中心向以学习为中心转变，提高学生问题意识、科学意识和自主学习的意识，探索贯通培养科学方案；完善教学评价体系，建立以人为本的现代化人才奖励和激励机制，提升学校的整体竞争力。

## （四）依托人工智能推进教育现代化

首都师大附中在创客教育的探索、智慧校园的建设方面始终走在基础教育领域的前列。面对科学技术的飞速发展、人工智能的浪潮，首都师大附中仍需把握机遇，做好提速发展的新规划，以适应技术进步引发的传统教育模式变革。下一步，首都师大附中将继续努力引导全校教师投入这场因为人工智能等新技术融入学校与教育而发生的根本性变革中，开展技术与教育深度融合的前沿探索，开展技术贯穿于育人过程的教育实践。学校将向全校师生普及人工智能基础知识，引导师生开展人工智能技术的创新应用；运用人工智能技术跟踪学生外显的行为，准确分析学生的思维、情感、注意力等身心状况，对学生的学习进行精准的个性化指导；引导学生将理解和掌握的人工智能"学习原理"应用到自身的学习过程中，从而更好地提高学生的学习效能。

## （五）为学生成长成才搭建广阔平台

首都师大附中将继续遵循教育和人才成长规律，着眼学生全面发展、长远发展，强化责任担当意识，培养创新意识、适应社会发展的能力和社会贡献力；着眼于学生的终身发展，将知识的传授与生涯指导相结合，合理设计和规划个性化的培养模式，建立科学的多元化学业评价体系；不断开阔学生视野，增强学生的国际竞争力。

## （六）带动集团成员校提升办学水平

经过多年的探索与建设，首都师大附中积累了丰富的集团化办学经验。集团成员校不仅在数量上不断增加，而且在质量上迈上了新的台阶。下一阶段，首都师大附中将推进集团科学管理，努力提升整体教育质量，打造各成员校的特色品牌，引领所在区域的教育发展，帮助更多地区、更多的人享受到真正的优质教育，为首都基础教育的优质均衡发展作出更大的贡献。

征程万里风正劲，重任千钧再奋蹄。在中国教育、北京教育转型的关键时期，面对挑战，教育工作者需要用智慧学会把复杂的事情简单化，"大道至简"将让我们拥有更清醒的头脑、更清晰的思维和更深刻的思考，始终牢牢把握住教育的本源、更好地落实立德树人的根本任务。改革只有进行时，没有完成时，成达教育改革发展的步伐也将永不停歇，并将在新时代奋力谱写新的篇章！